피터르 브뤼헐 「눈 속의 사냥꾼」

뜨거운 미래에 보내는 편지

WARMTH by Daniel Sherrell

뜨거운 미래에 보내는 편지

소멸하는 지구에서 살아간다는 것

Warmth

: Coming of Age at the End of Our World

대니얼 셰럴 지음 | **허형은** 옮김

Changbi Publishers

지금의, 그리고 언젠가의 나의 가족을 위해

일러두기

1. 본문의 주는 모두 옮긴이의 것이다.
2. 본문의 고딕체는 원서에서 이탤릭체로 강조한 부분이다.
3. 본문에 언급된 책, 작품, 프로그램 등이 우리말로 번역된 경우 그 제목을 따랐다.

한국어판에 부쳐

학자들은 인공지능AI의 위험성을 논할 때 '종이 클립의 문제'라는 생각실험을 자주 거론합니다. 인공지능이 세상에 존재하는 종이 클립의 수를 최대화하도록 설계됐다고 상정한 실험입니다. 인간의 이해관계와 접점이 없어 보이는, 언뜻 보면 무해한 목적이지요. 그런데 인공지능이 점점 더 고차원으로 발달하면서 더욱 정교한 시스템을 고안해내 모든 자원을 종이 클립 생산에 집중하고, 한편으로 그 시스템을 끄거나 설계된 작업 수행에서 이탈하려는 모든 시도를 사전 차단합니다. 시간이 흐르면서 인공지능은 피도 눈물도 없는 냉혹한 중립성으로 지구 전체를 종이 클립 공장으로 만들어버립니다. 쓸모 있다고 판단되는 인간은 전부 노예로 만들고 나머지는 제거해가면서요.

이 인공지능 생각실험에서 가장 소름 돋는 점은 그것이 이미 존재한다는 것입니다. 여러분이 이 글을 읽는 지금 이 순간에도 화석연료 산업은 설계상 목표로 지정된 바를 좇느라 인류를 황폐화하고 있습니다. 바로 주주들을 위해 가치를 극대화하는 것입니다. 이 목적, 인간의 관점에서 보면 너무나 기괴하고 기계론적인 목적, 기쁨이나 아름다움이나 사랑, 의미 같은 것과 조금이라도 유사한 모든 가치와 접점이 전혀 없는 이 목적을 실현하기 위해 화석연료 업계는 수백만 명을 죽이고 생태계 일체를 괴멸하고 주거 불가능한 수준으로 지구를 뜨겁게 달굴 태세가, 그리고 자신들을 가로막는 모든 정부에 뇌물을 먹이거나 그들을 고소하거나 포섭할 만반의 태세가 되어 있습니다.

화석연료 업계는 얼마 전 글래스고에서 열린 유엔 기후정상회의에 500명이나 되는 대표단을 보냈습니다. 어느 국가의 사절단보다 큰 규모였지요. 그들은 커다란 본회의장에 앉아 아이들이 살려달라고 비는 것을, 국가수반들이 행동을 촉구하는 것을 잠자코 들었습니다. 그러더니 피도 눈물도 없는 냉혹함으로, 편집광적이라 할 만큼 거침없는 태도로, 그들의 공유가치를 조금만 희생하면 세상을 구할지도 모를 공약들을 전부 희석하는 작업에 착수했습니다.

이러한 행동의 바탕에는 이 업계에 표준적인 냉소주의가 깔려 있습니다. 인간의 모든 노력은 추악한 이기심에서 나온다는 믿음입니다. 우리도—아니, 그 누구든—자기들 입장이라면 똑같이 할 거라는 믿음이요. 그들이 파괴하고 있는 세상에서 자라난 우리가 그들의 인간 혐오에 동조하고픈 충동, 인간의 숙명은 정해져 있으며 사실은 처음부터 그랬노라고 체념하고픈 충동이 드는 것도 당연합니다. 결국 이런 숙명주의는 불확실성이 주는 스트레스에서 우리를 해방시켜주니까요.

그러나 그들의 게걸스러운 종이 클립 장치에는 보편적이거나 근본적이거나 불가피한 면이 하나도 없습니다. 그 장치는 저렴하게 만들어졌고, 망가진 존재론과 닳아빠진 정당화로 간신히 지탱되고 있습니다. 그들에게 숙명론이라는 겉옷을 쥐여주는 건 이러한 취약성을 감추는 거짓을 살찌워주는 꼴입니다.

대신 우리는 앞으로 어떻게 될지 모른다는 사실을 받아들여야 합니다. 더불어 앞으로 일어날 일들을 만들어갈 책임이 우리에게 있다는 사실도 인정해야 하고요. 이는 곧 맹목적 낙관주의와 심장이 철렁 내려앉는 것 같은 좌절감 사이에서 균형점을 찾아 살아가는 법을, 끊임없이 변하는 현실에 발을 딛고 살아갈 방도를 찾아야 한다는 뜻입니다.

이것이 내가 이 책을 쓴 이유입니다. 불확정성 속에 살아가는 연습을, 바꿔 말하면 희망을 이야기하는 연습을 하고자 했습니다.

글로벌 기후행동 운동을 조직하는 이유이기도 하고요. 이 또한 희망 연습입니다. 온갖 헤드라인 너머 사랑하는 사람들을 보고, 그들에게 나는 아직 포기하지 않았다고 말하는 연습이요.

전지구적 위기가 막 펼쳐지기 시작했을 무렵에 태어난 것이 못내 애석합니다. 저도 생존보다 아름다움에 대해 쓰고 싶으니까요. 하지만 이런 비통함 가운데서도 감사하는 마음이 듭니다. 너무나 소중한 세상을 위해 아직도 싸우고 있는 수백만명의 사람들과 이 운동을 함께할 수 있다는 것이 참 감사합니다. 인간으로 태어나 이보다 더 의미 있게 삶을 보낼 수는 없을 것 같습니다.

2021년 11월

대니얼 셰럴

차례

1부

편지
/
1차 운동
/
울분
/
2차 운동
/
상실

편지

2018년 4월 14일 데이비드 버켈이라는 민권 변호사가 프로스펙트 공원°에서 분신자살을 했어. 동트기 직전, 아무도 없는 데서 혼자. 중심가에서 조금 떨어진 공원 잔디밭에서 잠시 불빛이 사위를 환히 밝혔지. 자전거를 타고 지나가던 동네 주민이 원 모양 재로 남은 그의 사체를 발견했대. 자신이 본 게 시체가 맞는지 몇번이고 돌아와서 확인했대. 나중에 기자들에게, 스스로 그걸 믿기까지 참 힘들었다고 말했어.

버켈의 자살은 잘 짜인 각본대로 실행됐고, 정중하기까지 했어. 불이 번지지 않게 자기 몸 주위에 동그랗게 흙바닥을 치워놓기까지 했거든. "번거롭게 해드려 죄송합니다." 경찰이 현장 근처 쇼핑카트에서 발견한 유서에는 이렇게 적혀 있었어. 언론에 장문의 편지도

° 뉴욕주 브루클린 중심부에 있는 공원.

발송됐고. 그 편지엔 자신의 죽음이 "화석연료로 인한 요절"이라고 쓰여 있었어. "우리가 스스로에게 하고 있는 짓을 그대로 재현한 것입니다."

나는 그날 거의 온종일 맨해튼 반대편의 센트럴파크에 있었어. 감탄이 절로 나오게 화창한 날씨였고, 연못마다 노 젓는 배로 가득했던 기억이 나. 버드나무 가지들 뒤로 보트들이 떼로 유유히 떠다녔어. 나는 나지막한 언덕 꼭대기에 자리 잡고 앉아 인파로 북적이는 둘레길을 구경했어. 보이지 않는 어딘가에서 신호등이 맥박 뛰듯 일정하게 사람들을 뱉어냈어. 마차를 탄 관광객들, 자전거 타는 사람들, 롤러블레이드 타고 둘레길을 도는 사람들. 그들이 갑작스레 나타나 빠르게 지나가버리면 길이 한박자 비었다가 다시, 그 보이지 않는 신호등이 또 한번 바뀌면서, 다음번 파도에 와르르 휩쓸리곤 했어. 그 모습을 보고 있자니 예전에 역사 교과서에서 봤던 브뤼헐의 그림이 떠올랐어. 겨울을 맞은 어느 마을의 풍경화였지. 사냥꾼과 나무꾼 들은 각자 제 할 일을 하고, 꽁꽁 언 못에서는 스케이트를 신은 사람들이 얼음을 지치고, 눈 덮인 야외로 굴뚝마다 연기를 내뿜는 전경이 펼쳐진 어느 분지를 언덕 꼭대기에서 내려다본 구도야. 교과서 해설에 따르면 르네상스의 태동을 묘사한 그림이래. 마치 모든 것이 한눈에 보이는 위치에서 사람들의 흐름만 적당히 그려주면 역사적 분기점을 한폭의 그림으로 요약할 수 있다는 듯 말이야.

얼마 후 나는 풀밭에서 잠이 들었는데, 깨보니 기온이 뚝 떨어지고 소풍 나온 사람들도 다 해산한 뒤였어. 남은 사람들은 서둘러 집에 돌아갈 채비를 하고 있었고. 나는 공원을 가로질러 다시 동측으로 갔고, 문을 막 닫는 중인 미술관들을 지나고 그 미술관들을 흉내 낸, 유리 진열장에 핸드백 딱 한점만 조명 받으며 앉아 있는 고급 부티크들도 지나갔어. 이어서 지하철역 계단을 내려갔고. 거기서 지하철을 타고 브롱크스로 돌아갔어. 어두컴컴한 내 아파트에 들어선 뒤에야 프로스펙트 공원 뉴스를 봤어. 그것도 처음엔 대충 넘겨봤다가 내가 방금 본 게 뭔지 한박자 늦게 깨닫고서 천천히 스크롤을 도로 올렸어.

그 비극보다 내 뒤통수를 더 세게 강타한 건—아주 단단히 강타했고, 그 여파는 천천히 밀어닥쳤어. 그날 저녁밥도 못 차려 먹고 있다가 가까스로 핸드폰 액정에서 눈을 뗀 뒤에도 뭘 하면 좋을지 몰라 조명도 켜지 않은 채 침대에 털썩 누워버릴 정도로—그 사건, 순간적으로 터진 그 폭력이 너무도 금세 공원의 평소 북적거림으로 다시금 빨려들어갔다는 거였어. 한마디로 까맣게 잊힌 거지. 경찰이 쳐놓은 출입저지선을 제외하고는 바비큐 파티들도 멀쩡히 계속되고 단체 야유회 킥볼° 게임도 재개됐다고 신문들은 보도했어. 모 자선 이벤트의 일환으로 열린 걷기 대회의 참가자들은 췌장암 종식이 목전에 닥쳤음을 예고하는 필기체 인용구가 프린트된 보라색 단체 티셔츠 차림으로 힘차게 공원을 걸어 지나갔어. 희망을 향해 싸워

° 배트 대신 발로 공을 차는, 야구와 비슷한 놀이.

요, 그들이 입은 티셔츠에 적힌 문구였어. 그러니까 그 순간은 그냥 흘러간 거야. 너에게 던지는 다음의 질문은 절반만 수사학적이라는 걸 말해둘게. '그럼 그 죽음이 뭘 더 할 수 있었을까?'

얼마 뒤에는 그 일이 일어났을 때 내가 모종의 파장을 감지했어야 한다는 비논리적인 생각이 들었어. 한시간마다 치는 종의 울림처럼 그가 있었던 공원에서 내가 있었던 공원으로 전해진 미묘한 충격파를 느꼈어야 마땅하다고. 물론 그날도 내 주머니 속에서는 뉴스 알림이 차곡차곡 쌓이고 있었지만, 핸드폰을 무음으로 해놓는 바람에 내가 진즉에 비극과 연관 지은 그 흔한 진동마저 느끼지 못했거든. 그 사람이 타는 동안, 불길이 그의 피부를 탄화하고 이어서 그의 피를 증발시키는 동안 나는 아무것도 느끼지 못했어. 정말이지 화창한 날이었고, 말했다시피 나는 그날 대부분을 자면서 보냈으니까.

그가 분신 제물이 되고 며칠 후, 어머니와 한낮에 산책을 했어. 우리는 내가 사는 아파트 근처의 더 작은 공원, 정확히는 세인트메리스라는 공원 둘레를 천천히 돌았어. 센트럴파크나 프로스펙트보다 유지보수가 덜 되어 있는 공원이야. 산책로의 갈라진 틈으로 첫 봄기운에 늦을세라 고개를 내밀었다가 뒤이은 한파에 까무룩 죽어버린 잡초들이 바스락거렸어. 이제 그 잡초들은 살짝만 손대도 바스러질 듯 거의 타버린 것처럼 보였어. 나는 서론도 생략하다시피하고 곧바로 요전 날 있었던 자살 사건에 대해, 그리고 그 일 때문에 내가 얼마나 슬픈지 털어놓았어. 슬프다는 말은 어쨌든 그 순간엔 100퍼센트 진실이 아니었지만. 사실 나는 '그 문제'에 관한 뉴스에 병적일 만치 잘 적응하곤 해서, 그날 아침에도 그럭저럭 괜찮은 기분으로 잠에서 깼거든. 마치 방에서 나가고 등 뒤로 문을 꼭 잠근 것처럼 바로 며칠 전 느꼈던 괴로움에 더이상 접근할 수 없는 상태가 되어서 말이야. "슬픔"이라는 단어를 입에 올리면 어떻게든 우리 둘 모두에게서 그 감정을 되살릴 수 있지 않을까 싶어 그렇게 얘기했던 거야. 그 단어를 주문처럼 읊어서 즉각적 연민을 불러일으킬 수 있었으면 했고, 그럼으로써 평소에 자주 '그 문제'를 다루는 데서 부적절하게 느껴졌던 특정 언어를 온전히 배제할 수 있었으면 했어. 그게 안 통하면—통했던 적은 없어—예의 상투어들로 되돌아가 그 단어들이 볼썽사납게 대화에 끼어들도록 내버려두겠지. "압도당하는 기분이에요." 이번 일을 두고는 이렇게 말했어. "엄청난 비극인데 다들 벌써 잊었어요." 이 말은 사실이었어. 뉴스의 순환주기는 가차 없이 다음으로 넘어가버렸으니까. 내 이메일 받은편지함 맨 아래에는 "영면하시길"이라든가 "Fwd: Re: 영면하시길" 같은 제목이 붙은 메일 몇 통이 아직 남아 있었지만.

어머니는 목도리에 턱을 파묻은 채 유심히 들었어. "그 사람 조금 제정신이 아니었나보네." 이렇게 말하는데, 내 동의를 얻고 싶은 듯 반응을 우려하는 투였어. 우리는 텅 빈 운동장과 한줄로 늘어선 오래된 오크나무들을 지나치며 잠시 말없이 걸었어. 멀리서 남자들 한 무리가 축구를 하고 있었고, 우리는 축구공이 그들 머리 위로 높이 포물선을 그리며 솟구치는 걸 가만히 바라봤어.

그 사람이 제정신이 아니었다고 생각하지 않아요, 나는 한참 만에 내 발을 내려다보며 대꾸했어. 내가 아는 한 그의 삶은 평범했고 고결하기까지 했어. LGBTQ 인권 투쟁에 수십년을 바쳐 수없이 많은 승리를 거뒀고, 은퇴 후에는 '그 문제'에 관심을 쏟았지. 마지막 몇 년간은 대규모 퇴비 활용 프로그램을 구상해내, 전세계 탄소 배출량이 치솟는 와중에 점점 더 많은 탄소를 가두기도 했고. 그의 죽음을 전하는 기사를 읽으면서 마음 한구석에서는 그가 정확히 왜 그랬는지 이해가 갔어. 솔직히 말하면 나도 그럴까 생각한 적이 많거든. 공공담론에 피뢰침을 내리꽂아줄 완벽한 자기희생을, '그 문제'를 마침내 개개인의 문제로 만들어줄 자살을 연출해볼까 하고 여러번 고민했어. 당연히 말로 옮기니 낯 뜨거운 소리로 들렸지. 어쩌나 메시아적이고 망상적으로 들리던지. 그래서 문득문득 떠올렸던 구체적이고 신파적인 시나리오들은 입 밖에 꺼내지도 않았어. 예를 들어 공장 굴뚝 꼭대기로 올라가 그 안으로 뛰어내린다든가, 파괴력이 엄청난 다음번 허리케인을 기다리며 기상 상황을 주시하다가 폭우가 거세지고 마지막 방갈로 투숙객들이 서둘러 차로 대피할 때에 맞춰 해변에 유유히 앉아서는 마침내 범람한 물이 나를 깊은 내륙으로 쓸어갔다가 다시 바다에 뱉어내게 한다든가. 심지어 어떤 실행 계획은 속으로 예행까지 해봤어. 굴뚝 상단이 격자쇠살로 막혀 있을 경우를 대비해 쇠살 절단기를 챙겨 간다든가, 내가 떨어지는 순간을 포착하러 방송국 카메라가 출동하지 않을 경우를 대비해 폭풍이 닥치기 전 고프로 카메라를 설치해놓는다든가 하는 식으로.

“그런 말을 하다니 믿을 수가 없네.” 어머니는 이렇게 말하면서 목도리에 파묻었던 고개를 들었고, 우리는 서로를 물끄러미 마주 보며 가만히 서 있었어. 어느덧 해가 지기 시작했고 뒤쪽 잔디밭에서 함성이 들려왔어. 누군가 한골 넣은 모양이네 했지.

“저, 우울증 걸린 거 아니에요.” 나는 이렇게 대꾸했는데, 그건 사실이었어. 주어진 시간 중 평균을 웃도는 정도로 세상의 종말에 대해 생각하면서, 혹은 생각하지 않으려고 애쓰면서 보내는 스물몇살 청년치고 나 스스로도 놀랍고 또 조금은 짜증스럽게도 기본적으로 행복했으니까. “그냥 하나의 전략으로 고려해볼 수 있겠다 한 거예요.” 이렇게 덧붙였어. 이런 해명이 위안이 될 것처럼.

“절대로, 무슨 일이 있어도 그런 짓은 하지 마.” 어머니는 이렇게 말했어. “네가 사랑하는 사람들을 파괴하는 것 말고는 아무것도 이루지 못할 테니까.”

때아닌 추위에 코트 안으로 잔뜩 움츠린 어머니는 진심으로 걱정하는 것 같았어. 갑자기 쓸데없는 소리를 한 게 후회되더라. 왜냐하면 당연히 나도 그 말에 동의하거든. 아무것도 이루지 못할 형편없는 전략이라는 것에. 공원의 분신 사건이 정확히 그걸 증명해 보였지. 우리가 확실하게 그리고 극적으로 퇴장하더라도 ‘그 문제’는 그냥 우리 없이 계속되리라는 것. 안 그러겠다고 어머니에게 약속했고, 그러기가 어렵지도 않았어. 그런데 약속하고 나니 새로운, 그리고 이번엔 이유도 없는 슬픔이 느껴지더라. 그 최종적 수단으로 어필할 가능성조차 사라지니, 내가 몇달째 앞지르려 애써온 이 기분을 완화해줄 게 거의 하나도 남지 않게 됐거든. 내가 뭘 해도 상관없다는 기분, 어쩌면 이제 우리가 써볼 전략 따위 안 남아 있을지 모른다는 기분 말이야.

* * *

이 무렵이었어. '그 문제'에 대해 너에게 편지를 쓰기 시작한 건. 처음엔 반쯤 무의식적인 행위였어. 무력감을 떨치기 위해 되는대로 붙잡은 지푸라기 같은 거였지. 순간순간 느끼는 불안을 핸드폰 메모 앱에 타닥타닥 쏟아놓고는 머릿속이 잠잠해지면 앱을 닫곤 했지. 너에게 속내를 털어놓는 건 늘 황당한 짓으로 느껴졌어. 남에게 말하면 부끄러울 것 같은 행위였어. 하지만 동시에 묘한 종류의 위안을 안겨줬지. 어느 날 네가 존재할 가능성을 강화하고 있는 것 같았어. 너에게 말을 걺으로써 너를 점점 더 실재하는 대상으로 만들 수 있는 양.

내가 대학을 졸업하고 뉴욕에 살기 시작한 초반 몇년에 있었던 일이야. 그 무렵 나는 가끔씩 할머니를 따라 파로커웨이°에 있는 시너고그°°에 가곤 했어. 정통 유대 교회였는데 교인들은 그냥 '블랙 해

° 뉴욕시 퀸스 자치구의 로커웨이 반도 동쪽.

°° 유대교 집회와 예배가 열리는 회당.

트(검은 모자)'라고 불렀어. 마법사 같은 뉘앙스가 나서 나는 이 호칭이 더 좋더라.

우리는 떨어져 앉았어. 할머니는 시야가 일방 차단되는 파티션으로 남성신도석과 구분된 여성신도석에 앉으셔야 했거든. 그 파티션 너머로 할머니는 내가 제 꼬리를 문 조그만 뱀처럼 돌고 도는 잡생각에 빠진 채 시더[o]를 뒤적이며 기도하는 척하는 걸 다 볼 수 있었어. 주위 남자들은 다들 어두운색 슈트에 짓지[oo]를 걸쳤고 간혹 모피를 덧댄 슈트레이멀[ooo]을 쓴 사람도 있었어. 그들이 쉿쉿 소리와 치찰음을 내며 기도문을 입 모양으로 따라 읽고 있으면 어느새 선창자가 노래를 부르기 시작했어. 매번 합창단다운 화음 따위 전혀 없이 제멋대로 부르는 식이었고, 먼저 끝낸 남자들은 신도석 사이를 어슬렁대며 아는 사람을 통로로 끌어내 소리 죽여 친밀한 이야기를 나누었어.

파티션 너머 안 보이게 할머니가 너를 위해 기도하고 있다는 것을, 내가 결혼해서 너를 세상에 데려오기를 기도한다는 것을 나는 알았고 예배가 파하면 내 팔을 붙잡고 함께 그 목표를 달성해줄 성싶은 적당히 독실하고 혼기 찬 젊은 여자를 몇명이고 짚어 보일 것도 알았어. 그래서 나는 할머니의 주의를 너로부터, 네가 제기하는 불편한 질문 일체로부터 멀어지게 해줄 다른 대화 주제를 찾으려고

---

o 유대교 일용 기도서.

oo 유대교 남성이 예배 때 어깨에 걸치는 옷단의 네 귀퉁이에 다는, 청색과 회색의 실을 꼬아 만든 술.

ooo 머리에 꼭 맞는 검은 모자.

랍비의 설교에 아주 열심히 귀 기울였어.

랍비의 설교는 보통 메시아가 주제였어. 그분이 언제 오시며 우리가 그분의 강림을 앞당기기 위해 뭘 하면 좋을지 같은 얘기. 메시아가 오시면 올람 하바, 즉 내세가 도래할 거래. 그 내세가 구체적으로 어떤 모습일지에 대해서는 의견이 분분해. "그곳에서는 먹지도 마시지도 않고 자식을 낳지도 않으며 흥정도 시기도 미움도 고통도 없으리라." 바빌로니아 제국의 『탈무드』 편찬자 압바 아리카는 이렇게 말했어. "그곳에서 의로운 자들이 하는 일이라고는 머리에 왕관을 쓴 신성하신 그분의 광휘를 보며 즐기는 것뿐이로다." 2세기의 현명한 랍비 요세 하겔릴리가 그린 장면은 보다 어둡고 기괴해. "사악한 자들의 영혼은 투석기의 오목한 부분에 담겨 던져지리라." 이렇게 말했거든. 산헤드린°은 그냥 사망한 자 모두가 부활할 거라고만 했어. 그런가 하면 「이사야서」는 이 질문을 완전히 피해 가. 내세에 관해서라면 "어느 누구의 눈도 본 적이 없는 곳"이라고만 기록되어 있으니까.

여기서 내세가 어떤 세상일까 상상해봐야 아무 소용 없는 건 맞아. 이런 얘기를 하는 건 내가 어떤 면에서 이미 '그 문제'가 품고 있는 종말론에 익숙해서야. 운명이 끈에 달린 당근처럼 닿을 듯 말 듯 앞에서 달랑거리는 게 어떤 건지 잘 알거든. 거대하고 불확실한 어떤 것이 마침내 그 생의 주기를 다하기를 평생 기다리는 기분이 어

° 고대 유대 사회에서 최고재판권을 지녔던 종교적·정치적 조직.

떤지.

* * *

할머니 댁에 가려고 바다와 나란히 달리는 노선의 기점에서 지하철을 탔어. 해변을 향해 선 아파트 단지 블록 옆을 열차가 요란하게 지나갔지만 승객들은 무언의 규칙임이 분명한 엄중한 침묵의 약속을 준수했어. 거의 아무도 말을 하지 않았고 눈을 맞추는 이도 별로 없었어. 자기 핸드폰을 내려다보거나 창밖 바다를 내다볼 뿐. 때때로 걸인이나 광신자 들이 약속을 깼지만, 러시아워일 때조차 그들은 텅 빈 차량에 대고 말하는 것 같았어.

내가 뉴욕으로 이사 왔을 때는 이곳 지하철 시스템이 망가져가고 있다는 게 명백히 보였어. 부품들이 느슨해지고 연결부들도 제대로 접촉이 안 됐지. 나이 든 엔지니어와 신호수 들이 퀸스의 주요 분기역으로부터 이런저런 녹슨 배전반에 대해 베일에 싸인 지식을 구하는 연락을 받고 소환돼 나왔어. 은퇴했는데도 말이야. 주지사는 시스템 전체 정비에 필요한 돈은 지원하지 않으면서 하고한 날 시장만 비난했는데, 시장은 사실 그 문제에 관할권이 없었어. 인프라 구조는 낡아버렸고 정치판은 제 역할을 못하는 가운데 정작 상황을 돌이킬 수 없는 지점까지 밀어붙인 건 대폭풍이었어. 얼토당토않게도 그 폭풍에는 샌디라는 이름이 붙었어. 당시 관계 당국에서 폭풍에 매년 A부터 시작해 알파벳순으로 이름을 붙였거든. 누구인지 몰라도 '가장 위대한 세대"[o]의 인물 중 발랄한 느낌을 주는 이름을 따서 붙여주더구나. 샌디, 하비, 어마. 사우스플로리다의 실버타운에서나 들을 법한 이름이지. 아이러니하게도 그런 은퇴 노인 주거단지는 '그 문제'가 초래한 폭풍 강도 증가세에 피해를 볼 위험이 큰 곳이야.

샌디는 이미 알파벳이 거의 다 소진된 2012년 하반기에 파로커웨이를 강타했어. 당시 나는 맨해튼에서 몇시간 거리에 있는 대학에서 마지막 학기를 수강하고 있었어. 그날 밤은 가족들에게 문자를 보내고 또 미친 듯이 인터넷 창을 새로고침하며 마구잡이로 읽은 뉴스 기사들에서 실제 현장과 비슷한 그림을 머릿속에 그려보려고 애쓰면서 보냈어. 바람이 얼마나 거세지고 나무들이 어떻게 꺾였을지. 할머니네 아파트 건물 차양이 어떻게 고정줄에서 툭 끊겨나갔을지. 다들 집 안에서 TV로 폭풍이 접근하는 모습을, 선명한 초록색으로 표현된 그 소용돌이를, 해안을 향해 서서히 다가오는 거대한 덩어리를 어떤 심정으로 지켜봤을지. 사람들은 하늘이 컴컴해지고 창을 때리는 빗줄기 소리가 자기 좀 어서 들여보내달라는 듯 다급해질 때까지 계속 지켜봤어. 강풍에 전기가 나가서 TV가 꺼지고 더는 폭우가 어디쯤 왔는지, 지금 뭘 하고 있는지 추적할 수 없게 될 때까지 지켜봤어. 그때야 폭우는, 자기가 초래한 정전 속에 상륙했어.

대서양 바닷물이 뉴욕시 전체를 덮치면서 부엌과 지하실 들을 쓸고 지나가고 도로들을 막았어. 폭우가 신호등을 뽑아내고 주차된 차

---

[o] 대공황 때 성년이 됐고 제2차 세계대전에 참전한 세대.

들을 번쩍 들어올렸다가 우리 할머니가 몇년간 구세주의 재림을 위해 열심히 기도했던 시너고그 바로 앞에 쾅 내던졌지. 폭우가 점점 심해지면서 도시 전역에서 주민 수천명이 집을 버리고 황급히 대피해야 했어. 할머니가 다음 날 아침 컴컴한 아파트로 돌아가보니 냉장고에서 음식이 썩고 있더래. 나는 기숙사 방에서 할머니한테 계속 전화를 걸었지만 폭우 때문에 할머니네 전화선이 끊겨 있었어.

정신이 멍해지는 충격을 느낀 기억이 나. 오래도록 이제나저제나 해온 일이 드디어 벌어지고 있었어. 그것도 그냥 일어난 게 아니라 바로 우리에게 일어나고 있었어. '그 문제'가 화면에서 튀어나와 우리 할머니네 거실을 덮친 거야. 내가 각오해온 순간이었어. 그런데도 온전히 믿기 힘들었지.

폭풍이 닥친 이튿날, 지하철은 엉망이었어. 바닷물에 아직 잠겨 있는 터널이 많았고 해수의 염분이 터널 벽을 침식해갔어. 인터넷에서 본 이미지들은 내가 상상한 스틱스강과 비슷했어. 물이 차오른 동굴이 센트럴파크에 띄우는 노 젓는 배나 간신히 지나갈 정도로 좁고 칠흑 같은 어둠으로 점차 사라지는 광경.

이후 몇년간 나는 지하철 연착이 점점 심해지고 출퇴근 시간의 열차가 점점 더 인파로 꽉 차고 혼잡해지는 것을 유심히 지켜봤어. 이 쇠락은 다음 열차 도착까지 정확히 몇분 남았는지 알려주는 안내판과 앱 들의 확산과 나란히 일어났고, 지하철 시스템의 신뢰도가 떨어질수록 그런 장치들은 더욱 유용해졌어. 이 현상은 적어도 나에게는 우리가 맺어온 시간과의 관계에 생긴 미묘한 변화를 보여주는 것 같았어. 마치 우리가 더는 시간의 흐름을 믿는 데서 만족하지 않고 질투하는 배우자처럼 시간이 지금 뭘 하고 있나 알아야만 속이 풀리는 것 같았지. 물론 대기시간을 아는 건 기다리는 시간에 아무 영향도 안 미쳤고, 짐작건대 우리의 참을성만 점점 바닥났지만.

지하철 연착이 계속 문제가 되자 승객들 간의 침묵에도 변화가 생겼어. 기계적인 행동은 줄고 툭 치면 대화의 봇물이 터질 것처럼 염려하는 기색이 더 짙게 어렸지. 밤늦게 집에 올 때 가끔 내 또래 남자들이 창에 비친 자신의 상에 말을 거는 모습, 자기 귀에만 들리는 노래 가사를 소리 없이 따라 부르는 모습을 목격했어. 유리창에 비친 그들의 상이 손상된 터널의 덮쳐오는 어둠을 피해 움찔거리고 움츠러드는 것을 볼 수 있었어. 그러다가 열차가 역에 들어오면 그 상은 창에서 사라지고 문이 열리길 참을성 있게 기다리는, 조명을 환히 받은 낯선 자의 상으로 대체됐지. 모두가 간신히 버티는 분위기였어.

이런 부서지기 쉬움 때문에 열차가 한대 도착하는 게 기적처럼 느껴지기도 했지. 20분이 지나긴 했어도 어쨌든 다음 열차가 왔다는 것 자체가 가시권을 막 벗어난 곳에 위태위태하게 균형 잡고 있는 훨씬 거대하고 불안정한 설계물이 건재하다는 증언이었어.

* * *

폭풍이든 열차든 똑같이, 이 모든 것의 동력원은 다름 아닌 데이비드 버켈이 자살 도구로 삼은 그것이야. 화석연료는 어디에나 있지만 비가시적이지. 파이프라인에 숨어 있고, 우리가 다니는 도로 밑으로 또 우리가 생활하는 건물들 벽을 통과해 흐르고, 저 먼 산등성이들 위로 높이 솟은 채 이동하거나 해저의 수심 측량장치를 따라 이동해. 심지어 우리의 의식적인 주의에 가장 깊숙이 파고드는 장소인 주유소에서도 석유는 노즐에서 연료탱크로 눈에 안 띄게 옮겨간 뒤 우리에게 양극단의 반응을 불러일으키는 냄새만 남기지.

화석연료의 성질은 본질적으로 양가적이야. 모든 것에 동력을 제공하는 동시에 불가피하게 그것들을 파괴하는 비가시적 침투라고 할까. 시추하고, 추출하고, 수백만년 전 이 행성의 지각地殼에 단단히 눌려 침적물이 된 고운 양치식물과 플랑크톤을 제련해서 만들어져. 그 침적물이 석탄과 가스, 석유로 가공되어 발전소로 보내진 뒤 거기서 에너지로 전환되지. 이렇게 우리는 거의 전적으로 과거의 유물을 태우는 방식으로만 현재의 동력을 대고 있어. 이렇게 파헤쳐진 우리의 역사는 우리를 사방에서 둘러싸고서, 그 상존함이 미래 자체와 꼭 같아 보일 때까지 공기 중으로 분해되어 사라지고 있어.

다르게 말하면, 우리는 지질연대를 초월하는 도굴을 저지르고 있는 거야. 이렇게 보면 '그 문제'가 우리 곁에 출몰하는 유령처럼 느껴지는 것도 당연해.

자살 사건이 일어났을 무렵 나는 그 유령 출몰을 억제하려고 애쓰는 뉴욕주 기반의 환경운동 연합기구 NY리뉴스NY Renews에서 일하고 있었어. NY리뉴스는 보호하려는 대상의 다양성을 반영한 구조로 설계됐어. 그래서 조직원으로 목사와 학생 들, 노동조합에 소속된 간호사와 에너지 정책 전문인 환경운동가 들이 있었어. 프래킹[o]으로부터 자기 땅을 지키려고 싸워온 뉴욕 북부의 농부들도 있었고. 자기네 지역에 발전소가 들어서는 과정을 지켜본, 그리고 수십년간 다른 곳과 비교가 안 될 정도로 심하게 오염된 공기를 강제로 들이마셔온 유색인종 공동체들—브루클린에서 버펄로까지—도 있었어.

모두 합해 150개가 넘는 노동조합 및 지역단체, 환경단체가 한뜻으로 뭉친 조직이었고, 이들이 서로 원만하게 지내고 각자 맡은 일에 집중하게 하는 게 내 역할이었어. 우리의 공동 목표는 법안 두개를 세트로 통과시키는 거였어. 하나는 뉴욕주가 2050년까지 전력 생산부터 대중교통, 건축물까지 모든 부문에서 온실가스 배출을 제로로 만들고, 저소득 계층에 보조금을 최우선으로 지급하고, 재생에너지 경제 부문에서 양질의 일자리를 창출할 것을 보장하는 고용 기준을 마련하라고 요구하는 법안이야. 다른 법안은 비교적 단순해. '그 문제'에 가장 큰 책임이 있는 기업들에 세금을 부과해서 이 거대

[o] 혼합 화학물질을 고압으로 분사해 지하의 암반을 파쇄하고 석유나 천연가스를 채굴하는 방법.

한 진일보에 필요한 자금을 대게 하는 법안이야.

이 일을 해나가는 비결은 우리가 궤도에 올리려는 연쇄적 인과작용 구조의 엄청난 길이와 연약함에 대해 생각하지 않는 거였어. 우리가 조직하는 모든 회의와 집회, 기자회견의 목표는 우리의 요구에 대한 지원을 강화하는 것이었지. 일의 진행에 충분히 탄력만 붙인다면 미미하게나마 이 문제에 대한 주지사의 계산을 달라지게 할 수 있을 거라는 생각이었어. 여론조사 자료, 최고액 기부자들의 우선사항, 다음 선거일까지 남은 시간 등을 대입해 복합적으로 도출된 계산. 우리가 계속해서 압박하고 다른 변수들도 우리 쪽으로 기운다면 주지사도 하는 수 없이 '그 문제'를 해소할 전례 없이 야심 차며 지대한 영향력을 미칠 법안을 통과시킬지도 모른다고 본 거야. 그리고 만일 주지사가 당시 뉴욕에서 전례 없이 야심 찬 법안을 통과시키면 뉴욕주의 경제 규모와 영향력을 고려했을 때 다른 주들도, 최소한 인접 지역들은 뒤따를지 모른다고. 만약 다른 주들이 따라서 기후법안을 통과시키면 그것이 새로운 기준이 되어 다음 연방정부도 그에 발맞춰 행동 방침을 잡을지 모른다고. 나아가 차기 정부가 우리가 미 동북부에서 불붙인 횃불을 넘겨받는다면, 바라건대 세계 모든 나라에서 비슷한 식으로 결심을 굳힐 촉매제가 될 수도 있을 거라고. 그리고 그런 아래로부터의 변화가 동력을 얻는다면 오늘날까지 유지된 문명을 지속 불가능하게 할 산불과 가뭄, 홍수를 막을 만큼은 '그 문제'를 억제하는 것이 적어도 이론상으로는 가능하지 않겠느냐고.

요는, 그해에는 희망이 때로 이런 모습이었다는 거야. 그래서 항상 자세히 들여다보지는 못했어.

그 대신 내가 들여다본 건 핸드폰이었어. 대부분의 일이 그렇듯, 내가 하는 일 때문에 늘 들여다봐야 했지. 그걸로 전화를 받고 이메일도 쓰고 올버니[°] 밖의 뉴스도 확인했으니까. 핸드폰은 내 손에 들려 있지 않을 때는 주머니 안에서 얇은 면 한겹을 통해 내 허벅지를 지그시 누르며 잠자코 기다렸어. 딱 강돌만큼 묵직하고 반들반들하고, 액정에 실 같은 줄이 쫙쫙 간 핸드폰이었어. 후면에는 상록수림을 멋지게 형상화한 듯 녹색과 흰색, 파란색이 V자로 겹쳐 반복된 그림의 케이스를 끼워놓았지.

그 핸드폰으로, 아까도 말했다시피, 너에게 하고픈 말을 쓰기 시작했어. 지하철을 타고 한 회의 장소에서 다음 회의 장소로 이동하다가 갑자기 너에게 하고 싶은 말이 떠오르면 반사적으로 주머니로 손이 갔어. 내 핸드폰 잠금화면은 시대에 맞지 않게 생생한 산호초 사진이었어. 몇년 전 설정해놓고 한번도 바꾸지 않은 사진. 동그란 버튼을 두번 누르면 지난번 그걸 손에 쥐었을 때 하고 있었던 것을 전부 보여줬지. 은행 계좌 잔고를 확인했거나, 지인 생일을 달력에 적어넣었거나. 이런 활동은 각각 화면 한 바닥으로 뜨는데, 그 화면들은 다음 화면과 겹친 채 저 멀리 중첩된 산들처럼 뒤로 갈수록 조

° 뉴욕주의 주도(州都).

금씩 더 짙은 색을 띠면서 화면 속으로 차차 물러나는 모양새로 펼쳐졌어. 너에게 편지를 쓰고 싶으면 엄지를 제일 앞에 뜬 화면 바닥에 갖다 대고 그걸 오른쪽으로 휙 밀었어. 그럼 나머지 화면들이 그 화면을 따라 좌르륵 밀려오다가 내 엄지가 적당한 초기 장력을 가하면 서서히 감속하면서 기존에 메시지를 작성하던, 무지無地 종이처럼 디자인된 화면에서 멈췄어.

다 쓰고 나면 업무용 이메일 화면을 띄웠어. 너를 떠올리면 꼭 업무 메일 확인할 생각이 들더라. 지하철 터널 안에서는 와이파이 신호가 안 잡혀서 열차가 역에 들어설 때를 기다렸다가 열차 문이 열리면 재빨리 엄지로 화면을 아래로 당겨 이메일 목록을 새로고침했어. 핸드폰 액정 상단에 뜬 조그만 회색 데이지꽃이 페달을 뱅글뱅글 돌리면서 내 조급함을 달래줬지. 그러다가 아슬아슬하게 딱 문이 닫히는 순간 새로운 메일 한 뭉텅이가 각각 블루베리 같은 파란 점을 단 채 뜨곤 했지.

지금 내 핸드폰을 풍경처럼 떠올리고 있어. 내가 주기적으로 지나다녔던 영역을 떠올리듯 말이야. 과장법 같은 거지만, 어쩌면 지나친 과장은 아닌지도 몰라. 많은 사람들에게 그렇듯 내 핸드폰도 거의 어디에나 있는 배경이었고, 그 액정 앞에서 일상을 이루는 많은 활동을 수행했거든. 핸드폰을 사용해 돈을 보내거나 받고, 데이트 상대를 찾고, 먹을 것을 사고, 음악을 듣기도 하고, 주치의와 상담하고, 상담사에게 내 얘기를 털어놓고, 날씨를 확인하고, 캘린더를 체크하고, 사진을 찍고, 영상도 찍고, 자위도 하고, 명상도 하고, 막혔을 때 길을 찾고, 친구들이 뭐 하고 있나 알아내고, 친구들의 친구들은 뭘 하나 알아보고, 어둠 속에서 사위를 식별하고, 열차가 어디쯤 와 있나 확인하고, 차를 얻어 타고, 낱말 뜻을 찾고, 사실상 어떤 정보든 다 찾아내고, 그리고 가끔은 할머니 댁 유선전화로 전화를 걸었어. 때로 핸드폰에게 말하라고 지시해서 영수증을 읽게 한다거나, 운동 루틴을 지도하게 하거나, 아침에 풍경風磬 소리를 흉내 내 나를 깨우게도 했지.

핸드폰의 영향을 제한하려고 별의별 짓을 다 해봤어. 알림 소리를 못 듣게 무음으로 설정해봤고, 묵직함을 못 느끼게 외투 주머니로 추방해봤고, 신문처럼 광택 없는 회색으로 바탕화면을 바꿔보기도 했어. 드물게 NY리뉴스 소속 150여개 단체로부터 연락 올 일이 없는 주말에는 집에 놓고 나오기도 했지.

이중 어떤 방법도 딱히 성공하진 못했어. 내 삶의 더 많은 가닥이 핸드폰을 경유해 내게 닿을수록 나도 점점 더 내 핸드폰을 '그 문제'의 성질과 연관 짓게 됐어. 그렇게 간단한 일은 아니겠지만 어쨌든, 나를 둘러싼 세계가 무너지는데 내 손바닥에서 새로운 세계가 바깥을 향해 활짝 피어나는 느낌이었거든. 전자가 홍수와 산불에 휘청거리는 동안 후자로의 도피는 더욱 유혹적이면서 점점 더 실현 가능한 옵션으로 보였어. 심지어 폭풍마저도 이제는 핸드폰을 통해 내 삶에 닿았어. 홍수의 첫 조짐이 보이면 이 도시의 모든 액정화면이 동시에 경고 알림으로 환히 밝혀졌으니까.

시간이 흘러 뉴스 내용이 점점 피폐해지면서 핸드폰에 끼적인 조각글들이 지금 이 편지라는 한편의 글로 엮여갔어. 내가 의도한 바는 아니었어. 어쩌다보니 생각을 정리하려는 사적이고 무질서한 시도로 그런 메모를 쓰게 됐을 뿐. 그런데 너에게 하는 이야기를 빈 페이지에 써나가다보니 그 페이지 너머에 있을 네 존재에 점점 더 책임을 느끼게 되더구나. 만약 내가 혹시라도 진짜 가정을 꾸리게 된다면, 내 손 안에서 번영하는 세계에 있는 너를 손 닿을 데서 몰락하고 있는 세계로 데려오기로 한다면 그 이유를 너에게 솔직하게 말해줄 의무가 있다는 생각이 들었어. 데려오기로 한 결정만이 아니라 그 배경, 정황 전체를 말이야. 내가 어떤 생각을 했고 무엇을 읽었으며, 어떤 기분을 느꼈고 또 어쩌다가 무력감을 느꼈는지, 어디에서 믿음을 되찾았고 또 어느 부분에서 의심을 품었는지 전부 다. 그리고 희망을 유지하는 것이, 마냥 올라가는 수은주에도 불구하고 너를 실현 가능한 대상으로 남겨두는 것이 얼마나 힘들었는지도. 너를 사랑하지 않아서가 아니라 정확히 반대로 너를 사랑해서 그런 거야. 왜냐하면 정말로 사랑하거든. 이것이 바로 이 편지를 쓰는 이유야. 아마 부모가 자식에게 쓰는 모든 편지가 그렇겠지. 너에게 그 사랑을 보여주기 위해. 네가 어쩌다 이 세상에 존재하게 됐는지 보여주기 위해.

* * *

자, 여기 중요한 맥락 한조각이 있어. 네가 미리 알았으면 하는 거야. 폭풍이 연달아 닥치는 와중에 나는 가끔씩 비통함을 느낀다는 것. 비통함도 나름의 기상 상태가 있단다. 비통함은 일시적이면서 모든 걸 집어삼킬 듯이, 기상예보와 무관하게 스콜처럼 닥치곤 하지. 이건 남과 나눠도 될지, 또 어떻게 나눌지 몰라서 대체로 나 혼자만 알고 있던 무게였어. 가까운 친구들과도 '그 문제'에 대해 얘기하다보면 우리가 잘 아는 연민이라는 메마른 협곡으로 굴러떨어지곤 하니까. 대화를 잽싸게 가벼운 영역으로 돌리지 못한 드문 경우 우리가 스스로에게 내뱉기를 허락하는 한마디는 보통 "우린 망했어"야.

나 혼자 있을 때 비통함은 심해에서부터 솟구쳐오르는 고래처럼 내 안에서 솟아올랐어. 수면을 뚫고 올라오기 전까지는 거의 안 보이다가 어느 순간 사방으로 물을 흩뿌리며 뛰어오르는, 세상에서 가장 힘센 그 존재처럼. 게다가 꼭 고래처럼 수면을 깨고 튀어오르는 것도 아무 때나, 내가 가장 예측하지 못한 순간에 그러는 것 같았어. 나는 그 비통함 때문에 마트에서 줄 서 있다가, 파티가 열린 집의 화장실에서, 그리고 혼자 샤워하면서도 울곤 했어. 큰 소리로 운 적은 없고 그냥 눈물 몇방울만, 찔끔찔끔 짜다가 재빨리 틀어막는 정도로.

가끔은 당시의 파트너에게 그런 비통함을 털어놓기도 했어. 늘 의

도적으로 그랬던 건 아니고. 한번은 저녁에 파트너가 우울한 기분으로 귀가해서는 직장에서 있었던 스트레스 받는 일을 쏟아놓기 시작했어. 나는 내가 제대로 듣고 있는 줄 알았는데 얘기 도중에 느닷없이 눈물이 왈칵 솟는 거야. "모든 걸 '그 문제'와 연관 짓지 마." 내 마음을 알아챈 파트너가 답답해하며 쏘아붙였어. "나는 다른 일로 속상해할 자유가 있어." 당연히 옳은 말이었어. 나와 '그 문제'의 관계는 빈번히 일을 이렇게 만들어버리곤 해. 나를 비통함에 매몰된 재수 없는 놈으로 만드는 거야. 그런데도 이렇게 말하고 싶었어. 모든 것이 **실제로** '그 문제'와 관련 있다고! '그 문제'는 모든 것에 관계된다고!

* * *

그런가 하면 세계 곳곳의 흉작 소식이나 홍수로 잠긴 도시에 관한 기사를 읽으면서 아무 느낌이 안 들 때도 있어. 한번은 지하철을 타고 집에 가는 길에 엘리자베스 콜버트Elizabeth Kolbert°의 기사를 핸드폰에서 열었어. 읽으려고 벼르던 탄소 제거 기술 전망에 대한 기사였어. 논지는 대기 중 탄소를 대규모로 제거하지 않고서는 더이상 대재앙을 피할 길이 없으며 그 대규모 탄소 제거는 어떻게 봐도 불가능하다는 거였어. 그것도 지난해에 발표된 기사였지. 핸드폰을 도

° 『여섯 번째 대멸종』 『지구 재앙 보고서』 등을 쓴 『뉴요커』 전속 기자.

로 넣는데, 세상의 종말이 『뉴요커』 2017년 11월호 92면에 설득력 있게 발표된 걸 내가 알기까지 몇달이나 걸렸다는 데 대한 아득한 분노만 겨우 일더라. 나는 인도 바깥쪽에 나무상자에 담아 내놓고 파는 농산물 앞에서 걸음을 멈추며 평소처럼 집까지 걸어갔어. 선인장 한 덩이를 샀고, 집에 도착해서는 딱딱한 줄기를 제거한 뒤 달걀이랑 같이 볶았어. 그날 저녁 기억에 남을 다른 일은 일어나지 않았어. 단단히 잘못된 거지. 이걸 쓰는 지금도 딱히 슬픔이 일지는 않고, 그냥 그런 적이 있다고 말하는 거야.

* * *

자라면서 이 무감각함은 삶을 지배하는 법칙이었고, 언제 어디에나 있어서 감지조차 되지 않았어. 우리 가족은 더럽기로 유명한 어느 강의 굽이에 폭 들어선, 초록이 우거진 교외 소도시에 살았어. 그 강은 폭이 넓고 갈색을 띠었고, 헤엄치기엔 적당하지 않다는 걸 말 안 해도 모두가 알았지. 우리는 내기로도 거기서 헤엄치지 않았지만, AMC메가플렉스나 그 너머에 있는 부모님 연구실에 가기 위해 자주 차를 타고 거기를 지나다녔어.

지금도 그렇지만 부모님은 당시에 자연과학부 교수였는데, 두분 연구실은 럿거스대학 캠퍼스에 나란히 서 있는 두 건물에 각각 있었어. 어머니는 인간의 몸이 어떻게 지방을 대사하는지 연구해. 아버지는 대양과 대기, 해양생물의 화학적 상호작용을 연구하는 해양학자고. 아버지는 사실 어머니가 나를 임신했을 때 그린란드에 있었어. 그래서 임신 중기를 빙원을 뚫고 원통을 집어넣어 표본을 채취하면서 보냈지. 그렇게 채취한 샘플은 과거 대기질의 구성 물질, 국소 대기 온도의 역사, 빙원 자체의 퇴적과 삭마[○] 등 알고자 하는 어떤 용도로든 분석할 수 있었어.

형광 파카를 입은 아버지가 새하얗고 거대한 렌즈 위에 주황색 티끌 한점처럼 서 있는 모습을 상상해봐. 칼바람이 부는 데다 햇빛이 너무 강해서 망막을 보호하기 위해 짙은 색 선글라스를 쓰고 있어. 밤에는 기온이 영하 30도까지 떨어져. 텐트 밖 빙하는 달빛을 받은 채 아무 활동도 하지 않으면서 거대한 침묵에 깔려 있어. 이후 30년에 걸쳐 그린란드의 빙원은 녹아갈 거야. 처음엔 서서히, 이윽고 무서운 속도로. 빙원 표면을 타고 물줄기들이 생겼다가 얼음 우물을 만들어내며 얼어붙을 테고, 얼음 제방이 양측을 둘러친 작은 강들을 만들어낼 거야. 하지만 일단은 이 과정이 이제 막 시작됐을 뿐이고, 아버지의 부츠 밑 땅은 차갑고 단단해.

아버지의 동료들 사이에는 대규모 해빙이 일어날 가능성이 있다는, 심지어 임박했을지 모른다는 암묵적 합의가 있어. 그렇지만 아무리 우려스러워도 이런 담론은 가설이라는 전제로만 이루어지고 연구 저술의 여백들에서만 조용히 퍼지고 있어. 그 담론이 아버지 마음 안에서 뭔가에 불을 지펴 곧 태어날 아이를 떠올리게 할까? 이

○ 풍화와 침식 작용에 의해 얼음이나 눈, 암석이 깎이는 현상.

질문이 1990년 당시 아버지에게, 또는 누구에게든 과연 떠오를 법했을까?

어쨌거나 아버지는 뉴저지의 집으로 돌아오고, 3개월 뒤에는 티 안 나게 조금씩 녹기 시작한 세상에 내가 태어나. 나는 곧잘 웃는 아기이고 우리는 대체로 행복한 가족이야. 2년 뒤에는 여동생이 태어나고, 얼마 안 가 우리 둘은 한쌍의 돈독한 말썽꾸러기가 돼. 폭설이 내리는데 우리 둘이 형체도 못 알아보도록 두껍게 껴입고 현관 앞 계단에 서 있는 사진이 있어. 각각 유아용 의자에 폭 파묻혀 앉아 마른 시리얼을 한개씩 집어먹는 사진도 있고. 우리가 자라면서 아버지의 연구 장소가 북극에서 남극으로 바뀌고, 이제 아버지는 남극으로 장기 출장을 가기 시작해. 한번에 두달, 때로는 석달씩 출타해 있으면서 쇄빙선을 타고 대륙 주변을 살살 돌며 신중하게 구획한 남빙양의 표본을 채취해. 나는 아버지가 자랑스러우면서 단단히 질투나. 아버지는 우리에게 조디악 구명정에서 떠가는 부빙으로 훌쩍 옮겨간 얘기, 연구원단과 선원들이 몸길이 4미터 넘는 바다표범이 튀어나와 다리를 낚아챈다고 하는 부빙 가장자리를 피해 다닌 얘기를 들려줘. 남극반도에 있는 영국 연구기지에 장기간 머무는 동안 자갈깐 활주로에서 추위에 벌벌 떨며 축구한 얘기를 해줘.

이런 이야기들 저변에는 '그 문제'가 서브텍스트처럼 깔려 있어. 지구상에 남극반도보다 더 빠르게 달궈지고 있는 곳은 별로 없거든. 해안가를 따라 둥둥 떠다니는 거대한 양탄자 덩이처럼 깔려 있는 해빙海氷이 줄어들기 시작했어. 대륙의 대부분을 덮은 판빙들은 엄청난 양의 수분을 덜어내면서 제 몸의 점점 더 많은 부분을 쪼개 바다에 버리고 있고. 이 담수의 유입이 해안 생태계를 뒤집어놓았어. 먹이 사슬을 거슬러가며 플랑크톤 개체 수와 영양 분포를 뒤흔드는 변화를 촉발했지.

이런 사실들이 우리 가족에게 '그 문제'를 논하기 딱 좋은 환경을 조성해줬을지 모르지만, 우리는 왜인지 절대 그러지 않았어. '그 문제'의 존재를 모두가 인지하고는 있지만 그것은 지나가듯 입에 올리는 얘기, 아버지 직업과 관련해 조금 신경 쓰이지만 애매한 세부사항에 지나지 않았어. 아버지도 일 얘기를 자주 하긴 했지만 음울한 분위기를 조성한 적은 별로 없었어. 아버지는 자전거를 조립하고 자동차 엔진을 만지면서 자랐고, 해양학을 선택한 것도 최소한 어느 정도는 뭔가를 손으로 조작하는 일에 매료됐기 때문이었거든. 직업 덕분에 아버지는 복잡하고 섬세한 표본 채집 도구들, 언 바다에 권양기로 조심스레 내리는 1만 달러짜리 기계 따위를 설계할 수 있었어. 그러니 '그 문제'의 존재는 거의 부수적인 일로, 아버지의 호기심과 흥분, 세상을 즐기는 타고난 성향과 얄궂게도 동시에 발생한 일로 느껴졌던 거야.

어머니는 어땠냐면, 아버지가 남극 출장 가는 걸 반쯤은 두려운 마음으로 기다리게 됐어. 출장이 '그 문제'에 대해 드러낼 사실들 때문이 아니라 어머니 본인의 연구를 진행하면서 혼자 십대 자녀 둘을 돌볼 게 부담됐기 때문이었지. 그 무렵 동생과 나는 고등학교에 다니면서 각자 자신의 인생을 조금씩 맛보고 있었어. 무섭도록 영리하지만 쉽게 불안감을 느끼던 내 동생은 마리화나에 손대기 시작해 그 독성 띤 강가의 공터를 남몰래 찾곤 했어. 나는 나대로 남는 시간을 전부 강박적으로 시험공부에 쏟고 레슬링팀에서 탈락하지 않기 위해 체중 조절을 하며 보냈어. 노력할 여력이 통제 욕구와 깔끔하게 맞아떨어지는 두 영역이었지.

아버지는 귀국할 때마다 우리를 얼마나 보고 싶어했고 떨어져 있는 게 얼마나 속상했는지가 역력했어. 위안 삼아 우리에게 출장에서 찍어 온 사진으로 긴 슬라이드쇼를 보여주곤 했지. 우리는 소파에 다닥다닥 붙어 앉아 아버지의 노트북 컴퓨터로 슬라이드를 감상했어. 황제펭귄들이 보초병처럼 뚱한 얼굴로 웅크리고 있는 영상, 아담한 아델리펭귄들이 배 깔고 얼음 위를 미끄러지는 영상을 봤어. 방금 막 분리된 듯 추상적이고 조각상 같은 형태의 육중한 빙하들이 바다에 낮게 떠 있는 사진들도 봤어.

가끔은 슬라이드를 보다가 아버지가 '그 문제'에 대해 얘기하고 싶어하는 눈치를 느꼈어. "10년 전에 간 그 대륙이 아니야." 이렇게 무심하게 운을 뗐지. 하지만 우리 중 누구도 거기서 대화를 어떻게 이어갈지, 어느 방향으로 풀어나가면 좋을지 몰랐어. 그래서 그냥 소파에 서로 끼어 앉아 화면에 나타났다 사라지는 펭귄들이나 잠자코 봤어. 펭귄들은 녹아가는 빙원 표면에서 머리부터 주르륵 미끄러져 바닷물로 참방 뛰어들었어.

아버지도 아버지대로, 우리가 그 주제로 얘기를 꺼낸 날 저녁을 기억하더라. 그때 나는 여덟살쯤 됐었는데, 아마 텔레비전에서 누군가가 '그 문제'를 언급하는 걸 봤던가봐. 내가 아버지에게 저게 무슨 소리냐고 물었고, 아버지는 나한테 어디까지 말해줘야 할까 고민했대. 결국 정직하게, 대신 최대한 안심시키면서 다 얘기해줬대. 아버지가 설명을 마쳤을 때 나는 씩씩대며 울기 시작했어. 어떻게 이런 얘기를 여태 안 해줄 수 있어요? 나는 이렇게 물었어. 얘기해줬으면 그동안 뭐라도 해볼 수 있었잖아요!

아버지와 달리 나는 이 대화가 전혀 기억이 안 나. 어쩌면 아버지의 고민은 충분히 그럴 만한 것이었을 거야. 어쩌면 나에게 너무 많이, 너무 이르게 말해준 것일 수도 있어. 어쩌면 내가 그 기억을 일부러 지워버렸는지도 몰라. 아니면 아버지가 나중에 회상하면서 상상한 것이거나. 인간의 기억이 어떤 이야기의 구멍을 메우려고 장면들을, 일어나지 않았는데 틀림없이 일어난 것으로 느껴지는 장면들을 지어내는 것처럼 말이야.

어느 쪽이건 그건 중요하지 않은 것 같아. 중요한 건 나를 몹시도 사랑하는 아버지를 두고도, 심지어 감정적으로 열려 있는 아버지, 자기 일에 열정적이고 대다수의 부모보다 이 주제에 대해 몇배는 많이 아는 아버지를 두고도 '그 문제'를 직시하기가 여전히 힘들었다는 거야. 혹여 우리가 직시했더라도 그날 이후 내가 그걸 묻어버렸나봐.

내 기억으로는 '그 문제'의 무게가 내게서 그에 상응하는 슬픔을 불러일으키기까지 13년이나 걸렸고, 그렇게 솟아난 슬픔조차 대략

20분밖에 지속되지 않았어. 2011년 가을, 내가 스물한살 생일을 맞기 한달 전의 일이야. 아버지는 남극에 가 있었고 나는 방학을 맞아 집에 와서 주말이 낀 긴 연휴를 어머니와 보내려던 참이었지. 서머타임이 끝나 시계를 원래대로 막 돌려놓았고, 그래서 그런지 너무 빨리 닥친 해 질 녘이 갑작스럽고 낯설게 느껴졌던 기억이 나. 우리는 영화를 한편 보기로 했고, 나는 내용을 전혀 모르는 채 라스 폰 트리에 감독의 「멜랑콜리아」를 보자고 했어. 어차피 학교 수업 때문에 봐야 했거든. 어머니가 무릎에 노트북을 올려놓았고 우리 둘은 어머니의 침대 헤드보드에 기대앉아 노트북 화면을 응시했어.

영화에서 키어스틴 던스트가 전형적인 우울증을 앓는 여자로, 샤를로트 갱스부르가 그 언니로 나와. 어느 날 상공에 갑자기 새로운 행성이 나타나면서 플롯이 전개되는데, 이 행성에 과학자들이 붙인 이름이 '멜랑콜리아'야. 갱스부르는 지배적인 의견과 입장을 같이해서 멜랑콜리아가 지구에 접근했다가 그냥 지나갈 거라고 확신해. 던스트는 지구와 곧장 충돌해 모두 죽일 거라고 굳게 믿고.

계산으로 예측한 근접 비행 날, 온 가족이 그 장관을 보려고 테라스에 모여. 행성은 앞 못 보는 얼굴처럼, 또는 거대하고 창백한 가면처럼 그들이 사는 궁궐 같은 집의 부지 위로 둥실 다가와. 갱스부르의 어린 아들이 초록색 나뭇가지를 구부려 원을 만들고, 그들은 그걸 허공에 들고 들여다보면서 행성의 움직임을 추적해. 멜랑콜리아가 지구를 스쳐지나가면서 갱스부르는 나무로 만든 원시적인 틀 안에서 그 행성이 점점 작아지다가 우주 속으로 사라지는 걸 지켜봐. 갱스부르는 안도감으로 펄 듯이 좋아하지만 던스트는 럭비 스크럼 맨 앞줄에 선 선수처럼 초조해하면서 뉴스에도 거의 반응을 안 보여. 다음 날 아침 갱스부르가 나뭇가지를 한번 더 눈에 대보는데, 행성이 더 커진 것처럼 보여서 깜짝 놀라. 몹시 당황한 그는 원을 눈에 자꾸만 대보지만 결과는 똑같아. 지구 자기장의 인력으로 멜랑콜리아가 크게 원을 그리며 돌아와 곧장 그들을 향해 다가오는 거야.

마지막 장면에서 갱스부르와 그의 아들 그리고 던스트는 최후의 식사를 함께해. 그들 위로 멜랑콜리아가 창공을 대체했고, 구멍 팬 행성 표면이 파란 하늘을 완전히 가렸어. 영화가 시작되고 처음으로 던스트는 차분한 모습이야. 마치 멜랑콜리아가 자기 안의 뭔가를 제대로 정렬한 것처럼 그의 몸짓은 전에 없이 활기를 띠어. 던스트는 조카를 안심시키면서 "마법의 동굴"에 숨으면 충돌을 피할 수 있다고 말해. 그러고는 조카와 언니의 손을 잡고 그들을 나지막한 언덕 꼭대기로 데려간 다음 부러진 나뭇가지들로 위태위태한 원뿔형 천막을 만들고 다들 어서 그 안에 들어가라고 해. 행성이 점점 가까워오면서 세 사람은 각각 다른 자세를 취해. 갱스부르는 몸을 반으로 접곤 흐느껴 울고, 아들은 동굴이 구해주리라 믿고서 눈을 질끈 감고, 던스트는 책상다리를 하고 앉아 그들을 바라봐. 처음 느껴보는 평화에 등이 꼿꼿이 펴지고 어깨는 편안히 내려간 채. 이윽고 멜랑콜리아가 충돌해오고, 온 세상을 파괴해.

영화가 끝나고 우리는 둘 다 분위기를 깰까봐 꼼짝도 안 한 채 화면에 올라오는 엔딩 크레디트를 멍하니 봤어. 노트북 바닥에서 뿜어져나오는 열기가 느껴졌고 거기 갇힌 조그만 팬이 왱왱 도는 소리가 들렸어. 그런데 느닷없이 울음이 터졌어. 흐느낌이 내 양팔을 콱 붙잡고서 눈물을 털어내려는 듯 세차게 흔드는 것 같은, 제대로 된 오열이었어. 너무 갑자기 터져서 처음엔 무슨 일이 일어난 건가 싶었고, 그래서 어머니한테 이 영화가 그때까지 '그 문제'에 대한 나의 이해에 잠복해 있겠거니 늘 짐작했던 유의 감정을 마침내 불러일으켜서 그런 거라고 설명할 수도 없었어. 내가 아는 세상이 끝날 수도 있고, 끝날지도 모르며, 아마도 끝나는 과정에 있을 거라는 그 바닥 모를 자각 말이야.

그 감정은 내가 꿨던 특정한 유의 꿈들을 새삼 떠올리게 했어. 꿈에서 나는 어딘지 모를 물에 풍덩 뛰어드는데 곧 내가 가라앉고 있다는 걸 알아채. 나는 처음엔 아무렇지 않게, 이내 점점 다급하게 사지를 허우적대며 기를 쓰고 헤엄쳐. 그런데 아무리 힘껏 발길질을 해도 수면은 멀어져만 가고 물은 점점 새카매져. 그러다 결국 내가 해볼 수 있는 건 다 해봤다는 생각, 조금 있으면 익사할 거라는 생각이 퍼뜩 들어. 내 마음이 이 사실을 받아들이는 게, 그것을 또다른 형태에 욱여넣어 거기에서 마지막 희망 몇방울을 짜내려 애쓰는 게 느껴져. 그런데 그러지 못하자 내 입이라는 대문이 열리면서 물과 함께 회한이 밀려들어와. 순간적으로 근육이 이완하고, 최후의 우선순위가 재정렬되고, 내가 점쳤던 미래의 한계선들이 손닿는 거리 안으로 되튕겨 와. 그러다 어느 순간 흠칫 잠에서 깨고, 잠시 꼼짝 않고 얼굴 위 어둠을 응시하면서 깨어 있는 동안에는 잡힐 듯 영 잡히지 않는 이 느낌을 붙잡으려 애쓰다가 실패해. 내가 죽을 수도 있으며 사실 죽어가고 있다는 느낌.

하지만 그 꿈들처럼 「멜랑콜리아」가 불러낸 감정도 금세 공중분해됐어. 나는 울음을 멈추고 아무런 설명도 없이 일어섰고 어머니에게 다 괜찮다고 안심시켰어.

그날 밤 잠자리에 들어서는 키어스틴 던스트의 캐릭터를 생각해봤어. 자매 중 우울증을 앓는 쪽이 종말에 더 잘 대비된 쪽, 현상을 가장 명료히 파악한 쪽인 것이 우연이 아닌 것 같았어. 우울증을 앓는 사람들이 자신의 운전 실력을 가장 정확히 평가하며 나머지 응답자들은 자신이 평균 이상이라고 추정한다는 연구와도 맞아떨어지지. 던스트의 슬픔에는 모종의 명료함이 어려 있는 거야.

나한테는 잔인한 아이러니였어. 세상이 진짜로 끝날 때 그 진실을 곧이곧대로 받아들이기 위해 **진즉부터** 세상이 끝나가는 기분을 느끼고 있어야 한다니. 게다가 아무리 애써도 나는 그런 느낌을, 어쨌든 지속적으로는 갖는 게 힘들었어. 선택적 외면, 적절한 낙관주의 같은 건 다 타고나야만 누릴 수 있는 자질로 보였어. 바로 그래서 시간이 흐르면서 나는 그런 스쳐지나는 순간들을 묘한 방식으로 소중히 여기게 됐어. 내 비통함의 깊이가 '그 문제'의 심각함과 일치된 듯, 사실과 기분의 간극이 일시적으로나마 좁혀진 듯 보였던 그날 저녁처럼. 왜냐하면 그렇듯 정신적 황폐에 빠진 와중에도 더 진실한 현실, 경험적인 현실을 스치고 지나간 것 같았거든. 외부에 존재하는 그대로의 세상, 이런 경우만 아니면 내가 조용히 그리고 단호하게 모든 게 괜찮다고 스스로를 설득하는 데 줄곧 동원했던 필터들보다 앞서 존재해온 세상을 조금 맛본 것 같았어.

* * *

허리케인 샌디가 덮치고 며칠이 지나서야 할머니 댁 전화선이 복구됐어. 마침내 연락이 닿았을 때 할머니는 허리케인 얘기를 별로 하고 싶어하지 않으셨어. "보통 때와 다르게 지독하더구나"가 샌디에 대해 할머니가 유일하게 하신 한마디야. 그 대신 할머니는 평소처럼 근황을 듣고 싶어하셨어. 학교는 어떠냐, 이 할미는 언제 보러 올 거냐 물으셨지. 여자친구가 있느냐고도 물으셨고 나는 있다고 했어. "그래서?" 할머니가 되물으셨어. "가정은 언제 꾸릴래?" 몇년째 대답을 회피해온, 은근슬쩍 뭉개고 넘어가는 데 도가 튼 질문이었어. 그런데 그날만은 그 질문이 다르게, 더 무겁게 느껴지더라. 마치 폭풍이 껍질을 벗겨내 그 질문의 중요성을 드러낸 양. 전화선을 타고 흐르는 침묵 속에서 꼭 내가 처음으로 그 질문을 곰곰이 생각해보는—그러니까 너를 처음으로 생각해보는—것 같았어. 그러다 어느 순간 내가 진정으로 너를 만나기를 원한다는 걸, 그리고 그 결론이 여태까지의 어떤 의식적 숙고보다 앞서서 그리고 그 기저에서 진즉 형체를 갖추고 있었다는 걸 깨달았어.

전 여자친구와 나는 이미 너를 상상해보는 위험한 게임에 슬쩍 손대본 적 있어. 상대방과 함께는 고사하고 혼자서도 우리가 아이를 키우기로 결정한 적이 없는데도 말이야. 막상 해보니 너를 선명히 그려볼 수 있었어. 다들 메고 다니는 유아용 아기 띠, 그러니까 네가 잠들면 네 머리가 내 가슴팍에 닿고 네 두 팔은 내 팔과 나란히 달랑거리게끔 앞쪽으로 메는 가방에 태워진 채 나한테 딱 달라붙은 네 모습을. 네 자그만 발에 양말을 신기고, 해변에서 너를 타월로 감싸고, 정글짐에 거꾸로 매달린 너를 곁눈질로 지켜보면서 무심히 다른 부모들과 수다 떠는 척하는 내 모습 같은 빤하디빤한 소소한 몽상을 해봤어.

하지만 수화기에 귀를 대고 서 있던 그 순간, 그런 감정들에 더럭 겁이 났어. 내가 어떻게 해서 덮친 감정들이 아니었어. 언제나 거기 있었던 것처럼, 이미 형태를 갖춘 채 나타났어. 할머니 댁 문밖에 널브러져 있을 잔해, 푹 젖은 쓰레기와 큼지막한 합판 조각들을 떠올렸어. 그 집 냉장고 안에서 썩어가고 있을 우유도 떠올렸어. 그리고 내 몸 안에서 바이러스처럼 도사리는, 내 몸을 선취하고서 너라는 관념을 나에게 전염시키는 내 유전자를 떠올렸어.

"좀 있으면요." 나는 네 조상이 되길 열망하는 여인을 이런 대답으로 안심시켰어. 확실치는 않지만, 거짓말이었던 것 같아.

그 후로 몇년간 폭풍 규모가 점점 커지면서 피해와 사상자 통계 기록도 경신해갔어. 내가 너에게 허리케인 샌디에 대해 쓰기 시작한 날 허리케인 마이클이 플로리다의 프라이팬 손잡이처럼 길게 뻗은 북서쪽 지역을 시속 560킬로미터 풍속으로 강타했어. 며칠에 걸쳐 마이클의 유령이 해안을 따라 북상하며 출몰했고, 내가 이전 폭풍의 여파를 묘사하려 애쓰며 앉아 있는 곳 바로 옆의 창문 밖 하늘을 시커멓게 물들였어. 더럭 겁이 난 건 이것 때문이야. 폭우 자체도 두렵지만 그것이 행사하는 폭력이 이렇게, 편지 쓰기 딱 좋게 창틀을 때리는 빗줄기 정도로도 현신할 수 있다는 것이 너무 무서웠어. 벌써 온 가족이 휩쓸려간 피해 사례들이 보도되고 있었지만 나는 폭풍 영향권의 변두리에서 안전히 지냈으니까. 이제 약해져가는 사이클론은 우리에게 폭우 정도만 뿌렸고 나는 그 폭우가 유리창에 격자무늬 물길을 만드는 걸 지켜볼 뿐이었어.

* * *

「멜랑콜리아」 도입부에 바그너 오페라가 흐르는 장면이 10분간 이어져. 폰 트리에는 등장인물들이 거의 움직이지 않는, 슬로모션으로 촬영한 일련의 정적인 장면을 편집해 삽입했어. 영화를 재감상하다가 첫 감상 때 놓쳤던 걸 알아챘어. 이 도입부 몽타주에 브뤼헐의 그 그림, 「눈 속의 사냥꾼」을 롱숏으로 잡은 장면이 있더라고. 그림이 프레임에 꽉 차게 들어와. 꽁꽁 언 언덕과 거기에 무리 지어 뻗어 있는 전나무, 언덕 꼭대기에 선 개들과 남자들이 자기들 시선과 함께 감상자의 시선을 마을의 소소한 북적댐과 그 너머의 산들로 유인해. 몇초 동안 아무 일도 일어나지 않아. 그림만 비출 뿐. 그러다 어느 순간 검은 조각들이 부슬부슬 내리기 시작하면서 이미지의 군데군데를 가리고, 이내 우리는 그림이 타고 있다는 걸 알아채. 그림 윗부분부터 재 쪼가리들이 떨어져나가.

그림이 타는 걸 가만히 보며 뭘 알아채게 되냐면, 그것이 그림 안에서는 아무 반응도 야기하지 않는다는 거야. 그게 놀랄 일은 아닌데도 어째선지 놀라움으로 다가오지. 우리는 그림 속 인물들이 자기들이 파괴되는 것에 반발해 들고 일어날 것을 반쯤 기대하거든. 전나무들이 허리를 꺾고, 개들은 울부짖고, 사냥꾼들은 도망치거나 빌거나 할 것만 같아. 그런데 그림 가장자리가 불에 오그라드는데도 모두가, 그리고 모든 것이 그대로 가만히 있어.

* * *

샌디가 닥치고 10개월 뒤, 유대교 신년절° 첫째날에 나는 타실리프°°를 하러 어머니와 할머니를 따라 로커웨이 해변에 갔어. 초가을이었고 한랭전선 때문에 바람이 한풀 꺾여 있었어. 해수면은 거의 움직임이 없었지. 모래언덕 너머 판잣길 일부가 여전히 땅에서 뽑혀나가 괴상하게 휘어 있었어. 그 길을 이루는 나무판자들이 꼭 고래 척추 같더라. 폭풍이 남긴 다른 찌꺼기들도 있었어. 우리가 지나쳐

° 그레고리력 9~10월에 해당하는 유대교의 1월인 티슈리의 첫날과 둘째날.

°° 유대교 신년제 첫날 강가에 모여 참회 기도를 올리고 옷을 터는 관습.

갔던 집들이 창마다 판자를 덧댄 채로, 그리고 비닐 벽판자도 아직 희미한 조수선으로 물든 채로 남아 있었어. 하지만 바닷물 자체는 아무런 티도 내지 않았지. 얼마 전에 어땠는지 혹은 어떻게 변할 수 있는지 일말의 기미도 드러내지 않았어.

타실리프는 새로 맞는 해를 가뿐하게 시작할 수 있게 이전 해에 지은 죄들을 털어버리는 의식이야. 빵을 축성하고 물에 던지는 상징적 의식이지. 할머니가 냉장고에서 아직 반쯤 언 통밀빵 한덩이를 가져오셨고 우리는 세 세대가 함께 해변에 말없이 서서 그 빵을 수치와 후회의 작은 조각들로 떼어냈어.

내 죄가 정확히 뭐였는지 명명하긴 어려웠지만 어쨌든 너를 향해 회개한 뒤 내 몫의 빵을 수평선으로 집어 던졌어. 상한 빵은 멀리 날아가지 않았어. 몇 미터 앞 얕은 물에 떨어졌고, 갈매기들이 거기에 응축된 업보가 묻은 줄도 모르고 잽싸게 낚아채 날아가버렸어.

의식을 마친 후 신발을 벗어 들고 물가로 갔어. 어머니와 할머니가 해변 저쪽에서 아직 빵조각을 든 채 애도를 올리는지 기도를 드리는지 고개를 푹 숙이고 있는 게 보였어. 물이 나에게 닿기를 기다리며 꼼짝 않고 서 있어봤어. 하지만 조수는 물러가는 길이었나봐.

1차 운동

2014년 9월 21일, 50만명의 시민이 센트럴파크 서측에 모였어. 한 곳에 그렇게 많은 사람이 모인 건 처음 봐. 측로를 전부 메우고 아스팔트 바닥을 완전히 가릴 정도로. “인파”라는 말은 지금 일어나는 현상을 적확히 묘사하기엔 부족한 감이 있어. 이 정도 규모의 군중이라면 마치 상당한 크기의 종 표본처럼, 대규모로 이동하는 인구 떼로 느껴지기 시작해.

몇달에 걸쳐 사람들을 불러 모으는 작업을 진행했는데도 실제로 사람들이 왔다는 게 여전히 믿기지 않아. 솔직히 다들 어디에서 온 건지 모르겠지만, 아무튼 여기들 와 있어. 오늘 아침만 해도 택시 몇 대와 경찰이 설치한 강철 바리케이드를 빼면 텅 비어 있던 거리에 서로 면식도 없는 수천수만명이 모이다니.

도시 반대편에 있는 유엔 본부에는 전세계 지도자들이 ‘그 문제’를 논의하러 모여들고 있어. 우리 집회는 그 회합의 필연적 결과로 열린 거야. 그들에게 위기감을 심어줘서 오늘의 논의가 행동으로 이어지게끔 유도하기 위한 집회거든. 우리는 이 집회를 '그 문제'에 대항하는 최대 규모의 가두시위가 될 거라고 홍보했는데, 집회 시작 20분 만에 그 말이 단연코 진실임이 입증되고 있어. 예상치를 100배 정도 뛰어넘은 것 같아. 지난 몇달간 수단 방법 가리지 않고 홍보하는 게 내 일이었어. 그래서 구르드와라[o]나 지역공동체 운영위원회, 심지어 맥주 냄새 진동하는 펑크 밴드 공연장까지 가리지 않고 찾아가 신병 모집 연설을 해댔지. 툭 치면 좔좔 나올 정도로 초청하는 말에 유창해져서 술집에서는 딱 두문장으로 압축하고 교회 신도 모임에서는 20분 분량으로 늘리는 등 상대가 누구냐, 장소가 어디냐에 따라 자유자재로 맞출 수 있게 됐어.

대학을 졸업하고 처음 맡은 일이야. 시에라클럽[oo]에 채용됐는데, 집회에 사람을 끌어모으라는 두루뭉술한 임무를 맡았어. 같은 임무를 맡은 사람이 열두어명 돼. 이런저런 연합조직에 임시 고용된 젊은 조직가들인데, 하나같이 집회 소식을 최대한 널리 퍼뜨리는 일을 맡았어. 우리는 별일 없으면 거의 매일 뉴욕 곳곳에 흩어져서 폐에 숨이 안 남도록 떠들어대고 그러면서 상대방이 하는 말도 귀담아들으려고 노력해. 공유된 관심사를 가지고 진솔한 대화를 나누려고 노력하는 거지. 실패할 때가 많아. 자원 멤버들을 데리고 지하철역이

o 시크교 사원.

oo 1892년 창설한 북미지역 환경운동 기구.

나 음악 페스티벌 같은 데에 가서 오후 내내 집회 홍보용 전단지를 나눠주지만, 걸음을 멈추고 '그 문제'에 대해 얘기하고 싶어하는 사람은 별로 없어. 멀리서 우리를 발견하고는 우리와 마주치는 걸 피하려고 방향을 트는 게 다 보여. 가끔가다 말없이 광고지를 받아 든 사람도 몇걸음 더 가서는 주머니에 구겨넣곤 해. 충분히 이해가 가는 행동이라고 스스로를 달래. 기본적으로 우리는 호객꾼과 다를 게 없거든. 스트립클럽이나 세무사 사무소나 동물보호협회에서 나온 사람들과 겉으로는 다를 게 없어. 나라도 재수 없는 날이나 기분 나쁜 날에는 나를 피해 갔을 거야. 그래도 창피한 기분이 드는 건 어쩔 수 없어. '그 문제'에 대해 내가 느끼는 걱정을 남에게 공감해달라고 구걸하고 번번이 거절당하는 것이 창피해. 창피해하는 게 창피하기도 해. '그 문제'의 엄중함 때문에라도 고개 빳빳이 들고, 또 단호한 목적의식을 가지고 다가오는 행인 한명 한명을 마주해야 하는데 그러지 못하고 있잖아. 그래도 겉으로는 우리 팀 자원 멤버들에게 보란 듯이, 가식적으로 그렇게 해 보여. 모르는 사람에게 다가가 열정적으로 홍보할 때마다 속으로는 인상을 쓰고 있다 해도 말이야.

그나마 발길을 멈추는 소수는 거의 고해성사하듯 냉큼 대화에 뛰어드는 경향이 있어. 마치 이 대화를, 정확히는 자신들이 '그 문제'에 대해 남모르게 품고 있던 분노나 공황, 믿기지 않는 심정을 표출할 기회를 기다렸다는 듯이 그래. 가끔은 그래주는 게 고맙지만 보통은 슬퍼져. 2014년에도 '그 문제'에 대해 허심탄회하게 이야기할 기회가 부족해서 사람들이 지하철 플랫폼에서 만난 스무살짜리 청년에게 마음의 짐을 던다는 것이.

이렇듯 대화가 들쑥날쑥 이루어져서, 집회에 얼마나 많은 인원이 참석할지 가늠하기가 참 어려워. 어제만 해도 우리는 10만명이라도 와주기를 바랐어. 그런데 그건 실제 모인 인원의 4분의 1도 안 되는 숫자였지 뭐니. 배너를 들고 온 사람도 많고, 어떤 사람은 열명이 같이 들어야 할 정도로 긴 플래카드를 만들어 왔어. 떨어뜨릴 때마다 플래카드가 풀썩 자빠지면서 펄럭거리고, 인파 사이에서 물결처럼 출렁대다가 다시 글자가 다 보이게 팽팽히 당겨져. 스크린 기법으로 인쇄해 대나무대에 고정한 깃발들이 보도에서 군중 쪽으로 비스듬히 드리워져서 거기에 인쇄된 아이들이나 행성, 온도계 같은 그림들이 길 위에서 나부껴. 거대한 흰 새 모형이나 정교한 꼭두각시도 있는데, 이런 것들이 사람들 머리 위로 덮칠 듯 훅 내려오곤 해. 무엇의 상징인지는 명확지 않지만 그 모호함 때문에 극적 효과가 배가되어 오히려 무엇이든 상징할 수 있어. 평화, 두려움, 아름다움, 분노… 그간 말로 표현되지 못했으나 우리가 집회에 품고 온 것들 전부 다. 어떤 배너는 낙하산처럼 생겼어. 사람들이 한데 모여서 들어올려 공중에 띄우면 거기 쓰인 메시지들이 군중의 머리 위로 돔 지붕 형태로 드리워져. 대로 전체가 잉크와 사람과 천과 소음이 만들어낸 강 같아. 어디에선가 댐이 무너져서 고층 건물들 사이 협곡으로 물이 쏟아져 흐르는 것 같아. 우리가 그 강을 이루는 물방울이라고 어렵지 않게 상상돼. 어디인지도 모를 더 큰 저수지로부터 걸러져 내려온 아주 조그만 물방울 하나하나가 의심과 결의라는 각자의 흙으로 스며들었다가 한꺼번에 이곳에 모여든 거야. 가는 줄기들이 모여 생겨난 격류인 셈이지. 그 격류가 불어나면서 만들어낸 이 강은 매년 점점 수위가 높아지는 다른 강들로 이미 둘러싸인 섬 맨해튼을 여러 갈래로 쪼개며 흘러가. 이렇게 보면 우리는 선제적 홍수, 그러니까 실제적이고 임박한 어떤 것에 대한 예방접종 같기도 해.

마침내 인파가 움직이기 시작하자 나는 공원을 빙 두른 돌담의 난간 한군데에 올라가. 그 상부가 약간 피라미드 형태라서, 행진하는 군중을 내다보려면 안짱다리로 서야 해. 눈을 가늘게 떠도 인파의 끝이 보이지 않아. 사방에 양탄자처럼 펼쳐져 행진하는 집회 참가자들만 보여. 보통 음량으로 떠드는 한 사람 한 사람의 목소리가 합쳐져, 군중에서 함성이 지속적으로 일어. 나는 옆으로 흐르는 그 인파의 강줄기에서 어느 한명에게 시선을 고정해보려고 해봐. 하지만 개개인이 금세 하나의 흐름으로 합쳐지는 바람에 개울물에서 물방울 하나 혹은 나뭇가지 한개를 눈으로 좇는 것 같아.

조직가들은 고성능 무전기로 무장하고 나왔지만 일단 가두행진이 시작되자 상황은 우리 손을 떠나. 더이상 내릴 수 있는 지시도 없고, 군중이 그냥 알아서 앞으로 움직이면서 형태를 무너뜨렸다가 다시 좁아져 바리케이드 안으로 들어가기 시작해. 사람들은 시종일관 어기적어기적 걸으면서 꾸물대고, 가다가 되돌아오고, 맥도날드 화장실로 후다닥 들어가기도 해. 인도 갓돌에 발끝으로 서서 핸드폰으로 영상을 찍기도 하고. 우리 귀에 꽂은 이어피스에는 흥분에 싸인 인파 속에서 저마다 자신과 상대의 위치를 확인하느라 뒤죽박죽 뒤

섞이고 잡음으로 뚝뚝 끊긴 혼선만 들어오고 있어.

행진하는 와중에도 우리가 역사에 한획을 긋고 있음이 통렬히 느껴져. 분수령이나 전환점 같은 거시적인 한획은 못 되지만, 그래도 휴전기념일 행진이나 여성참정권 요구 집회 모습을 담은 노이즈 심한 다큐 영상을 보는 것처럼 문득 이 장면 전체를 네 시점에서 그려볼 수 있을 것 같아. 왜 있지, 그런 영상에서는 자글자글한 사람들 형체가 지금 보면 모호한, 특정한 시공간적 배경의 주파수에 맞춰 움직이잖아. 훗날 어떤 일이 벌어질지 모른다는 근본적인 차원에서, 앞으로 올 세상에서 보면 우리가 충분히 순진해 보일 수 있다는 걸 알겠어. 무슨 일이 벌어질지 너는 알지만 우리는 모르며, 이미 발생한 일의 렌즈를 통해 네가 무지했던 우리를 반추할 수 있으리라는 걸.

그 일시적 고립의 순간에 나에게 가장 기묘하게 다가온 건 행진 그 자체야. 네가 이런 생각을 할 게 눈에 선해. 애초에 왜 행진을 한 거지? 59번가부터 34번가까지 걷는 게 '그 문제'랑 무슨 상관이 있다고?

여기서 너에게 사회운동이나 힘을 보여주기 위한 시위에 대해 일반적인 설명을 해줄 수도 있겠지. 물론 한 자리에 서 있는 것으로도 똑같이 힘을 보여줄 수 있어. 어쩌면 행진은 일종의 모방 차원에서, 글자 그대로 진보를 실체화하기 위해 벌이는 건지도 몰라. 한 지점에서 시작해 다른 지점에서 끝나는 느낌을 실체화하려는 거지. 마치 우리의 정치적 희망을 도시 표면에 선으로 그려보려는 듯. 아니면 한가지 생각에 빠져 오래 걷는 것처럼, 치유 효과를 노린 행위일 수도 있고.

이렇게 설명할 수도 있겠다. 행진은 단순히 이야기를 전하는 한가지 수단이라고. 그 주말에만 해도 수많은 이야기가 저마다 우위를 선점하려고 유엔 회의장 주변을 공전하고 있는 걸 봐. 개중에는 '그 문제' 따위 일어나고 있지 않다고 믿는 기후위기 부정론자들이 들려주는 이야기도 있어. '그 문제'가 일어나고 있긴 하나 즉각적 화석연료 감축이 타당할 만큼 위급하지는 않다는, 다수의 정부들이 하는 이야기도 있고. 그런가 하면 '그 문제' 투쟁에 대한 자기들의 헌신을 내세우면서 뒤로는 자기들에게 책임이 돌아올 법한 언어는 죄다 희석하려고 회의에 궁둥이를 들이민 화석연료 기업들이 늘어놓는 이야기도 있지.

이 소음 위로 우리의 내러티브를 도드라지게 하기 위해 조직가들은 행진의 구조에 기승전결을 심었어. 선봉에는 그 주변부성 때문에 애초부터 희생되고 있는 지역공동체들이 섰어. 기업들이 땅에서 연료를 다 뽑아 갔거나 그 연료를 태워 공기를 유독물질로 오염시킨 곳들, 허리케인 샌디가 닥친 뒤 아직도 힘겹게 재건 중인 뉴욕 일부 지역들의 공동체야. 대개 가난한 지역 주민들, 선주민들, 흑인이나 갈색 피부의 사람들이지. '그 문제' 때문에 이미 생사의 기로에 선 사람들, 저항운동을 생존의 문제로써 벌이고 있는 사람들. 그들의 배너에는 "위기의 최전방, 변화의 최전선"이라고 쓰여 있어. 그 뒤에는 나도 속한 청년 연합이 뒤따라. 청년들도 약간 다른 식으로, 공간적 의미보다는 시간적 의미에서, 이미 '그 문제'에 희생되고 있으니까. 그래도 우리의 문구는 희망적이야. "미래는 우리가 만들어간다!" 우리 다음에는 녹색 업계가 뒤따르고("우리에게 해결책이 있다!"), 그다음은 화석연료에 반대하는 투쟁가들("우리는 누구 책임인지 안다!"), 이어서 과학계와 종교계 리더들("토론할 때는 지났다!"), 그 뒤에는 마침내 지역 주민들과 노동조합원들, 텃밭 농부들, 이웃집 할머니들 등 나머지 모두가("모든 것을 바꾸려면 모두가 나서야 한다!"라는 배너를 들고) 한데 섞여 행진해.

그러니까 이건 우리가 행진으로 써가는 이야기야. 불의를 보고 외면하지 않는 이야기, 민중에게 행위성을 부여하고 그들이 그 힘을 제대로 사용할 거라 믿는 이야기. 민주주의, 그것도 다원적 민주주의에 관한 이야기야. 다름에서 힘을 얻되 분열을 조장하거나 유사성을 강제하지는 않지. 위기에서 희망을 찾되 맹목적 낙관론에 넘어가거나 절망감에 주저앉지 않아. 물론 이 이야기에도 결점이 있고, 그걸 우리의 적들은 옳다구나 하고 지적해. 페이소스는 있는 대로 쥐어짜고 섬세한 뉘앙스는 뭉개버린다고. 하지만 그들의 이야기와 달리 우리 이야기는 진실하다는 강점이 있어. 그 진실함을 우리는 직접 우리의 발로, 현수막에 그려넣은 조그만 이 행성을 서른세바퀴나 돌 수 있는 거리인 도합 130만 킬로미터를 걸어서 공개 지지해.

다 차치하고, 행진도 일이야. 땀을 한 바가지 흘리고, 소리를 지르고, 다리 근육통에 시달리기 일쑤지. 내러티브를 내 것으로 만드는 한 방법이야. 최소한, 노력을 들여 어떤 것을 자기 것으로 만든다는 로크주의적인 면에서는 그래. 그렇기에 우리는 중심 서사를 선점하기 위해, 그것을 무르게 만들거나 모호하게 만들려는 이들에게서 도로 빼앗아오기 위해 움직이는 거야.

그리고 최소한 그날만큼은 우리의 일이 효과를 내. 이야기는 우리 것이 돼. 『뉴욕타임스』 1면, 그것도 상단에 집회 사진 넉장이 실렸어. 아침에 일어나보니 신문 1면 기사가 더 바랄 수 없을 정도로 득의양양한 헤드라인을 단 채 커피숍이며 식료 잡화점들 진열창에 꽂혀 있지 뭐야. 비록 집회의 결실이 뭐가 될지 곧바로 드러나지는 않았지만 말이야. 듣기로는 유엔 회의에서 문제의 심각성에 동의하는 세계 지도자들이 연설에서 우리를 언급했대. 사무총장은 몸소 행진의 선봉에 나와 사람들과 팔짱을 끼고 걸었고. 하지만 이야기는 행진처럼 움직이지 않는다는 걸 우리도 알아. 단 하나의 목적지로 깔끔하게 이동하지 않지. 이후 몇달에서 몇년에 걸쳐 우리가 전하려고 애쓴 이야기가 바깥으로 퍼져나가 시대정신이 되고, 모종의 도미노들을 후드득 무너뜨리고, 이런저런 저울에 무게를 더할 거야. 지금 와서도 그날의 가두시위가 무엇을 성취했는지, 어디에서 어떤 역할을 했는지 너에게 정확히 말해줄 수 없어. 이런 점에서 모든 행진은 신념의 표출이야. 자신이 하는 이야기가 역사의 직조에 엮여들 거라고 믿어야만 할 수 있거든. 그 실마리를 타래에서 도로 깔끔히 뽑아내지 못한다 해도 말이야.

『뉴욕타임스』에 실린 사진 중 한장이 아직도 기억나. 아빠가 목말을 태워 군중 위로 번쩍 들어올린 꼬마 여자애가 마분지로 만든 해

바라기를 들고 있는 사진이야. 그 사진 한장에 참 많은 희망이, 참 많은 다정함이 담겨 있어. 그걸 들여다보고 있으니 한순간 네 사진을 보는 듯한 기분이 들었어. 그 꼬마애가 **진짜 너**인 양, 다른 누가 떠오른 게 아니라 실제 너의 초상을 보고 있는 것 같았어. 유령을 본 것처럼 100퍼센트 비자발적인 반응이었는데도 그 생각에 깔려 있는 감성이 부끄러웠어. 너라는 관념이 그 꼬마의 이미지에 이식되다가 급기야 내가 가까운 과거와 먼 미래—그러니까 너의 미래이고 나아가 나의 미래이기도 한—를 동시에 보고 있다는 기분이 들었지. 그러다 문득 너와 나란히 행진한다면, 너와 함께 투쟁하고 애도할 수 있다면 얼마나 좋을까 하는 생각이 들었어. 너를 내 어깨에 태우고, 네 손을 꼭 잡고, 네가 군중의 선봉으로 달려나가는 걸 지켜보는 순간을 그려봤어. 점점 먹구름을 드리우는 예측에도 불구하고, 또 세상 모든 최고경영자와 국가수반 들이 차라리 네가 죽기를 바라는데도 불구하고 살아 있는 너를 그려봤어. 그때 내가 너를 사랑한다는 걸, 사랑이 집요함으로 보일 수도 있다는 걸 알았어.

행진을 반쯤 진행하다가 잠시 '그 문제'에 스러져간 목숨들을 위해 묵념하는 시간을 가져. 조직가들이 기획한 순서야. 나는 속으로 이게 효과가 있을까 싶었지. 50만명을 일제히 묵념시키는 게 불가능한 일 같아서. 이 정도 규모의 묵념은 본 적이 없어.

그런데 그게 되더라. 뭔가가 거리에서 공기를 훅 빨아들인 것처럼, 거대한 숨죽임이 내려앉아. 시발점이 어디인지 누가 신호한 건지 아무도 모르지만 그것이 몇 블록 떨어진 데서 다가오는 게 **실제로 들려**. 들을 소리가 없는데도 말이지. 침묵이 자기 자리에 닿으면 사람들은 숨을 가다듬고 가만히 서 있어. 거의 형체가 느껴질 정도로 무거운 적막이야. 소리의 부재라기보다 차마 말로 할 수 없는 어떤 것의 존재 같아.

행진은 허드슨강에 맞닿은 넓은 대로에서 끝나. 마침내 거기 도착했을 때 너의 증조할머니가 나를 기다리고 있어. 행진에 참여하기엔 연세가 너무 많지만 지지의 뜻을 표하려고 오신 거야. 갓돌 위 소화전 옆에 세워둔 보행기의 조그만 쿠션에 앉아 계신 할머니가 눈에 들어와. 할머니는 나를 꼭 안아주지만 우리는 많은 얘기를 나누지는 않아. 거기 앉아서 행진 꼬투리가 점차 흩어져 사라지고 거리가 다시 텅 빌 때까지 지켜볼 뿐. 답지 않게 할머니는 이날만큼은 네 얘기를 한번도 꺼내지 않아. 네가 이미 여기 있는 것을, 행진에 참가한 유령으로 나머지 군중과 함께 강 쪽으로 사라지고 있는 것을 우리 둘 다 아는 것 같아.

울분

'그 문제'가 내 유년기 대부분의 아득한 배경으로 존재했음에도 누군가가 나에게 '그 문제'에 대해 뭐든 할 것을 요구한 건 내가 대학에 들어가고 나서였어. 브라운대학 신입생으로 막 새출발한 2009년이었지. 캠퍼스 안뜰을 가로지르는데 에밀리라는 여학생이 다가오더니 유엔에 전화 한통 넣어볼 생각 없느냐고 대뜸 묻는 거야. 다른 친구들 몇명이랑, 유엔에 전화해 국제사회 지도자들에게 다가오는 코펜하겐 기후정상회의에서 과감한 행동을 취하라고 촉구할 사람을 최대한 많이 섭외하는 중이랬어. 나는 그게 무슨 정상회의인지, 왜 여는지 어렴풋한 정도로만 알았지. 에밀리는 친구 소개로 알고 지내던 사이였어. 키가 크고 말투가 신랄했어. 전에 몇번 만났을 때는 더 친해지고 싶다는 생각이 들더라.

에밀리 뒤에 소형 접이식 테이블이 설치돼 있고 그 위에 팸플릿이 가지런히 놓여 있었어. 몇몇은—거의 대부분 여자였는데—통화

상대가 대기 버튼을 누른 모양인지 귀에 핸드폰을 딱 붙인 채 테이블 주위에 모여 서 있었고. "좀 도와줘!" 에밀리가 말했어. 민망함을 극복하려는 사람 특유의 '장난인 거 알지?' 하는 태도였지만 나에게 정말로 도울 의무가 있다고 진심으로 믿는 게 느껴졌어.

당시에는 로드아일랜드°에서 십대 청년 한 무리가 다짜고짜 유엔에 전화를 걸어 뭔가를 요구하는 게 가당치도 않은 일 같았어. 그런데도 그 즉시 나도 그 일에 연관된 기분이 들더라. 이론상으로는 '그 문제'가 중요하다는 걸 알았지만 그 중요성은 언제나 손 닿지 않는 확연히 먼 곳, 이를테면 각국 수상과 외교관 들이 거하는 아득한 창공에나 존재하는 것 같았지. 어째서인지 내가 관여하려고 해볼 수 있다는 가능성을, 그러므로 그렇게 해야 한다는 불가피성을 단 한번도 고려해보지 않았어.

테이블에서 팸플릿을 집어들고 에밀리가 알려준 번호를 핸드폰에 꾹꾹 누른 다음 신호음을 기다렸어. 그날 누구와 통화했는지, 통화를 하긴 했는지 잘 기억이 안 나. 아마 전화 안내 시스템의 막다른 벽에 대고 어색한 음성메시지를 남겼을 성싶어. 기억나는 건 그 순간 작은 짜릿함을 느꼈다는 거야. 행동을 취하는 게 가능하다는 어찌 보면 늘 당연한 깨달음, 수동적 걱정 말고도 취할 수 있는 태도가 있다는 깨달음이 주는 짜릿함이었어.

° 브라운대학 캠퍼스가 있는 곳.

가끔 사람들이 어쩌다가 "환경운동에 발을 들였는지" 물어. 답변으로 이 일화를 들려준 적은 한번도 없어. 대체로는 거짓처럼 느껴져서야. 그날 나는 아무 운동에도 발을 들이지 않았거든. 전화를 건 뒤 기숙사로 돌아갔고 코펜하겐 정상회의에 대한 기사를 찾아 읽었어. 그리고 이후 1년간 '그 문제'에 대해 아무 행동도 취하지 않았어.

대신 무슨 일이 일어났느냐면, 에밀리와 친구가 됐어. 2학년으로 올라가면서 우리는 동거할 다른 네명을 모아, 캠퍼스 가장자리에 위치한 거대한 브루탈리즘 양식° 기숙사의 6인용 방을 배정받았어. 철저히 콘크리트만 사용한 건물인데, 소문으로는 1960년대 학생시위를 방지하기 위해 복도를 일부러 미궁처럼 설계했대.

수업이 끝나고 방에 돌아오면 에밀리가 뭐든 집히는 물건을—백팩이든 날진°° 물통이든—베고 누워서 무서운 속도로 소설을 읽어치우고 있었어. 아니면 의자에 몸을 접고 앉아 무심히 자기 머리카락 가닥을 씹으며 컴퓨터로 위키피디아를 훑고 있거나. 읽다보면 때로 '그 문제'에 관한 기사가 나왔는데, 그러면 우리는 반쯤 낄낄대고 반은 경각심을 느끼면서 기사 내용을 토론했어. 거기 실린 뉴스들은 시위를 벌여도 아주 거하게 벌여야 할 사안 같았어. 드디어 미궁 복도의 진위를 시험해볼 기회라며 우리는 농담했지.

내 경우 이거다 하는 순간은 없었어. 어느 한 사건이나 기사 때문

° 아름답지 않은 구조재와 설비를 표면에 내세우는 1950년대 영국발 건축 양식.

°° 내구성 좋기로 유명한 물통 상표.

에 그날부로 환경보호라는 대의에 한 몸 내던지겠다고 결심한 게 아니었거든. 그 대신 서서히 갇히는 느낌이었어. '그 문제'를 알면 알수록 그 중대성이 풍선처럼 커지는 것 같았어. 그러다 나도 이미 관여된 기분을 더는 모르는 척하지 못하게 되는 순간이 왔지. 마치 그것을 시선에 일단 담은 뒤로는 다른 무엇이 당장 내 눈길을 사로잡든 그 뒤에서 그것이 집요하게 알짱대서, 무슨 짓을 해도 그것이 여전히 거기 있음을 모르는 척할 수 없게 된 것 같았어.

이런 불안감과 의무감이 뒤죽박죽 섞인 상태에서 스트레스 분출구를 찾을 요량으로 에밀리와 나는 '그 문제'와 "개발"의 상관관계를 중점적으로 파고든다고 홍보하는 학내 스터디 모임에 가입했어. 우리는 매주 교수님 한분 그리고 학생들 한 무리와 우리 대학 환경센터 건물의 어느 비좁은 회의실에 모였어. 우리 모임의 지도교수는 환경연구 및 사회학 석좌교수였는데, 자상하지만 약간 산만한 분이었어. 우리가 사명으로 삼은 바는 처음부터 불명확했어. 우리는 '그 문제'가 "개발도상국들"에 안겨주는 여러가지 도전 과제 그리고 유엔 기후협상에서 그 국가들이 공정하게 대표될 필요성에 대해 장황하고 포괄적인 토론을 했어. 교수님은 언젠가 우리가 남반구 몇몇 국가 대표들을 지지할 백서의 초안을 쓰게 될 수도 있다고 넌지시 말했지만, 그 일을 어떻게 이루어낼지 또 어떤 전문성으로 일조하게 될지는 명확지 않았어. 가끔 교수님의 동료인 감비아 출신 모 외교관과 영상통화도 했는데, 그분은 우리가 겨우 이해할까 말까 한 주제들을 거론하면서 자국에서 데려온 학자들이 연구에 필요로 하는 것들을 다급하게 얘기했어. 이런 통화를 할 때마다 테이블 맞은편에 앉은 에밀리를 흘끔 보면 에밀리는 예외 없이, 학식 깊고 곤경에 처한 듯한 이분에게 우리가 드릴 수 있는 게 한 무리의 당황한 학부생밖에 없다는 사실이 부끄러워서 의자에 몸을 최대한 깊숙이 묻고 앉아 있었어. 한 나라의 대표단이 시간을 내서 우리 같은 어중이떠중이 학생 모임에 자문을 구한다는 것 자체가, 더 넓은 범위에서 세계가 얼마만큼 준비돼 있느냐에 대해 뭔가 오싹한 사실을 알려주는 것 같았어.

매번 회의의 마지막 20분은 다음 주 모임의 점심 메뉴 신청을 받는 데 쓰였어. 돌아가면서 각자 어느 고기 어느 치즈로 할지, 바게트로 할지 파니니로 할지 골랐어. 그러면 교수님이 메모지에 주문 사항을 받아적었고, 다음 모임 때 동네 베이커리가 일찌감치 배달해둔 점심이 우리를 기다리고 있었어. 에밀리는 그 모임을 '아포칼립스 샌드위치 클럽'이라고 부르기 시작했어. 몇달 뒤 우리는 모임에 나가기를 그만뒀고.

그렇다고 해도 그때쯤에는 등을 돌리는 건 아예 선택지에 없었어. '그 문제'는 우리의 우정에 밀고 들어와 단단히 자리 잡고 공통 관심사라는 원조와 틀을 제공했거든. 우리는 여전히 수업 얘기나 함께 수업 듣는 애들 얘기 같은 다른 얘기도 했지만 '그 문제'는 말하자면 서로가 내재화하는 과정을 줄곧 지켜본 인생의 대전제 같은 것이었어. 우리는 문제가 치명적인 수준으로 심각하다는 걸 알았어. 그리고 서로가 그걸 안다는 것도 알았지. 비록 죽음에 관한 음울한 농담을 일삼긴 했지만 우리는 심각한 문제를 응당 심각하게 받아들일 줄 아는 부류였어. 세계가 빤히 종말로 향해 가는데 못 본 척했다면 우리의 자아상이 망가지고 말았을 거라고 나는 생각해.

* * *

우리가 진지하게 '그 문제'와 싸우는 데 매진하기 시작한 건 3학년 때였어('그 문제'라니, 적당치 않은 표현이지. 무슨 학교 과제도 아닌데. 하지만 그 기이함, 그 개념의 고착을 너에게 달리 어떻게 전달하면 좋을지 모르겠다). 우리는 다른 친구들 몇과 함께 우리 대학이 화석연료 생산업계에 투자한 자산을 매각하자는 캠페인을 조직했어. 우리의 주장은 충분히 당위적으로 들렸어. 대학의 목적이 학생들을 제대로 미래에 대비시키는 것이라면, 그 미래를 위기로 내모는 사업을 핵심 모델로 삼는 산업에 투자함으로써 대학이 존속될 수는 없다는 게 우리 주장이었어. 당시 비슷한 캠페인이 동부의 대여섯개 대학에서 우후죽순 일고 있었어. 어쩌면 입학 무렵 우리를 맞이했던 한쌍의 대실패로 촉발된 것이라고 볼 수도 있지. 코펜하겐에서 열린 유엔 정상회담이 처참히 결렬된 것과 미 상원에서 중대한 탄소 배출 제한 법안이 부결된 일을 말하는 거야.

우리는 강의를 들을 때 말고는 많은 시간을 기숙사에서 탄원서를 모으고, 교직원에게 청원서 서명을 받고, 대학 행정처 건물 앞에서 시위를 벌이면서 보냈어. 방패 문장 위에 태양이 반쯤 몸을 내밀고 있고 그 전체를 구름이 감싼 형태인 우리 대학 휘장을 구름 아래 굴뚝이 솟아 있고 태양은 얼굴을 찌푸린 그림으로 바꿔서 캠페인 로고로 썼어.

우리 중 대다수는 이런 활동이 처음이라 어리둥절한 상태에서 일을 해나갔지만, 그래도 기본적인 업무는 금세 익혔어. 언론 배포용 자료 쓰는 법이라든가 신입 모집안 작성하는 법, 대학 운영위원회에서 투표권을 가진 멤버들(석탄 수출 회사 두곳과 석탄연료업계에 상당한 투자 지분이 있는 은행 중 한곳의 최고경영자를 포함해) 전원의 영향력 범위를 조사하고 도표로 만드는 법 따위 말이야. 얼마 후 캠페인은 공부와 과제 외에 우리가 하는 일의 거의 전부를 차지하게 됐고, 우리는 이목을 더 끌 아이디어를 떠올리려고 매일같이 머리를 쥐어짰어. 크리스마스 즈음해서 학장 사택 앞에 석탄을 가득 채운 양말을 걸어놓고 녹아내리는 북극에 대한 연극적 가사를 붙인 캐럴을 불렀어. 봄에는 캠퍼스 한복판에 바람 넣은 커다란 까만색 풍선들을 설치해놓고 지나가는 사람들에게 와서 "탄소 거품을 터뜨려" 보라고 했어. 그해 내내 우리는 척추동물 발생학과 대륙철학°을 배운 바로 그 강의실에 모여 대단찮으나마 절멸을 면할 아이디어를 짜냈어. 과제 답안을 제출할 때 쓴 바로 그 이메일 주소로 시위를 조직했고. 시위에서 마주친 얼굴들은 나중에 파티가 열린 집 뒤뜰에서 맥

° 유럽을 중심으로 19~20세기에 형성된 철학 전통. 같은 시기에 형성된 분석철학에 대립하는 개념으로, 분석철학과 달리 철학을 사회·문화·역사적 문맥과 함께 탐구한다.

주를 따던 바로 그 얼굴들이었어. 이 모든 게 어떤 면에서 위안이 됐어. 그 구조적 등위성 때문에 캠페인이 또 하나의 과외 활동처럼 느껴졌거든. 마치 재미로 하는 활동인 것처럼.

결국 우리 캠페인이 충분히 관심을 끌어서, 자산 매각 문제를 주제로 학내 토론회가 마련됐어. 우리는 좋은 아이디어라고 생각했어. 논리적 근거를 주고받는 토론은 매우 중요하며 우리 편이 충분히 설득력 있게 주장을 펼친다면 '그 문제'가 어쩌면 해결될 수도 있다고, 그때는 여전히 믿었거든. 우리 측 변론자로 작가이자 환경단체 350.org의 창설자인 빌 매키번Bill McKibben을 초청했어. 아마 당시 미국에서 가장 유명한 '그 문제' 활동가였을 거야. 매키번에 맞서 토론할 상대는 듀크에너지 사의 전 최고경영자 짐 로저스Jim Rogers였어.

에너지업계 인사들 가운데서 짐 로저스는 '그 문제'의 존재를 기꺼이 공개적으로 인정한다는 점에서 비교적 깨우친 인물로 간주됐지만, 자산 매각은 지나치게 급진적이며 상황의 복잡한 층위를 충분히 반영하지 못한 처사라는 게 그의 주장이었어. 모두 발언을 위해 단상에 올랐을 때 그가 한 얘기도 그거였어. 빨간 넥타이와 장식용 손수건으로 멋 부리고 나온 그는 지칠 대로 지친 어른이 어린애에게 꾹 참고 한번 더 설명해주는 양 세심하게 계산되고 절제된 투로 말했어. 석탄이 여전히 우리 경제의 엄청나게 큰 부분에 동력을 대주고 있는 것 아니었나요? 그는 이렇게 운을 뗐어. 석탄 덕분에 우리 집과 학교와 병원에 조명이 들어오는 것 아니었어요? 그는 화석연료 생산 회사들을 악마화하는 대신 이런 수준의 생활을 영위하는 걸 가능케 해준 그들의 노고를 치하해야 한다고 주장했어. 언젠가는 석탄을 재생 가능 에너지로 보충하거나 아예 대체해야 할지 모르지만 그 전환은 점진적으로, 화석연료 회사 및 기타 에너지 기업 들이 주도권을 쥐고서 진행해야 한다고. 지금으로선 우리 모두 석탄에 의존하고 있으니 그런 사람답게 행동하라고.

당시 '그 문제'에 관한 토론에서는 이런 주장을 자주 접했어. 이런 식의 규범적 주장에 기본적으로 긍정적인 반응이 뒤따랐지. 가만 보면 참 영리한 수법이었어. 요구되는 변화들이 너무나 엄청난, 극도로 엄중한 상황에서 우리가 처한 곤경을 둘러싼 상황을 새삼스럽게 진술하는 것만으로 대개는 토론의 바람을 뺄 수 있었거든.

그래서 매키번이 발언하려고 일어섰을 때 우리는 걱정했어. 목을 가다듬고 안경을 고쳐 쓰는 그는 우유부단한 인상을 풍겼어. 그런데 입을 열자마자 그가 수법에 전혀 넘어가지 않았음이 분명해졌어. 그가 청중을 둘러보며 이렇게 운을 뗐어. 로저스 씨가 빼놓고 언급하지 않은 것은 실제 과학적 사실들입니다. 과학이 우리에게 말해주는 것, 이 대학을 포함해 세계 유수 대학 최고 수준의 연구가들이 꾸준히 이야기한 바는 화석연료를 퇴출하고 재생에너지로 대체할 시간이 많아 봐야 몇십년밖에 남지 않았다는 것입니다. 대체하는 데 실패할 경우 뒤따를 결과들이 우리 사회의 근간을 뒤흔들 만큼 극단적인, 통제 불가능한 온난화를 촉발할 위험이 있다는 겁니다. 식물 생장기가 뒤죽박죽이 될 것이고, 식수가 극도로 부족해질 것이며, 해안 도시들은 바다에 잠길 테고, 점차 심해지는 폭풍과 폭염에 일상을 영위하는 일이 몹시 힘들어질 것입니다. 이 상황에서 화석연료 회사들이 제안하는 페이스에 따라 점진적으로 탈석탄화한다는 건 수백만명의 삶과 그들이 뿌리내린 수많은 생활 터전을 송두리째 위험에 빠뜨리는 짓입니다. 게다가 이는 화석연료 회사들이 재생에너지로의 전환에 실제로 참여할 거라고, 그들이 공동선을 위해 자신들의 폐퇴를 추구할 거라고 믿는다는 전제 아래 하는 얘기입니다. 물론 현실에서는 그 반대 현상이 벌어지고 있지요. 그는 이렇게 말을 이었어. 이 대학이 매각을 종용받는 자산의 소유 기업들은 미국 역사상 가장 큰 비용이 들어갔고 가장 장기간 지속된 로비 활동을 주도한 회사들이며, 정부가 그들이 받는 거액의 교부금을 삭감하거나 외부 효과를 내부화하도록 강제할 어떤 법안이든 제정하려 할 때마다 사사건건 몽니를 부린 회사들입니다. 화석연료 개발 회사를 움직이는 단 한가지 동기—주주들을 위해 회사 가치 극대화하기—는 지구에서 생명이 존속 가능한 미래를 유지하는 것과 정면으로, 명백히 배치됩니다. 그 말은 곧 이 토론장에 모인 학생들 모두의 이해와도 상충한다는 뜻입니다. 그러니 학생들에게 너희 세대를 적극 망치고 있는 업계를 뒷받침하는 대가로 제공하는 교육 기회를 마음껏 누리라고 할 수는 없는 노릇이지요. 그는 이렇게 발언을 맺었어. 우리는 이 마지막 한마디에 열렬히 환호했어. 우리를 제삼자로 칭하는 걸, 우리의 미래를 두고 그것을 결코 맞이할 일 없는 두 남자가 의논하는 걸 듣는 기분은 묘했지만.

로저스는 반론에서 매키번이 지적한 논점들을 전혀 반박하지 못하고 대신 성장이니 혁신 따위의 중요성을 두루뭉술한 용어를 써가며 내세웠어. 반박 못한 걸 속으로 창피해했다 해도 겉으로 드러내진 않았고, 마치 자기가 논쟁에서 이긴 양 미소 짓고 껄껄 웃었어.

두 사람이 주거니 받거니 하는 동안 학장은 1열에 고개를 빳빳이 들고 앉아, 자신의 반응을 지켜보려고 온 학생들을 고집스레 외면했어. 여느 때처럼 우리는 자산 매각을 촉구하는 메시지를 쓴 마분지 플래카드를 챙겨왔고, 누구나 1초면 거기 쓰인 문구를 읽을 수 있는데도 토론 내내 그걸 가슴께에 들고 있었어. 토론회가 끝나고 학장이 단상에서 내려가는 로저스에게 다가가던 모습이 기억나. 로저스는 패배를 넉살 좋게 받아들이는 것으로 보였고, 두 사람은 마주 서서 호탕하게 웃었어. 반대편에서는 매키번이 의자 옆에 어정쩡하게 서서 준비해온 메모를 주섬주섬 정리하고 있었어. 토론회의 성공을 자축하면서도 그날 저녁 마음 한구석이 불편했던 기억이 나. 우리 편이 이겼다고 확신했지만 과연 그 토론회가 의미가 있기는 했나 의심이 들었거든.

너에게 반드시 이 말을 해둬야 할 것 같다. 당시 로저스보다 훨씬 나쁜 남자들(주로 남자거든), 떠올리기만 해도 화나서 부들부들 떨게 하는 남자들이 있었다는 것. 화석연료 사용을 옹호하는 건 물론이고 화석연료의 헤게모니를 유지하기 위해 엄청난 규모의 정치적·실제적 자본을 들여가며 화석연료 산업의 확장을 위해 지칠 줄 모르고 싸우는 이들. 자신들에게 불리한 과학적 증거가 쌓일수록 그들의 광기도 더해가는 것 같았어. 그들은 수백만 달러를 뿌려 '그 문제'의 증거를 묻었고, 자기들이 고용한 연구자들마저 확증한, 심지어 어떤 경우 증거 도출에 일조한 연구 결과에 의혹의 그림자를 드리우는 프로파간다 전쟁을 벌였어. 그들의 행동이 너무나 비현실적이고 가당치 않아서 나는 그 대신 계단식 추론에 의지해 우리가 싸우는 상대를 자꾸만 상기하면서 머릿속에서 이 인지부조화를 바로잡으려고 발버둥쳤어.

한 남자가 1,000분의 1 확률로 사회가 궤멸되고 수백만 인류가 목숨을 잃을 행동을 취함으로써 엄청난 부와 권력을 쥘 기회를 얻었다고 쳐. 그 남자가 정상적 사고를 하는 사람이라면 그것을 지극히 비도덕적인 행위로 여길 거야. 그 짓을 극비리에, 자신이 그런 짓을 저지른 줄 아무도 모르게 행할 수 있다 해도 다른 결론에 다다르지는 않을 거야. 자, 이번엔 같은 사람이 똑같은 기회를 마주했는데 이번에는 확률이 100분의 1이라고 쳐보자. 여전히 비양심적인 행동으로 치부될 거야. 10분의 1이라면? 그래도 병적인 행동이지. 그럼 이번엔 전문가 집단, 일평생 이런 유의 행동이 초래할 잠재적 결과를 계산하는 연구를 해온 집단의 절대다수가, 이 같은 행동 방침을 취할 경우 실제로 인류 문명을 뒤흔들고 수백만명을 죽게 할 가능성이 극히 크다는 결론에 다다랐다고 쳐봐. 내가 지금 얘기하는 부류는 이런 최종 시나리오를 마주하고도 개의치 않고 그대로 밀고 나간 인간들이야. 당시 그 결정은 잠재적 여파를 가늠하기조차 어려운 것이었고, 그래서 네가 짐작할 만한 수준보다 더 큰 당혹감과 더 미적지근한 논란을 불러왔어.

그런 부류에 속하는 자로 스콧 프루잇Scott Pruitt이 있어. 내가 이 편지를 쓰기 시작한 2018년에 그는 환경보호를 담당하는 연방행정부처의 수반으로 임기를 수행 중이었어. 프루잇을 보면서 혼란스러웠던 건 그가 흔하디흔한 부패 정치인이라는 훨씬 익숙한 인간형에 아주 깔끔하게 맞아떨어진다는 거였어. 그는 멀쑥하고 평범한 용모의 독실한 기독교 신자로, 무장한 경호원을 반드시 열명씩 달고 다녔어. 입이 쩍 벌어지는 액수의 세금을 펑펑 써대며 비행기 일등석을 타고 전국을 순회하면서 자신이 규제해야 하는 대상인 화석연료 생산기업 경영자들과의 회의에 참석하고, 엄선한 청중만 앉히는 등 신중히 기획한 행사를 주최하고, 또 뒤가 구린 방식으로 지인들에게 계약을 맡겼지. 환경보호청장에 임명되고 몇달 안 됐을 때는 경호부대 일체를 대동하고 이탈리아 순방을 가서는 바티칸궁전 앞에서 혼자 눈을 가늘게 뜨고 해를 쳐다보는 사진을 찍기도 했어. 고향인 오클라호마에서는 지역 마이너리그 야구단인 오클라호마시티 레드호크스의 자랑스러운 공동 구단주였고. 이런 사람이 '그 문제'를 경고하는 과학적 주장의 신뢰도를 무너뜨리고, '그 문제'를 억제했을 수도 있는 정책들을 폐지하고, '그 문제'를 악화시킬 게 분명한 화석연료 사용 증대라는 공격적 방침을 밀고 나간 데 책임이 있는 자라는 사실을 받아들이기가 쉽지 않았어. 너무나 커서 전체를 파악하기가 힘든 악이었고, 그래서 언론은 그의 진부한 추잡함, 이미 그들이 익숙히 구워삶을 줄 아는 유의 스캔들에 초점을 맞추는 경향을 보였어. 결국 그렇고 그런 스캔들로 그는 사임했지만 그의 후임인 전 화석연료 업계 로비스트—똑같이 열의 없지만 노골적으로 부당이익을 좇는 성향은 덜한—가 동일한 어젠다를 이어받아 밀고 나갔어.

프루잇이 보인 아렌트주의적 진부함의 근본적 문제는 상대가 누구든 그 주제로 대화하기가 힘들다는 거였어. 나조차 거의 탐구할 가치도 없다 싶을 정도로 지루하다고 느꼈으니까. 공교롭게도 당시는 거대악들이 가장 따분한 구석에 숨어 있기 좋은, 그래서 종종 그렇게 한 시기였어. 세법에 제멋대로 해석될 여지를 둔다든가, 성분 목록 제일 끝줄에 항목을 잠깐 삽입했다가 금방 삭제하는 꼼수를 쓴다든가, 소수 집단만 아는 특정 타입 파생상품의 가치를 슬쩍 조작하는 식으로 말이야. 그래서 지금 무슨 일이 벌어지고 있는지에 관한 건 저녁식사 자리나 파티에서 입 밖에 꺼내기 어렵고 인기도 없는 화제였어. 스콧 프루잇과 그의 일당이 가히 집단대학살이라고, 어쩌면 역사상 최대 규모의 학살이라고 할 만한 짓을 자행 중이라는 얘기를 어떻게 가볍게 꺼내겠니.

그러니 이 얘기를 하기가 왜 그리 힘들었는지 네가 이해해줬으면 해. 나조차 완벽히 이해하지는 못하지만. 그리고 우리 앞에 놓인 수많은 증거에도 불구하고 그 문제를 명명하기가 어째서 그렇게 어려웠는지도 알아줬으면 해. 나는 그것이 우리의 윤리가 여전히 행위자의 의도를 기반으로 세워진 것, 사람 대 사람 간에 발생하는 인과관계라는 점점 더 현실과 동떨어진 언어에 의존하고 있는 것과 관계 있다고 봐. 살인, 절도, 간통 같은 것들은 우리가 각본을 다 꿰고 있는 문제였잖아. 정부가 국민에게 직접 자행하는 전형적 인권침해 폭력조차 보통은 금방 알아볼 수 있었어. 그런데 우리는 가장 큰 영향력을 지니는 도덕적 통화通貨들, 즉 데이터·탄소·자본이 우리가 이해할 수 없는 영역에서 불가능해 보일 정도로 빠르고 복잡하게 돌아가는 네트워크를 통해 유통되는 세상에 내던져지고 말았어. 우리의 기술적 혁신은 창의성과 대중적 이해 두 영역 모두에서 도덕적 쇄신을 앞질러버렸고, 그래서 우리는 글로벌화한 문제들 앞에 로컬화한 윤리를 들이미는 수준에서 정체되고 만 거야. 직관적 인과관계의 구속에서 풀려난 반사회성은 감추기는 더 쉽고 의문을 제기하기는 더 어려워졌지. 그렇기에, 프루잇의 행동이 세계 식량 수급과 식수 안전을 돌이킬 수 없을 만치 위태롭게 하고 빈곤층이 대부분인 수백만 인구를 굶기다가 결국 죽일 것이며 또다른 수백만명을 갈수록 지정학적 위험도가 높아지는 지역으로 내몰아 대규모 난민을 발생시킬 거라고 세계 최고의 과학자들이 명백히 경고했는데도 불구하고 평상시 대화에서 이런 사실들을 조목조목 읊는 것이 여전히 눈치 없는 짓, 심지어 어리석은 짓 취급을 받은 거야.

그래도 희망은 있어. 너희 때면 프루잇이 천만명을 수장시키지 않고도(그의 개인 경호인단이 투발루나 방글라데시, 파로커웨이 같은 곳에서 비명을 지르는 사람들을 바다에 처넣지 않고도) 그치를 규탄할 수 있을 만큼 명쾌한 윤리를 정립했으리라는 거야. 또다른 희망은 그치의 이름이 철저히 불명예스러운 이름으로 남아서 일종의 욕설이 되는 거야.

전 CBS 뉴스 앵커 댄 래더가 기후위기 부인론자들의 이름을 마이애미 해변의 거대한 기념비에 일일이 새겨넣어 대대손손 기억하게 하자고 제안한 적이 있어. 그들이 죽게 한 이들의 비석에 표시를 남기는 것도 한 방법일 수 있고. 그와 비슷하게 바다에 나갔다가 목숨을 잃은 사람의 묘비에 특정한 문구를 남기는 관습이 한때 있었거든. 지금 나는 허리케인 샌디와 허리케인 마리아가 일으킨 홍수에 목숨을 잃은 모든 사람들, 파라다이스 산불을 피해 달아나다가 불탄 차에 갇혀 숨진 가족들, 또 한번의 흉작에 좌절해 스스로 목숨을 끊은 농부들의 무덤을 상상하고 있어. 온 묘지의 비석들에 "프루잇 때문에 죽다"라고 새기는 거야. 추악한 상상이라는 거 알아. 짐 로저스가 한 말이, 다른 상황을 두고 한 말이지만 적확하지. 이 가운데 무엇도 "상황의 복잡성을 제대로 반영하지 못하고 있다"고.

한편으로는 진심으로 프루잇과 공감대를 마련하고픈 마음도 있어. 그치가 저지른 짓들을 도대체 어떤 마음가짐이어야 저지를 수 있는지 조금이라도 이해하고 싶어서 그래. 그리고 예술이나 잠긴 서랍처럼, 접근 불가성은 호기심을 자아내거든. 지금 내가 하고 있는 짓이 명예훼손죄로 고소당하려고 발악하기 아닐까 반쯤 의심이 가. 그게 내가 유일하게 생각해낸, 우리 둘을 대화의 장에 소환할 전략이니까.

함정인 것 알아. 우리 둘 다 평범한 개인이며, 대화라는 것이 그 단어의 평범한 의미에 부합하는 형태로 가능하리라고 가정하는 것 말이야. 당연히 프루잇은 단순히 평범한 개인이 **아니지**. 프루잇은 많은 이들의 대역, 수많은 유전 분출 방지 장치와 주가와 조급한 투자자 들이 뒤섞인 복잡한 집합체의 대역이기도 하니까.

그럼 진지한 질문 하나 할게. 그런 종류의 간극, 한낱 실체적 존재와 수많은 것이 혼합돼 무형화한 존재 사이의 간극을 어떻게 뛰어넘어 대화할 수 있을까? 너라면 어떤 언어를 사용하겠니?

이 질문은 훗날 우리의 자산 매각 캠페인에 그림자를 드리우게 돼. 몇달에 걸쳐 운동을 펼친 끝에 우리는 드디어 대학 행정부 건물에 있는, 웨인스코팅으로 장식한 집무실에서 학장과 간담할 기회를 얻었어. 우리가 가자 학장은 마치 양측 간에 이미 합의가 이루어진 것처럼 따뜻하게 반겼어. 기다란 타원형 테이블에 앉히더니 납작한 텀블러 잔에 따른 물을 한잔씩, 대학 로고가 그려진 컵받침에 받쳐 대접하더구나. 로고에 그려진 태양은 활짝 웃고 있었어.

"먼저 이 말부터 하고 싶어요." 학장은 이렇게 운을 뗐어. "여러분이 보여준 활동이 깊은 인상을 남겼고 지난 한해 동안 우리 대학의 담론을 풍성하게 살찌워줬다고요." 그건 그렇지만, 하고 학장은 말을 이었어. 대학운영위는 임의로 깰 수 없는 수탁자로서의 의무가 있으며 그 의무란 바로 학교 운영기금의 투자수익을 최대화하는 거라고. 화석연료 회사 투자금을 매각하는 건 그 의무를 위반하고 정치적 목적을 위해 투자를 도구화하는 일이 될 거라고. 그러니 따져볼 것도 없이, 안 되는 일이라고.

우리는 진 걸 알면서도 마지막으로 한번 더, 거의 사정하다시피 우리 측 주장을 펼쳤어. 화석연료 업계는 우리를 대재앙의 길로 몰아가고 있으며 가장 큰 타격을 받는 건 우리 세대가 될 거라고 했어. 화석연료로 인한 대기오염이 이미 매년 수만명을 죽이고 있고 점점 심해지는 폭풍과 가뭄으로 인한 사망까지 포함하면 실제 통계치는 어마어마하게 커진다고. 그러니 화석연료 업계의 사회적 면허를 약화하는 것, 우리가 한 투자에 따르는 승인 권한을 철회하는 것이 우리의 도덕적 의무라고.

말을 마치자 학장은 우리를 빤히 보면서 두 손을 깍지 꼈어. 그러고 입을 열었지. "나는 이것이 기본적으로 윤리 문제라는 데 동의하지 않아요." 더 논의할 것도 없었어. 결국 우리는 잘못된 언어로 이야기하고 있었던 거야.

얼마 뒤, 내가 2013년도 졸업을 한달 앞뒀을 때 대학 측은 이 문제에 대해 공식 성명을 발표했어. "진중한 숙고와 치열한 토론 끝에…"

* * *

몇년 뒤, 애틀랜타에서 열린 콘퍼런스에 참가했다가 차를 몰고 돌아오는 길이었어. '공정한 탄소 배출권 가격 책정'을 주제로 한 토론회의 패널로 참여했지. 그런데 고속도로 진입 램프에서 그만 기름이 떨어지고 말았어. 내려서 중앙분리대까지 차를 밀어놓은 다음 엄지를 치켜들고 기다렸어. 차들이 쌩쌩 지나가는데, 바로 몇 미터 앞이라 그런지 속도가 피부로 느껴지더라. 중앙분리대 화단 풀에 까끌까끌한 씨가 잔뜩 있어서 청바지 발목 부분에 자꾸 들러붙었어.

한참 그러고 있자니 픽업트럭 운전사가 차를 세우곤 도로에서 3킬로미터쯤 떨어진 제일 가까운 주유소로 데려다주겠다고 했어. 도착해보니 주유소는 텅 빈 것 같았어. 리터당 기름값을 고지한 전광판의 빨간 숫자가 번쩍거리고 누각 형태의 구조물이 주유펌프들에 그늘을 드리우고 있었어. 근처에서 거대한 콤바인 한대가 밀밭을 천천히 밀고 가면서 분수처럼 겉껍질을 흩날렸어.

주유소에 딸린 조그만 가게에 들어가서 기름통으로 쓸 만한 용기를 찾아 두리번거리다가 4.5리터들이 물통을 쓰기로 하고, 주차장으로 가지고 나가 다 비웠어. 물줄기가 밀껍질 부스러기를 다 씻어내줬고, 내가 속으로 어렴풋이 휘발유와 연관 지은 색깔인, 검은색보다 더 검은 아스팔트 바닥에 물 자국을 남겼어. 그런데 펌프 노즐을 물통에 꽂자 옥수수시럽처럼 누렇고 탁한 액체가 나오더라.

도로 경계석까지 나와 다시 엄지를 치켜들었지만 이번에는 아무도 서주지 않았어. 30분쯤 기다리다가 차라리 물통을 지고 고속도로 진입로까지 걸어가기로 했어. 갓길에는 자갈돌과 커다란 검은 뱀의 허물처럼 보이는 고무줄기들이 널려 있었어. 물통을 이고 가는데 부끄러워졌어. 나 자신에 관한 낯 뜨거운 비밀을 나나 네가 탔을 것 같은, 혹은 바로 프루잇이 탔을 거라 상상되는 지나가는 차들에게 폭로하고 있는 것 같아서. 기름 4.5리터를 넣을 자리를 마련하기 위해 물 4.5리터를 그냥 쏟아버렸잖아. 내 허벅지에 부딪혀 흔들리는 기름을 보기 전까지는 그게 무슨 색인지도 몰랐잖아.

한시간도 넘게 느껴지는 시간 동안 하염없이 걸은 끝에 여전히 잡초 한가운데 서 있는 내 차로 돌아왔어. 펜으로 금속 뚜껑을 밀어 열고 물통의 기름을 탱크에 꼴깍꼴깍 부어넣었어. 그거면 되더라. 차는 굉음을 내며 되살아났고 기름은 나를 집으로 데려다줬어.

그것 봐라 하는 순간이었어. **그것 봐!** 내 머릿속 프루잇이 의기양양하게 외쳐. **기름이 없었으면 너는 그날 밤 네 침대에서 자지도 못했을 걸! 애초에 토론회에 참석해 발언하지도 못했을 거 아냐!**

보통은 머릿속에서 들려오는 이런 주장을 어렵지 않게 반박할 수 있어. 당연히 화석연료 의존을 차차 끊자는 캠페인을 벌인다고 해서 현재 우리가 당장 화석연료에 의존한 사실이 지워지는 건 아니죠. 당연히 우리가 바라는 미래가 우리가 영위하는 현재를 지워버리는 건 아니죠(비록 많은 환경운동가들이 바로 이런 소비자의 함정에 빠지지만 말이야. 에너지 생산 및 소비 체계 전체를 전복하고 정확히 이런 터무니없는 결정들을 막는 데 필요한 정치적 힘을 기르는 대신 자신들의 구매에서 위선을 제거하는 데 더 집중하는 것 말이야). 나도 알아. 상대적 권력의 엄청난 차이를, 또 우리 나머지가 어쩔 수 없이 가담해야 하는 에너지 소비 양상을 세상의 프루잇들이 만들어가는 현실을, 또 우리가 내리는 선택들이 그들이 내리는 선택들 안에 끼워넣어져 있는 현실을 이 방향의 논리가 전부 묵살해버린다는 것을.

그래도. 그래도 말이야. 내가 주유펌프를 켤 때마다 기름과 함께 혐오—그들을 향한 혐오, 나를 향한 혐오—도 몇방울 함께 올라왔다는 것을, 옳지 않음을 알지만 그 혐오가 퍼지는 걸 매번 막을 수는 없었다는 것을 네가 알아줬으면 해. 눈에 안 보이지만 담즙처럼 시커먼 그 혐오가 때로는 내 안에 구석구석 퍼지곤 했어.

* * *

학부생 때, 그러니까 내가 자산 매각 캠페인에 모든 것을 바쳤던 즈음에 '지구: 거주 가능한 행성의 진화'라는 지질학과 수업을 수강했어. 안경을 끼고 턱수염을 기른 온화한 성품의 교수님은 구식 슬라이드 프로젝터를 즐겨 사용했는데, 프로젝터에 얹는 투명한 플라스틱에 담긴 화강암과 편마암 이미지가 강의실 벽을 다양한 빛깔의 돌로 물들였어. 교수님이 수업시간에 즐겨 한 얘기 중 하나는 탄소가 지구의 기온 다이얼이라는 거였어. 그 말을 할 때마다 자동차 라디오 볼륨을 조절하듯 허공에서 손가락을 돌리곤 했지.

우리는 기말고사 때문에 지질시대와 지질연대 전부를 시작된 시점과 끝난 시점까지 포함해 순서대로 외워야 했어. 오르도비스기, 실루리아기, 미시시피기, 페름기 등 이름도 하나같이 멋지고 고풍스럽지. 교수님은 현세, 즉 우리가 지금 살고 있는 시대가 인류세라고 불린댔어. 가장 최근 시기인 홀로세를 대체하기 위해 만든 용어야. 지난 수십년간 지질학계는 순진하게도 홀로세가 여전히 진행 중이라 믿었거든. 홀로세와 비교해 인류세는 지질학적 변화를 일으키는 힘으로서의 인류가 출현한 것으로 구분 지어졌어. 인간 종이라는 한 무리의 생물학적 행위자가 보통은 100만년 이상 걸쳐 이루어졌던 규모로 물과 탄소를 전용해 소진하면서 가장 근원적인 수준에서 지구의 순환 체계를 조작하기 시작한 거야.

이제는 그리 새로운 얘기도 아니야. 인류세라는 명칭을 다른 여러 용어로 대체하려는 시도도 있었고(몇몇 학자들은 프루잇 같은 이들의 행태에 비추어 모든 호모사피엔스가 '그 문제'에 동일한 정도의 책임이 있는 것은 아님을 상기시키는 뜻에서, 자본세나 플랜테이션세라는 용어를 제시하기도 했어). 어쨌거나 당시 '인류세'라는 용어는 내게 상당한 충격을 줬어. 우리가 그 시대에 살면서도 그 사실을 모를 수 있다는, 혹은 알지만 충분히 인식하지 못할 수 있다는 사실이 충격으로 다가왔지.

그 수업은 캠퍼스 중앙에 있는 지질학부 건물에서 진행됐어. 창문으로 행정처 건물 옥상이 내다보였는데, 나중에 대학 측이 지질학 수업에서 설명하는 갑작스럽고 가장 극적인 이 변화에 제일 큰 책임이 있는 산업계에 투자를 유지하기로 결정한 곳이야. 두 건물은 외양이 꽤나 닮았어. 붉은 벽돌에 흰색 외장의 조지 왕조 양식 건물이지. 하지만 그 사이의 뜰을 지나가면 마치 홀로세로 돌아가고 있는 듯, 하나의 현실에서 믿을 수 없을 만치 비슷하지만 분명히 구별되는 다른 현실로 걸어 들어가는 듯, 갑작스레 현기증이 났어. 때로는 가는 길에 학생용 카페테리아에 들러 유기농 재료로만 만든 비싼 샐러드를 사 먹으면서 이 괴리감을 달랬어. 그 샐러드는 나중에 조절 가능한 절약용 물내림 장치가 달린 변기에 똥으로 내보내면 그만이니까. 물 절약 버튼은 초록색에, 거주 가능한 지구를 나타내는 조그만 로고가 끄트머리에 그려져 있었어. 소변을 봤을 땐 왼쪽 버튼을 누르고 대변을 봤으면 오른쪽 버튼을 누르는데, 어느 버튼을 누르든 순식간에 쓸려내려갔어.

이런 부조화가 감당 못할 정도가 되면 다른 이해의 틀을 찾았어. 때로 대학 전체를 살아 움직이게 하고 심지어 지질학부 건물에까지 깃드는 것 같은 이 해리성 최면 상태를 떨쳐내줄 뭔가를. 지질학부는 매년 지속적인 화석연료 의존이 가져올 잠재적 대가를 상세히 가르친 뒤 졸업생 다수를, 녹는 빙하 덕에 새로이 드러난 지하 셰일퇴적층과 심해 분지에서 바로 그 연료를 추출하는 데 전문성을 발휘하는 회사들로 취직시키는 학부잖아.

이런 면에서 역사 수업은 특히나 유용했어. 나는 역사 교재를 읽다가 과거에 세상이 멸망할 것 같았던 시점들을 눈여겨봤어. 기원전 7만년 수마트라섬 초화산° 분출이 지구 전체를 몇년간 재로 덮어 어둠에 빠뜨리면서 동아프리카에 겨우 얼마 전 생겨난 한줌의 호모사

° 일반 화산의 수천배에 달하는 분출물을 분화할 수 있는 산.

피엔스를 대량으로 죽게 했던 때가 있었지(몇몇 연구에 따르면 호모 사피엔스 종 전체가 수백명, 심지어 수십쌍으로 극감해 옷도 안 걸친 소규모 무리가 태양 없는 하늘 아래 쪼그라든 베리 열매나 따 먹고 다녔을 거래). 유럽에서 흑사병이 많게는 세명 중 한명을 죽여 남은 사람들을 종교적 공황에 빠지게 했고, 이것이 다시 온 유대인 마을들을 대상으로 예방 차원의 학살을 촉발했던 13세기도 있고. 아즈텍인들이 수백년에 걸쳐 일군 문명, 거대한 피라미드를 건축하고 세계 최초로 보편 의무교육을 제도화한 제국이 고작 몇십년 만에 스페인 제국주의의 손에 무너지는 것을 지켜본 16세기라든가. 얼마든지 더 댈 수 있었어. 노예무역, 에이즈 확산, 선주민 대학살 등 적당한 역사적 시기를 골라 비교하면 '그 문제'가 전혀 새로운 현상이 아니라고 나 자신을 설득할 수 있었고, 그러면 혼란감이 가라앉고 저도의 피로감으로 대체되면서 모든 것이 예측 가능하며 그러므로 어쩐지 조금은 더 감당할 수 있는 일로 느껴졌어. 이렇게 보니 인류의 역사는 격변의 역사 같더구나. '그 문제'는 스케일만 다를 뿐 종류는 같은, 단절이 아닌 연속(혹은 단절 속 연속)이었어.

바로 그래서 '그 문제'가 이토록 견디기 힘들게 느껴지는 거야. 지독한 익숙함, 감각을 마비시키는 반복성에 지치는 거지. 그 지긋지긋한 광대극을 줄곧 지켜봐야 하는 기분이란. 그것도 이익은 집중되고 위험은 분산되는 내용의 극을. 힘 있는 자들이 약한 자들을 성장이라는 신에게 희생시킨 다음 그들이 이렇게는 못 살겠다 외칠 때는 귀먹은 척하는 내용의 극을. 그들이 너무 가난해서, 아니면 너무 흑인이라서, 아니면 너무 멀리 있어서 못 듣겠다는데. 저들은 모르는 이들이고 저들의 곤경은 우리가 알 바 아니라는데.

이렇게 보면 '그 문제'의 본질은 식민주의의 도덕 방정식을 그저 재서술할 뿐이야. 또 한번 세상의 프루잇들이 남반구에 대부분 몰려 있는 수백만 빈곤 인구의 목숨과 생계를 위험에 빠트려가며 서방 기업들의 곳간을 불려줄 길을 찾는 것에 불과하지. 다만 이번에는 패턴이 너무나 냉혹하고 막강하고 적응성은 형편없어져서, 스스로를 합리화하는 데 끌어왔던 이름인 글로벌 GDP에서 수십 포인트를 깎아내느라 제 토대를 전복시킬 위험에 처했다는 게 다른 점이지.

에밀리도 같은 지질학 수업을 들어서 우리는 종종 빈 강의실에서 함께 공부했어. 명확히 구별되는 시대들과 그게 그거 같아 보이는 암석들의 이름을 암기 카드로 만들어 서로에게 퀴즈를 내가면서 달달 외웠지. '그 문제'가 기온을 떨어뜨리는 대신 올리고 있는 게 진짜 애석한 포인트라고 에밀리는 몇번이고 말했어. 반대의 경우를 상상해봐. 시카고와 모스크바와 베이징이 몇달간 눈에 파묻히고, 동상 경고가 긴급하게 발령되고, 얼음이 고속도로를 뒤덮고 항구도 꽝꽝 얼려버린 세상을. 반대로 라오스부터 가봉까지 적도 부근의 나라들은 처음으로 스웨터를 껴입어야 하는 날씨를 맛볼 거야. 그럼 인류는 아마 40년 전에 벌써 이 문제를 해결하려고 달려들었을걸. 에밀리는 농담 삼아 이렇게 말했어. 사실은 농담이 아니었지만.

* * *

로드아일랜드에는 겨울에 눈이 딱 몇번밖에 안 내려. 눈이 오면 에밀리와 나 그리고 다른 친구들 몇몇은 길거리로 뛰쳐나가 새하얗게 뒤덮인 인도를 몇시간이고 걸었어. 한번은 온종일 폭설이 내렸는데 눈발이 주택들 측벽에 들러붙고 전화선들을 얼음으로 한겹 감쌌어. 해가 질 무렵에도 멎을 줄을 몰랐고, 휘몰아치는 눈발이 가로등 불빛에 훤히 보일 정도였어.

우리는 강풍에 맞서 고개를 푹 숙이고 후드를 꼭꼭 여미고서 항구 옆 공원까지 걸어갔어. 공원 한쪽 끝에 면한 부두로 가서 눈이 내리는 족족 수면으로 떨어져 바다로 사라지는 걸 지켜봤어. 누적 효과만 없다뿐 무시무시한 힘이었어. 아무리 내다봐도 해변 저 멀리가 전혀 안 보였어. 마치 저만치서 세상이 그냥 끝나버리는 양 눈과 바닷물이 어둠으로 사라져갈 뿐.

돌아오는 길에 다른 시커먼 형체 한 무리를 마주쳤어. 털모자와 묵직한 외투로 익명성을 입은 그들은 몇군데 문 연 상점들이 비추는 흐릿한 빛줄기를 성큼성큼 가르며 지나갔어. 소용돌이치는 어둠이 뭔가를 느슨히 풀어놓은 듯 세상에 딱 집어 말하기 힘든 허락을 내려준 느낌이었고, 우리가 그 무리를 지나치는 순간 갑자기 다 같이 아무한테나 눈뭉치를 던지며 바람 소리를 뚫고 함성을 지르기 시작하더니 이내 휘청대며 다시 눈보라 속으로 멀어져갔어. 바람의 힘이

어찌나 센지 서로 말도 못 나눌 정도였어. 입을 벌리자마자 바람이 우리의 외침을 앗아갔거든. 어둠 속에서 눈은 주택들 위에 또 나뭇가지들 사이사이에 번져 있는 흑연처럼 보였어. 종말이 일찌감치 닥쳐서 혼돈과 스릴을 안겨준 것 같았지. 우리는 더이상 학생이 아니고 생존자이며 남에게 목소리도 안 들리고 형체도 거의 보이지 않는 상태로 괴멸된 도시 곳곳을 숨어다니는 것 같았어.

그렇지만 때때로 반대의 감정도 들었어. 이런 폭설이 보통이고 이 정도 폭설은 와야 겨울로 쳐주던 시기—겨우 100년 전, 그러니까 학장이 화석연료에 대한 입장을 분명히 밝힌 그 유서 깊은 건물의 생애주기에 충분히 포함될 법한 과거—를 향한 향수, 선악과로 인한 인류 타락 이전을 그리워하는 듯한 향수랄까. 그때였다면 나는 잠깐 바깥으로 나가 눈이 폭신하게 쌓인 어느 둑에 털썩 드러누워 내 체중이 눈 둔덕을 서서히 짓누르고 눈송이가 폴폴 내려앉아 얼굴을 덮게 내버려뒀을 거라고 상상해봤어. 손가락이 천천히 마비되고 뇌가 차례로 손가락의 감각을 잃어갔겠지. 한참 뒤 다시 실내로 들어가면 손가락의 감각이 돌아오고 다른 말초신경들도 녹아 제자리를 찾아가면, 포근함과 함께 언제나 약간의 실망도 느꼈을 거라고 상상했어. 지금 돌아보면 이런 갈망은 인류세에 대해 배우면서 나타난 반응이었던 것 같아. 내 안의 일부는 우리가 여전히 세상에 종속된 존재라고 믿고 싶었던 게지. 눈이 하룻밤 새 우리를 완전히 지워버릴 수 있다고.

실제로는 그 반대의 일이 일어나고 있었어. 우리가 눈을 몰아내고 있었어. 아니면 적어도 눈의 몰락에 우리가 한몫을 하고 있었어. 빌 매키번이 짐 로저스와 한판 토론을 벌인 뒤 나는 그의 저서 『자연의 종말』을 읽어봤어. 처음으로 '그 문제'를 다룬 책 중 하나야. 매키번은 이렇게 썼어. "여기서 자연의 종말이라 함은 세상의 종말을 뜻하는 게 아니다. 비록 전과는 다르겠지만 비는 여전히 내릴 테고 태양도 빛날 테니까. 내가 말하는 '자연'이란 세상과 그 세상에서의 우리 위치에 대해 인간이 가지고 있는 일련의 관념들이다."

매키번은 은유적으로 한 말이지만 요즘에는 자연의 종말을 글자 그대로 받아들이는 사람들이 있어. 실제로 종말이 이미 일어났다고 믿는 사람들. 그 지론—특정 형이상학 이론 학파들 사이에서 부상 중인데—에 따르면 우리는 일종의 디지털 시뮬레이션 안에서 살아가고 있어. 이 이론을 지지하는 학자들은 현재의 컴퓨팅 트렌드를 보건대 우리가 어느 날, 아마도 곧, 학습하고 숙고하고 번식도 하고 전쟁을 벌이고 사변적인 철학 논문까지 쓸 줄 아는 아바타들이 사는 거대한 가상세계를 만들어낼 수준까지 전산 능력을 발전시킬 거라는 예측도 그리 뜬구름 잡는 소리가 아니래. 만약 이 이론이 말이 된다면, 그런 일이 이미 일어나지 않았다고 누가 감히 단언할 수 있겠니. 우리가 이 가상현실의 창조자가 아닌 주민이며 우리가 자신의 정신 활동이라고 믿는 것이 단지 눈이 아직 보지 못한 외부세계의 반도체가 일으키는 깜빡임의 패턴일 리 없다고 말이야. 혹 어쩌면 그들 말대로 우리가 아바타 **겸** 창조자이며, 연속된 의식적 생의 모든 세대가 각각 끝에 가서 자기네 생 안에 더 작은 현실을 창조하는 돌이킬 수 없는 한 수를 행함으로써 가상세계 거주자들이 자기가 속한 세계 밖의 현실에 대한 단서를 찾아 팔림프세스트°를 들여다보게 하고 있는지도 모르지. 만약 그렇다면 각 세계에 내재한 일련의 가상세계가 실제로 존재하는 거고, 계속 거슬러 올라가면 원조 창조자까지 닿을 거야. 너무 오래되고 거대해서 우리는 은유로밖에 개념을 이해할 수 없으며 그렇게 해도 부정확한 이해에 이를 수밖에 없는 마트료시카 같은 창조자. 이 가설의 매력은 똑바로 보면 대재앙으로 느껴지는 '그 문제' 같은 것들을 창조자들이 어쩌면 **자기들** 위에 군림하는 마트료시카의 제멋대로이고 비가시적인 변덕으로부터 다른 데로 신경을 돌리려는 방편으로 플롯을 조금 꼬아버린, 어느 가상세계의 특정한 사건 패턴들을 결정하는 알고리즘의 비교적 하찮은 부분들로 만들어버린다는 거야.

우리가 자산 매각 캠페인을 시작한 해인 2012년에는 이 이론의 한 버전이 금융과 테크라는 쌍둥이 인텔리겐치아 계급에 뿌리내렸어. 아직 자연이 종말을 맞지는 않고 있었지만 더욱 격한 교란 요인들이 작정하고 자연을 끝장내려는 듯 보였어. 대학 도서관 정기간행물실에 가면 서고에 진열된 그들의 주장이 눈에 띄었어. 몇몇 대중적

° 이미 쓰여 있던 글자를 지우고 그 위에 다시 쓴 양피지.

인 과학 잡지에서 헤드라인을 장식하기 시작했거든. 우리 뇌를 얼려서 그 콘텐츠를 클라우드에 올린다든가, 경제의 고삐를 인공지능에게 넘긴다든가, 입맛에 따라 맞춤 설계한 가상의 파라다이스에서 영원히 살 수 있다는 주장도 있었지. 기사를 읽으면서 사뭇 충격을 받았는데, 거기에 펼쳐진 예측들 때문이라기보다는 — 보통은 두루뭉술하고 있을 법하지 않은 일로 보였어 — 기사들이 가리키는 논의의 방향 때문이었어. 우리가 거주 가능한 지구를 보존하기 위한 운동을 펼치는 동안 한쪽에서는 그것을 진심으로 없애버리고 싶어하는 이들, 마침내 물리적 환경에 대한 모든 형태의 의존 혹은 물리적 환경과의 모든 연관성으로부터 인류를 분리하고 싶어하는 이들이 있다는 거였으니까.

당대 가장 영향력 있는 미래학자들(유발 하라리를 특히 염두에 두고 하는 말이야)은 이를테면 신新 노아의 후손이 맞이할 법한 미래로 이 시나리오에 큰 관심을 보였어. 우리가 디지털 버전 노아의 방주를 짓든가 아니면 우리 손으로 초래한 홍수에 익사하든가 할 거라는 시나리오. 그들이 말하는 "우리", 즉 이 시나리오가 조금이라도 그럴듯한 얘기로 다가와서 실제로 바짝 긴장할 소수의 부유한 집단이 어떤 부류인지 고려하면, 범람한 물이 활주로를 잠식하는 동안 나무로 내부를 고급스럽게 세공한 세스나기가 민간 공항에서 이륙 대기하는 장면이 대신 떠오르지만 말이야.

하지만 화성이나 애플 클라우드로 이주하는 옵션을 제외하면, 부자들도 좀더 지구에 기반을 둔 대피 시나리오로 회귀할 수밖에 없을 거야. 언젠가 도래할 디지털 유토피아를 전도하는 동안에도 바로 그 실리콘밸리 유명 인사들과 헤지펀드 억만장자들 중 일부는 문명의 붕괴를 견뎌낼 만한 부동산을 사들이고 있거든. 천문학적 부를 소유한 이들은 식수가 풍부하고 주요 인구밀집 지역들과는 동떨어진, 뉴질랜드 남섬의 대규모 경작지들을 애저녁에 날름날름 집어삼키기 시작했어. 그냥 매우 부유한 수준인 이들은 럭셔리한 벙커 복합단지의 지분을 사들이고 있고. 어떤 벙커 단지는 토피카 같은 곳의 버려진 미사일 격납고 안에 건설됐는데, 고급 지향의 프레퍼족°이 모여 사는 어느 선대제도°° 공동체는 자기네 벙커에 수경재배식 정원과 산소 공급이 되는 틸라피아°°° 수족관까지 설치했고 여기에 더해 바하마나 로키산맥 같은 곳들—이 벙커가 필요해질 경우 더이상 존재하지 않을 것이며 캔자스 땅속 수십 미터에서는 어쨌거나 접근이 불가할 백사장과 설봉 들—의 절경 이미지를 보여주는 초대형 플랫스크린 텔레비전까지 갖추었대.

이런 헤징°°°°은 훨씬 심한 수준에서 이루어지고 있어. 문명 붕괴의 상황에도—오히려, 특히 문명 붕괴의 상황에서—돈을 걸 판이

° 재난이나 인류 멸망에 대비해 철저히 준비하는 사람들.

°° 원료 및 도구를 독립된 수공업자에게 전대하고 가공시키는 제도.

°°° 아프리카산 열대어.

°°°° 현물 가격의 변동에 따라 발생할 수 있는 손실을 최소화하기 위해, 파생상품을 이용하여 시장에서 현물과 반대되는 포지션을 설정하는 것.

존재하고 뽑아낼 이익이 있더구나. 투자자들이 허리케인이 자주 닥치는 도시들에 단기 거주용 주택을 대거 사들이고 있다는 이야기가 있어. 농기업들은 가뭄에 파산한 가족농장을 싹쓸이하고 있다고 하고. 정유 회사들은 기존에 사용이 어려웠던 북극 지방 땅들을 사들이고 있대. 또 주식거래자들은 길게 가져갈 생각으로 용수권과 담수화 공장, 말라리아 치료제에 투자하고 있대.

세상에 널리 받아들여진 통념을 나도 받아들일 수 있다면 좋을 텐데. 단기적 이익만 좇는 사고방식이 사람들을 광기로 몰아가서는 그들의 윤리의식을 바닥내버렸고 그래서 배가 가라앉는 와중에도 선실에 금을 더 많이 쓸어 담게 만드는 맹종적 정신 상태를 낳았다고. 하지만 그들의—몹시 냉혹하고, 몹시 **열성적인**—정신 상태에는 한층 심원한 질문, 내가 품기조차 힘든 질문을 제기하게 하는 뭔가가 있어. 왜냐하면 이 모든 방어적 비축, 파괴적 수단에 대한 맹목적 투자가 혹시 말이야, 이 모든 게 훨씬 사악한 계획이 존재한다는 걸 알려주는 단서라면 어쩌지? 세상의 프루잇들이 무턱대고 이러는 게 아니라 철저히 계산적이라는 얘기라면 어쩌지? '그 문제'가 일이 잘못된 결과가 아니라 그 자체로 어떤 무기라면 어찌해야 하나.

나는 이에 관한 어떤 음모론에도 동조하지 않아. 고액 자산가들이 자기들끼리 은밀히 회의를 열거나 매달 전화 회담을 한다고 생각하진 않고, 아예 '그 문제'에 대해 서로 얘기도 거의 안 한다고 봐. 하지만 인간의 노동이 쓸모없는 것이 되어가는 인구과잉 행성에서 '그 문제'가 초래할 결과들이 어쩌면 그리 매력 없는 게 아닐 수 있다는 생각이 그들 머리에 스쳤을지 모른다는 생각이 내 머릿속을 스쳤음은 인정할게. 그들이 살아남기에 충분한 엄청난 부를 축적할 수 있다는 전제하에 대규모 인구 소멸은 어쩌면 그들에게 편리한 결과, 심지어 수익성 있는 결과일 수도 있어.

때로 이런 생각이 몹시 견디기 힘들어서 우리가 실제로 시뮬레이션 속에 사는 거면 좋겠다는 생각에 빠지다 흠칫 놀라곤 해. 비현실적으로 느껴질 만큼 상황이 나쁜 이유가 바로 그것이 전혀 현실이 아니어서이기를 바라는 거야. 그 생각을 처음 떠올린 학부생 때도 그런 생각의 떳떳지 못한 끌림을 감지했어.

이 가설에 푹 빠진 교수가 진행하는 철학 수업을 들은 적이 있어. 교수님은 이 가설을 전적으로 지지하지는 않았지만 일찌감치 헤징으로 위험을 피하기로 했나봐. 교수님은 우리가 정말로 시뮬레이션 속에 살고 있다면 어쩌면 우리의 창조자들이 우리 현실을 그저 재밋거리로만이 아니라 전체 시스템에서 일련의 역사적 변인들, 나아가 물리적 변인들에 따른 결과들을 시험도출하기 위해 이용하고 있는지도 모른다고 했어. 그래서 여느 컴퓨터 모델처럼 어느 날 그 시스템 또한 재가동되리라는 데 자신은 희망을 걸고 있으며, 기를 쓰고 남달리 흥미로운 캐릭터가 되어서 시스템 창조자들이 교수님의 아바타를 신판 버전에서 도저히 제거하지 못하게 하고 싶다고 했어.

그 교수님이 캠퍼스를 사박사박 가로지르는 모습을 왕왕 봤어. 금색 터번을 두르고 보일° 비슷한 재질로 만든 색색의 원피스를 즐겨

입는 칠십대의 왜소한 여성이었지. 체인에 꿴 커다란 시계 문자판을 목에 걸고 수업에 들어와 이따금 그 묵직한 시계를 뒤집어 눈앞에 들고 시간을 확인하곤 했어. 저렇게 독특한 분이니 따로 노력하지 않아도 분명 가상세계의 유력한 부활 후보가 아닐까 하고 가만히 생각했지.

한번은 그분이 나를 교수실로 호출해서는 당시 내가 쓰고 있던 기말 리포트에 대해 몇마디 하더니 곧 그건 젖혀두고 다초점 안경알 너머로 나를 지그시 보며 이렇게 말씀하셨어. "그래, 그 환경보호주의 얘기 좀 해봐. 나는 올빼미 한종을 다른 한종보다 소중히 해야 할 이유를 통 이해 못하겠더라고." 나는 교수님을 만족시킬 만한 대답을 내놓지 못했어. 그 순간 나도 저런 관점으로 살아가면 얼마나 좋을까 하고 절박하게 바랐기 때문일 거야. 실제 세계의 아무 올빼미들이 가상세계의 모조 생명체에 비추어 어떤 존재로 취급되는지 보면, 참 실소 터지지 않니.

* * *

내가 환경보호주의자가 아니라는 걸 짚고 넘어가야겠다. 그럴 거라고 사람들이 자주 넘겨짚지만. 언젠가 영화감독 대런 아로노프스키가 환경구제기금 마련을 위한 행사에서 연설하는 것을 들었어

○ 면, 양모, 실크로 만든 반투명한 얇은 천.

(여기서 무언의 전제는, 돈을 충분히 많이 모으면 환경보호를 구매할 수 있다는 거야). 카나페와 메인 코스 사이에 그가 늘씬해 보이도록 재단된 슈트 차림에 안경을 쓰고서 연단에 올라 청중에게 말했어. "나는 대런 아로노프스키이고, 썹할 환경운동가입니다." 나는 사람들을 따라 손뼉을 쳤지만, 내가 그 단어를 싫어하는 이유가 바로 이거였어. 그 단어에 "썹할"이라는 보충적 형용사가 왜 필요한지, 왜 그렇게까지 해야만 눈치 보지 않고 하는 소리로 들리는지 짐작이 갔거든.

나의 오해가 어디에서 왔나 알아보려고 '환경'environment이라는 단어의 어원을 되짚어봤어. 수수한 프랑스어 전치사 environ에서 파생된 단어인데, 그냥 '근처의'라는 뜻이야. 이 단어는 19세기 중반에 와서야 영어 어휘에 스며들었고 "사람 또는 사물이 지내는 종합적 조건"으로 정의됐어. '모든 것'everything이라는 단어와 거의 구분이 안 갈 정도로 모호한 개념이었지. 그러다 20세기 말쯤 '환경'이라는 단어가 우리가 마음 쓰는 다른 모든 것들로부터 떼어져 나와 따로 분리된 정의 안에 들어왔고, 때로 대문자 E로 장식되기까지 했어. 이 분리가 증기기관의 발명과 시기가 대략 일치한다고 주장하는 학자들이 있어. 또 어떤 학자들은 그보다 훨씬 앞선 아브라함교° 출현 당시, 즉 동물 우상 파괴가 이루어진 시점까지 거슬러가기도 하고. 어느 쪽이든 내가 그 단어를 사용할 정도로 나이 먹었을 때쯤에는 부

° 그리스도교·유대교·이슬람교를 위시해 '아브라함의 하나님' 유일신을 믿는 종교.

정父情을 품을 줄 아는 종種을 소환해내는 단어가 됐어. 사실상의 의미 분리가 이루어진 거야. 환경은 곧 위험에 처한 고래, 아름답지만 먼 곳에 있는 숲이었어. 모두가 환경을 보호하고 싶어하지만 그 활동에 주기적으로 참여하는 이는 소수였지.

내 친구 어머니는 변호사 경력 초반에 환경운동 분야에서 일했던 얘기를 종종 들려주셨어. 처음 맡았던 일 중 하나가 주 북부 지역 공항 확장을 위한 환경영향평가를 내리는 거였대. 해당 카운티의 교통부 국장에게 평가 절차를 설명해주려고 찾아갔는데, 용건을 말하니 국장이 이러더래. "설명할 필요 없어요. 여기에는 환경이랄 게 없으니까. 나무랑 덤불밖에 없거든요." 현장에서 이루어지는 환경보호란 이런 식이었어.

일단 따로 받침대 위에 모셔지자 환경은 파시즘이나 비거니즘(완전채식주의), 가톨릭주의 등과 어깨를 나란히 할 정도로 나름의 신념 체계를 갖춘 하나의 주의가 됐어. '주의'라는 교리적 접미사를 달면서 탈바꿈한 환경은 이제 여럿 가운데 하나의 대안, 뷔페 속 한가지 선택지가 됐어. 그러자 어떤 일이 벌어졌는지 목격한, 선의로 무장한 지지자들 한 세대가 우르르 나서서 우리에게 이 특정 선택지를 (종종 글자 그대로) 팔아먹으려고 달려들었어. 권고와 훈계의 제례문으로 장식한 범퍼 스티커와 티셔츠, 신문 칼럼, 피켓 문구, 법적 고발, 캠페인 연설을 들이밀면서 말이야. '고래를 살려주세요'와 '푸르게 더 푸르게'라는 문구가 유행했지. 토트백 앞면에 그려진 북극곰이 우리를 물끄러미 응시하기도 했어. 하지만 지나가는 사람의 한쪽

팔에 걸려 둥실둥실 멀어져가는, 천으로 된 부빙에 우두커니 선 북극곰 녀석이 유발하는 가책은 우리를 자기와 떨어뜨려놓는 거대한 기호학적 거리를 좁히기엔 너무 미미했어.

그렇다 해도 나는 환경보호운동에—하나의 신을, 중요 의제 지위를 유지하기 위해 한 군단의 전도사를 필요로 하는 종교로 격하하는 행위에—열정을 느껴보고자 기를 썼어. 그 단어 자체를 침식시켜 없애고 싶었어. 그 용법을 제거하고, 그것이 촉발하려 의도한 감정들을 모두 언어의 기반암으로 도로 흡수시켜버리고 싶었어. 땅속에 묻힌 시신이 흙으로 돌아가듯 완전히 재흡수되도록 우리 어휘에 깊숙이 묻어버리고 싶었어.

한동안 나는 "스스로 생각하는 능력은 그 사람이 언어를 얼마나 숙달했느냐에 달렸다"라는 조앤 디디온의 자기고양적 금언을 받들어 다른 단어를 찾아나섰어. 어쩌면 '그 문제'가 대개 빗나간 사고思考에 기인했을지 모르며 우리가 적확한 용어를 찾기만 하면 바로 잡아질 수 있을 거라 생각했거든. 이 방향의 탐구심은 금세 좀더 주술적인 뭔가로 선회했어. 읊조리기만 하면 사람들이 지금 얼마나 큰 운명이 걸려 있는지에 대해 새롭게, 그리고 마침내 충분히 각성하게 만들 주문을 찾게 된 거지. '지구'로도 대체해봤는데, 그건 이미 즙을 쥐어짤 대로 쥐어짠 단어였어. 소형 형광등 한개 값에 구원을 약속하는, 소비자 중심 환경보호주의의 케케묵은 어구로 이미 수십년간 사용됐으니까. 그 단어를 입에 올릴 때마다 어렸을 때 가지고 논물놀이용 공이 떠올랐어. 지구본 그림이 프린트된 그 공은 우리 집 지하실 구석에 반쯤 바람 빠진 채 처박혀 있었지. **지구**라. 그 단어에는 놓쳐버린 기회를 떠올리듯 너무도 또렷한 음울함이 어려 있었어. '행성'도 마찬가지로 중학교 과학 교재의 인포그래픽에, 그리고 닐 디그래스 타이슨°의 중저음 해설이 깔린 다큐멘터리에 얼마나 남용됐는지 몰라. 다른 점이 있다면 '행성'에는 무심한 낙관주의의 뉘앙스가 묻어난다는 거야. '행성'은 우주왕복선 창밖으로 보이는 새파란 구슬, 우리가 이제 막 이해하기 시작한 놀라운 하나의 계系였어. 그 단어의 전형적 음조에는 뭔가가 심각하게 잘못됐다는 암시, '그 문제'가 이 모든 곤경 위에 무시무시한 화살표를 드리워 그것이 마치 다모클레스의 칼처럼 우리 머리 위에 대롱거리고 있다는 암시가 전혀 풍기지 않았어. 한동안은 '세상'이 최선의 대체어 같았지. 내 귀에는 다정하고 가식 없는 단어로 들렸어. 우리가 사랑하는 이 소중한 돌을 감싼 집단기억의 얇은 대기를 제대로 포착한 단어 같았어. 온 세상 할 때의 세상. 세상의 끝 할 때의 세상. 그런데도, 사람들이 우리에게 왜 자산 매각 운동을 벌이느냐고 물을 때마다 내가 느끼는 기분을 도무지 표현할 수가 없더라. 우리는 진심으로 세상을 구하려 하는 거라고 차마 말하지 못했어. 그보다 더 상투적인 말이 어디 있겠니.

° 미국의 천문학자이자 물리학자. 「코스모스」 등 다수의 천문학 다큐멘터리 내레이션을 맡았다.

언젠가 제이디 스미스Zadie Smith가 '그 문제'에 관해 쓴, 반향이 굉장했던 에세이를 읽었어. 저자는 "기후에 일어나고 있는 변화를 설명할 과학적이고 이데올로기적인 언어는 있지만 친밀한 표현은 거의 없다시피 하다"라고 지적했어. "놀라운가? 애도 중인 사람은 완곡 표현을 사용하는 경향이 있지 않나. 양심의 가책이나 수치를 느끼는 사람들도 마찬가지다." 이 글을 읽고서 나의 적확한 단어 찾기는 다소 김이 빠졌어. 아마 그동안 존재하지 않는 것을 찾아다녔지 싶어.

* * *

언젠가 한번 지질학 교수님이 우리에게 지구의 기온 다이얼을 돌리면 어떤 결과가 닥칠지 시연해 보이려고, 해수면의 상승과 하락을 시각화해 보여주는 웹사이트를 알려주셨어. 그날 강의시간 내내 우리는 지질연대 막대기의 커서를 이리저리 움직이면서 초록색 대륙들이 물에 잠겨 작아졌다가 악어의 등처럼 도로 드러나는 걸 관찰했어. 오르도비스기에서 에오세로 스크롤하자 화면 우측 상단 구석에서 대기 중 탄소 피피엠ppm을 나타내는 숫자도 변했어. 미래의 어느 시점으로 스크롤하면 지도는 21세기 해수면 상승의 여러가지 예측 시나리오를 보여줬어.

터치패드를 손가락 끝으로 살살 만져 대륙들 형태가 시점에 따라 변하는 것을 관찰하며 우리가 프로그램을 실컷 조작해본 뒤, 교수님이 우리의 미래가 어떤 모습일지 확인하려고 당시 우리가 있던 도시로 지도를 확대했어. 화면에 시각화된 홍수는 성서 속 홍수와 전혀 달랐고 딱히 정화 효과도 없었어. 그저 대양이 서서히, 1년에 몇 밀리미터씩 상승할 뿐. 지질학적으로는 단거리 전력질주이고 일대기적으로 보면 서행이었지. 우리는 픽셀화한 푸른 바다가 마치 지도 끄트머리를 갉아 먹는 벌레처럼 여기 야금 저기 야금 삼키면서 해안을 잠식해가다가 마침내 언덕을 슬금슬금 타고 올라와 우리 강의실까지 닿는 것을 지켜봤어. 이윽고 수업이 끝났고, 우리는 각자 다음 강의실을 향해 바깥의 햇빛으로 걸어나갔지.

교수님은 인류세를 "슬로모션 응급사태"라고 표현하곤 했어. 극단적으로 들리지 않게 조심하느라, 사소한 각주를 삽입하는 것처럼 늘 가볍게 언급했지만. 장황하게 논하기엔 너무 당연한 사실로 여겼나봐. 그런데 이건 어떤 이야기에든 집어넣기 굉장히 까다로운 개념이었어. "슬로모션 응급사태"라고 하면 최후의 승리나 비극적 카타르시스, 하다못해 종말다운 종말도 떠오르지 않잖아. 그저 상실과 불확실성으로의 기나긴 미끄러짐, 글자 그대로의 퇴보와 해안선의 퇴보가 떠오를 뿐. 기선基線이 정책을 세우기에는 너무 빠르게, 서사를 제대로 전달하기에는 너무 느리게 변하고 있었어(어쩌면 별로 의외도 아닌 게, 후자가 전자를 등 떠밀어 추진시킬 때가 많거든). 사정이 이런지라 일단 강의실 밖으로 나오면 에밀리와 나 그리고 운동가 동지들은 뒤엉킨 사실들만 손에 쥔 채 덩그러니 남겨져서는, 우리가 수업시간에 잠깐 느꼈다가 몇시간 뒤 그 통렬함이 잔디 푸르른

직사각형의 캠퍼스 안뜰로 또 벽돌 건물의 웅장한 영속성으로 스며들면서 덩달아 곧 잃고 마는 긴박감을 마침내 행정처도 똑같이 느끼게끔 환기할 구조로 짜 맞추느라 허둥댈 수밖에 없었어.

그와 대조되게 세상의 프루잇들에게는 풀어놓을 그럴싸한 이야기가 얼마든지 있었어. 진보와 구원받음을 테마로 한 진정한 블록버스터 스토리들이었지. 우리도 수없이 여러번—『월스트리트 저널』 사설란에서 또는 짐 로저스의 연설문 행간에서—읽었기에 그들의 이야기가 얼마나 그럴싸한지 익히 알고 있었어. 그들의 서사는 이해하기 쉬울뿐더러 타당성도 갖췄지. 그들의 이야기에서는 늘 미국이 화석연료에 기반을 둔 우리의 라이프스타일에도 불구하고가 아니라 그것 **덕분에** 세계적 지배우위를 획득한 것처럼 그려졌어. 미국의 국익이 급증하고 자유가 모든 가치에 우선하고, 하여간 이런 유의 진술이 넘쳐났어. 누구도 나에게 어떤 차를 사라고 혹은 앞마당에 물을 어떻게 주라고, 쓰레기를 어디에 버리라고 지시할 수 없어. 뭐든 씹할, 내가 하고 싶은 일이 곧 내가 할 수 있는 가장 애국적인 일이야. 그리고 그것이 역효과를 낼 경우에는 신께서 개입해서, 반대 방향을 가리키는 모든 경고에도 불구하고 계속해서 과학을 무시하고 그분의 은혜에만 전적으로 매달린 독실한 이들을 보호하실 거래.

물론 이것들 다 어느 정도 요약해서 옮긴 거라, 너무 풍자적으로 들릴 수도 있겠다. 이보다 훨씬 교묘하게 정당화하는 이야기도 많거든. 화석연료가 청정해지고 있다는 둥, 화석연료는 대체 불가능하다는 둥, 대체하려고 했다간 지구온난화보다 훨씬 참담한 대가를 치를 거라는 둥. 이런 이야기들은 다른 신들, 즉 '시장'과 '경제'라는 (혹은 우리 대학 학장의 경우 "수탁자의 의무"라는) 전능한 신들을 소환하곤 했어.

내가 가장 무서운 건 그런 신화 같은 이야기들에 담긴 내용이 아니라, 어떤 이야기들은 너무나 솔깃하고 흐뭇하며 워낙 널리 퍼져 있고 오래도록 전해내려와서 그 신빙성을 유지하기 위해 수백만명이 자기들이 제대로 묘사하고자 애쓰는 바로 그 세계를 기꺼이 희생하려 든다는 사실이었어.

운동에 더 깊이 관여할수록 나는 다른 이야기들을 발굴하려고 더 절박하게 발버둥쳤어. '그 문제'를 이해시킬 수 있을지도 모를 이야기들 말이야. 그 문제가 대체 무엇이냐 또는 어떻게 '해결'하느냐가 아닌, 그 맥락 안에서 살아가는 법을 이해시켜줄 이야기들. 서점에서 발길이 자연스레 향하는 소설 코너에서 주로 찾아봤어. 소설은 항상 기본적인 지식 이상의 의미를 안겨주겠다 약속하는 것 같았거든. 하지만 극소수의 예외(특히 벤 러너의 『10:04』)를 제외하고는 훑고 지나가는 수준의 언급, 일회성 플롯 장치들(예를 들면 제니퍼 이건의 『깡패단의 방문』 마지막 몇면에 나오는, 맨해튼 주변을 장벽처럼 둘러친 해수)밖에 발견하지 못했어. 어떤 작품도 '그 문제'의 털 쭈뼛 서는 막막함을 온전히 담지 못했어. 그 부재에 나는 고독감을 느꼈어.

결국 차선의 작품을 찾아내긴 했지. 최소한 이 누락을 해명하려고 시도는 해본 책이야. 『대혼란의 시대』라는 이 책에서 아미타브 고시는 '그 문제'를 시시각각 변하는 기선들을 통해서가 아니라 그 기선들에 구두점을 찍는 대변동, 즉 파괴적인 허리케인, 미국 대륙보다 큰 빙산의 분괴 등을 통해 접근했어. "오늘날 기후 현상들은 그 극단성 때문에 현대인의 사고나 상상에서 오히려 유별난 저항을 만난다. 특히 진지한 소설 문학에 등장할 때 그렇게 되는데, 100년에 한번 꼴로 닥치는 태풍이나 파괴력이 막강한 토네이도가 독자에게는 너무나 있을 법하지 않은 일로 다가오는 것이다."

그의 말에 이견은 없지만 고시의 책을 읽은 뒤 나의 심적 마비는 한층 심해졌어. 왜냐하면 현 추세를 묘사하는 건 너무 지리멸렬하고 큰 사건들을 묘사하는 건 작가로서 너무 볼품없는 짓이라면 우리는 **대체 뭘** 하란 말이야? (할 말이 없는 상태를 체념하라고? 세상의 프루잇들이 그 빈칸을 메우도록 내버려두라고?)

* * *

왜 그냥 들고 일어나지 않아요? 네가 이렇게 묻는 모습이 선하다. 왜 내가 벌이는 운동이 네 삶에 방해가 되는 장치들을 아예 불태우고, 가공 처리되지 않은 싸구려 광석처럼 매일같이 너의 미래를 집어삼키는 그 장치들을 해체하지 않았느냐고? 그 많은 공장과 밸브와 파이프라인, 물 고인 갱에서 흙을 퍼내는 집채만 한 트랙터들을 왜 없애지 않았느냐고?

솔직히 그 생각도 해봤어. 차갑고 기다란 파이프라인 아래로 탄약통을 슬쩍 밀어넣으면 어떨까. 바람 부는 프레리 바닥에 납작 엎드린 채 머리를 금속관에 대고 한 팔을 그 밑면 아래로 쑥 집어넣어 연결부위를 더듬어 찾는 거야. 그래놓고 우리는 소리는 안 들리지만 밀밭 위로 묵음의 주황색 깃발이 덩그러니 그리고 묘할 만치 분명하게 펼쳐지고 또 펼쳐지는 게 보일 정도로 충분히 떨어진 곳에서 불꽃을 지켜보는 거지.

우리가 참은 이유야 당연히 있지. 정당화보다는 전략과 관계있는 이유들이지만. 왜냐하면 우리의 행동이 정당화됐을 게 당연하니까. 적어도 정당화가 가능하긴 했을 거야. 우리는 그 장치들이 계속해서 사용 가능하다면 분명 다음 한세기 동안 수백만명의 목숨이 희생될 것을 알았거든. 인간이 살아갈 권리에 비하면 '주식 가치'가 혹은 '재산'이 혹은 그 많은 불에 달궈지고 비틀어진 쇳덩이가 대체 얼마나 중요하겠니?

그렇지만 이건 무엇이 옳고 또 옹호할 만한가의 문제가 아니었어. 어떤 방식이 효력이 있느냐의 문제였지. 우리 관점에서 보면 그 어떤 광범위한 파괴 시도도 실패할 것은 물론이거니와 역효과를 낼 가능성이 컸어. 프루잇들에게 안겨줄 이보다 더 좋은 탄환이 어디 있겠니. 여봐란듯이 우리에게 테러리스트 딱지를 붙인 다음 새로이 얻은 도덕적 권한을 휘두르며 계속 세상을 황폐화할 텐데('테러리스트'는 현상 유지를 옹호하는 데 가장 빈번히 소환되는 단어니까. 그

현상 유지가 집단학살을 초래한다 해도. 아니, 어쩌면 그런 경우 특히 더). 게다가 화석연료 인프라의 파괴를 지지할 준비가 된 충분히 큰 정치적 지지층이 존재한다 해도, 국가가 강제로 화석연료 인프라의 독점권을 유지하고 있으니 뭘 어쩌겠어. 화석연료 사용 감축 여파가 정책으로 성취 가능한 효과와 맞먹을 정도의 규모로 인프라가 해체되도록 그들은 내버려두지 않을 테니까.

위의 얘기가 진실임을 거의 확신하지만, 그럼에도 걱정돼. 다가올 몇십년이 어떤 모습일지 아무도 짐작을 못하니까. '그 문제'가 악화될 대로 악화된다면 과연 어떤 아이디어들이 정당성을 입증받고 어떤 결정들이 발굴될까? 사후事後의 깨달음이라는 냉혹한 눈길(즉 너의 철저한 검증의 눈길)에 비추면 과연 어떤 절박한 행위가 사리에 맞는 것으로 보일까?

* * *

프루잇 본인이 임명된 해인 2017년에 마리아라는 이름이 붙은 허리케인이 푸에르토리코에서 3,000명의 사망자를 냈어. 샌디가 초래한 인명피해의 10배야. 사망자 대부분이 가난한 이들이었어. 대다수가 비백인이었고. 엄밀히 따지면 그들은 미국인이었지만, 푸에르토리코가 주가 아닌 자치령으로 남아 있다는 이유로 사망자 중 그 누구도 바로 전해 도널드 트럼프를 백악관에 입성시킨 대통령 선거에서 투표권을 갖지 못했어.

허리케인이 물러간 뒤 트럼프는 요식행위로 산후안의 긴급물자 보급본부에 방문해 농구 경기 관중석으로 공짜 사은품을 뿌리듯 군중에게 키친타월을 과장된 몸짓으로 던졌어. “예쁘고 부드러운 휴지였어요. 아주 질 좋은 휴지요.” 트럼프가 말했어. “나는 즐거웠고 그들도 즐거워했어요. ‘저한테 던져줘요, 저한테 던져주세요, 대통령님’ 하고 외쳤지요.”

나중에 그는 사후 분석 결과를 지워버리려고 했어. 3,000이라는 숫자가 자기 이미지에 먹칠하려고 의도적으로 조작한 숫자라면서. 이 통계치는 이후 여러 독립 기관의 조사로 확인되거나 오히려 상향 조정됐지만, 그때쯤에는 투표권을 행사할 수 **있었던** 미국인 가운데 추정컨대 절반가량이 그의 주장을 믿게 됐어. 죽었다고 들은 3,000명은 죽지 않았고 애초에 존재하지도 않았다고.

바로 여기에 프루잇들이 내세우는 이야기의 이면, 소비로 누리는 자유라는 신화의 음화陰畵가 있었어. 죽음을 지우려는 트럼프의 시도에서 푸에르토리코인들의 곤경을 염려한다고 하면서 한편으로 과학을 반박하고 ‘그 문제’를 가속할 정책들을 추진하게 하는 논법이 뚜렷이 드러났어. 이 모든 것을 뒷받침하는 건 검증되지도 않은 채 합리화로 무장한 다음의 주요 전제였어. 즉 중요한 공급 체인의 말단에는 그럭저럭 받아들일 수 있고 무시해도 좋은 부산물로 취급할 만한 특정한 종류의, 즉 이국적이고 재앙적이며 통계 수치화되는 죽음이 있다는 것. 다시 말해—핵심은 이 한마디로 요약되는데—어떤 목숨은 다른 목숨보다 가치가 떨어진다는 것.

여기서 잠깐 숨 고르고 내 나름의 전제를 말해볼게. 아마 이 편지에서 너에게 전할 제일 중요하면서 제일 독창적이지 않은 얘기일 거야. 모든 목숨은 대등하면서 생득적인 가치가 있다는 것. 그리고 이 근본적 합의를 서서히 그리고 언제든 부인 가능한 방식으로 갉아먹는 것이 바로 악이라는 것.

이것은 내러티브가 아니야. 있는 그대로의 평범한 진실이야. 말하지 않아도 알아야 하는 것이야. 그 말은 곧 이 진실이 쉽게 파묻힌다는 뜻이지.

실제로 그 진실은 프루잇들이 정론으로 미는 이야기의 무게에 지속적으로, 역사적으로 묻혀왔어. 노예제도부터 구조조정까지, 그 이야기 덕에 그들은 남들의 몸뚱이에서 자양분을 얻어 제 몸을 불려왔어. 일종의 동족 잡아먹기지.

타네히시 코츠Ta-Nehisi Coates는 『세상과 나 사이』에서 이 이야기를 '꿈'the Dream이라고 칭해. 『세상과 나 사이』는 미국에서 흑인으로 살아가기에 대한 생각을 십대 아들에게 보내는 편지로 엮은 책이야. 코츠가 아들에게 말하기를 '꿈'은 "무죄를 외치는 거짓말", 약탈 관습을 감추는 가면이야. 또한 '꿈'은 "멋진 앞마당을 갖춘 완벽한 집이야. 전몰장병 기념일의 야외 요리 파티이고, 살기 좋은 동네를 만들기 위한 주민회이며, 주택 앞 진입로야. '꿈'은 나무 위 트리하우스이고 보이스카우트 유년단원이야. '꿈'은 페퍼민트 향이 나면서 딸기쇼트케이크 맛이 나지." 그것은 "지구를 위험에 빠뜨리는 바로 그 습관이고, 감옥과 교도소에서 우리 몸뚱이가 치워지는 것을 바라보는 바로 그 습관이야."

'꿈'은 탄소 발생을 바탕으로 한 성장이라는 명목하에 3,000명의 인간을 죽일 수 있고, 흰 피부의 장막 뒤에서 그들의 죽음을 지워버리기도 하며, 애도하는 이들에게 "예쁘고 보드라운" 키친타월만, 즉 가책 없는 소비와 부유한 교외 거주지의 번영의 정수를 담은 상징들만 던져주고 말기도 해.

'꿈'은 프루잇들을 백악관에 들여앉히는 장본인이야. '꿈'은 그들이 '그 문제'에 대해 거짓말하는 이유야. 그 심각성을 조금이라도 인정하면 자기들 권력의 원천인 다 괜찮다는 환상을 어그러뜨릴 테니까. 이 모든 일에 역사가 있음을 기억하는 게 중요해. 세계 화석연료 산업이 등장한 지는 얼마 안 됐을지 몰라도 그 헤게모니를 정당화하는 이야기는 그 업계가 땅에서 파내는 화석만큼이나 오래됐고 또 깊숙이 묻혀 있다는 걸.

지금 유일하게 달라진 점은 '꿈'이 역효과를 낳기 시작했다는 거야. 마침내 그것의 법칙에 순응하지 않고 혹은 단단히 강화된 그것의 경계들을 존중하지 않는 어떤 '문제'를 낳았잖아. 주로 가난한 이들을 먼저 그리고 가장 심하게 치지만, '그 문제'는 파괴력을 결코 그들에게만 한정적으로 휘두르지 않을 거야. 종국에는 프루잇들도 예외가 아니게 될 거야. 한번 더 코츠를 인용할게. "한때는 '꿈'의 요인들이 테크놀로지에 그리고 마력馬力과 바람의 한계에 제한됐었지. 그런데 '몽상가들'이 스스로를 향상시켜왔어. 전력을 위해 해양 댐을 건설하고 석탄을 채굴하고 기름을 식용으로 변환하면서 약탈을 전례 없는 수준으로 확장시켰어. 나아가 이러한 혁명은 몽상가들이 인간의 몸뚱이뿐 아니라 지구의 몸뚱이까지 마음껏 약탈할 수 있게 했어. (…) 이러한 시대를 연 것은 사슬에 묶인 우리 손을 거쳐 수확된 면화였어. 그들이 조각조각 구획된 숲으로 뻗어나가게 한 것은 우리로부터의 벗어남이었어. 그리고 그 뻗어나간 구역을 거쳐 이 새 구획들을 가로지르는 이동 수단은 자동차, 곧 지구의 목에 두른 올가미이고 궁극적으로는 몽상가들 자신이야."

코츠처럼 내 아이에게 편지를 쓰고 있자니 내가 얼마나 준비가 안 됐는지 확실히 알겠어. 나는 구조적 인종차별의 폭력을 감내하며 자라지 않았어. 내 신체에 대한 직접적이고 만연한 위협과 싸워오지도 않았고 부모님이 내게 쏟은 사랑에 이런 두려움이 묻어 있었던 적도 없어. 나처럼 백인에 중산층이며 대학 교육까지 받은 남성인 내 아버지는 우리를 키우면서 불공평함과 상존하는 위험에 대한 의문들과 씨름할 필요가 없었어. 아버지는 나를 낳기로 했지만 낳은 이유를 나한테 해명할 의무는 없었어. 특권이란 바로 이런 거야. 세상이 나 같은 사람을 염두에 두고 설계됐으며 아버지는 자신 있게 나를 그 세상에 데려다놓을 수 있는 것.

그런데 이제 세상은 가장 든든히 보호받는 아이들에게까지 존재론적 위협—산불과 홍수, 거주 가능성이 점점 떨어지는 지구라는 위협—을 가하고 있고, 그렇기에 나도 의심을 품는 때가, 너를 낳아야 할지 의문이 드는 때가 왕왕 있음을 인정해.

이런 의심은 전혀 새로운 게 아니야. 앞서 수백만명이 '꿈'으로 인해 불리해진 상황에서 아이를 낳을 전망을 재고해야만 했어. 그들은 노예농장과 난민캠프에서, 선주민보호구역과 교전 지역에서—즉 내가 처해본 그 어떤 곳보다 훨씬 절망적이고 위험천만한 곳에서—그러니까, 하나의 세상이 끝나가거나 이미 끝난 곳에서 그런 고민을 해야 했어. 그런데 절망적이고 무모하고 소용없게 느껴졌을지언정 이러한 치열한 고투 끝에 때로 아이가 탄생했어. 그렇게 하기까지, 조그마한 생명의 위로를 창공만큼 광막한 죽음에 띄워 올리기까지 얼마나 크나큰 사랑이 필요했을지 나는 아직도 가늠이 안 돼. 놀라울 따름이야. 그와 다른 선택, 우리 귀에 별로 들려오지 않는 선택도 놀랍기는 마찬가지야. 자기네 나무가 가지치기당하고 불타는 꼴을 보느니 밑동을 잘라버리기로 한 가족들의 선택 말이야.

의심이 드는 순간에는 두 결정 모두 불가능한 것으로, 불가능하리만치 용감한 것으로 느껴져. 그걸 결정이라고 표현하는 건 인류 역사상 아이 낳는 게 결코 자신의 선택이 아니었던 수많은 이들을 외면하는 처사겠지만. 생식의 자유를 남성에게 강탈당한 여성들. 노동력을 위해 자녀가 필요해서, 자식이 없으면 굶어 죽을 게 빤해서 아이를 낳은 가족들.

그에 비하면 나는 실제 선택의 여지가 있고 이는 곧 엄청난 특권을 의미함과 동시에 다음의 불가피한 질문을 불러와. 너를 낳아서 네가 해를 입을 위험을 감수해야 할까? 아니면 낳지 말아서 해를 입을 '너'가 존재할 가망 자체를 차단해야 할까? 이 갈등에 이름을 붙여주고 싶다. 나의 윤리적 의문들이 사라졌거나 내가 '옳은' 답을 찾아냈다는 건 아니야. 그냥 이 편지의 취지에 맞게, 내 마음이 그 질문을 논제로 상정은 해봤음을 알리는 거야. 너를 낳아야 할지를 묻는 게 아니라 만약 낳는다면 너에게 어떤 빚을 지게 되는지를 묻는 거야.

이 글을 쓰는 순간에도 막 아이를 낳은 사람, 낳을 계획인 사람, 혹은 낳을지 말지 아직 결정 못한 사람이 수십억명 존재하고, 너 나 할 것 없이 우리 모두가 '그 문제'의 그림자 아래 자식에게 대체 무슨 말을 해줄지 머리카락 빠지게 고민하고 있어.

지금 나는 이 편지와 동시에 작성되고 있을 다른 모든 편지들, 그 편지들의 수취인일 모든 '너'를 상상해보고 있어. 당황스러움과 사랑, 조언과 경고가 담겼을 그 편지들. 내용의 대부분이 종이에 옮겨지지 않고 말없이 마음속에서 초안으로만 작성됐을 편지들. 그 말들이 내 세대 사람들이 쥔 펜에서 졸졸 흘러나와 너희 손에 소복이 쌓이는 모습을 상상해. 너희가 청하지 않은, 온 세계가 물려준 걱정의 유산.

그 편지들이 뭔가를 해결해줄 거라는 바람은 환상이야. 어쩌면 우리 세대에게는 그렇게 해줄지 모르지. 우리가 품은 의문들 중 일부는 덜어줄지 몰라. 하지만 너에게는 이 질문들이, 아마도 긴박함만

더한 채 되돌아올 것을 나는 알아. 이번 세기 후반의 어느 시점에 네가 이와 비슷한 편지를 쓰게 될지도 모르는데, '그 문제'가 빠른 속도로 파괴를 계속한다 치면 너의 그 편지는 이것보다 더더욱 쓰기 어려울 거야. 아무리 머리를 굴려봐도 너의 편지에 어떤 내용이 담길지, 네가 그것을 당최 어떻게 써내려갈지 상상이 안 된다. 내가 여기에 쓸 수 있는 말은 미안하다는 말뿐이야. 이제는 내 사랑에도 이런 두려움이 묻게 됐구나. 둘 중 하나를 떼어놓고는 다른 하나만 너에게 보낼 수 없게 됐어.

* * *

우리가 자산 매각 캠페인을 시작한 후, 하지만 그 싸움에서 졌다는 것을 알기는 전에 에밀리와 나는 아이 얘기를 한 적이 있어. 내 기억에 당시의 논의는 자녀를 낳느냐 마느냐가 아니라 언제 낳느냐였어. 에밀리가 이렇게 말한 게 기억나. 솔직히 최대한 빨리 낳아야 할 것 같아. 그래야 걔들이 2100년을 겪기 전에 나이 들 기회가 있을 거 아냐.

우리가 '그 문제'를 놓고 한참 위로 섞인 토론을 하는 과정에서 2100년은 우리에게 임의적으로 중요한 해가 됐어. 우리 머릿속에서 그해를 사회의 직조가 본격적으로 와해하기 시작하는 해로, 서로 극명히 다른 두 세기의 구분선이 될 해로 정했나봐.

지금도 기억나는데, 에밀리가 그 말을 한 순간 나는 2099년 노인

요양원에 누워 있는 너를 떠올리기 시작했어. 1월의 어느 날 창을 열어놓은 요양원 침실에 누워, 한때 겨울이었던 계절에 푹 삶아지고 있는 바싹 마른 풀을 보며 자신이 죽어가고 있음을 알 너를. 슬프겠지만 동시에 지옥에서 아슬아슬하게 벗어나는 안도감도 슬며시 들 너의 심정을.

나는 에밀리가 자기 자식의 탄생 시점을 결정하는 게 실제로는 자식의 사망 시점을 정하는 것 같다고 지적했고, 그게 너무 섣부르고 어처구니없는 짓으로 느껴져서—부모 노릇의 틀에 비추어 너무 명백히 금기시되는 짓이라서—우리는 둘 다 웃음을 터뜨렸어.

네가 이 얘기에 기분 상하지 않았으면 좋겠지만, 기분 상한다 해도 이해가 가. 주로 농담으로 한 얘기였어. 입 밖에 꺼내면 어떤 느낌일까 보려고 말해본 거야. 솔직히 지금 내 나이의 세배쯤 먹은, 할아버지가 된 너를 그려보는 게 재미있었어. 혈통이 직선적이 아니라 순환적으로 이어져서 네가 어느 날 직접 쓴, 이것과 똑같이 횡설수설하는 편지를 나한테 건넬 기회가 있다면 어떨까 상상했지. 그렇게 된다면 네가 최후의 웃는 자가 될 수 있을 테니까("아버지가 이렇게 되지 않도록 신중하게 계획했는데도 불구하고 나는 아직 죽지 않았고 그럴 생각도 없거든요…").

커트라는 친구가 있는데, 퀴어인 그 친구는 우리가 이런 불안감을 갖는 걸 놀리길 좋아해. "번식자의 고민"이라며. 커트가 '그 문제'에 무관심해서 그러는 건 아니야. 그도 우리만큼 겁에 질려 있고 우리만큼 분개하거든. 하지만 그런 감정들이 꼭 친자식은 물론이고 아이를 중심으로 구체화할 이유는 없다는 거지(커트는 입양을 할 계획이래). 이 위기와 맞서 싸우는 데는 다른 방법도 많고 다른 접근법과 동기도 많다는 얘기야.

이 편지는 '사람들을 실재하는 존재로 만들기'라는 훨씬 큰 프로젝트를 이루는 하나의 실험에 불과해. 존재하는 사람들, 존재하지 않는 사람들 또는 앞으로 결코 존재할 일이 없는 사람들까지 모두. 우리가 만난 사람들, 만나지 못한 사람들, 아마 만날 일이 없을 사람들도. 그리고 대륙과 세대로 인해 떨어져 있는 모르는 사람들까지.

지금 내가 설명하는 건 전망보다는 연습에 가까워. 우리의 주의를 길든 범주 훌쩍 너머까지 확장하는 연습이고, 실제로 밀고 들어오기 전까지는, 그렇게 해서 우리 의식에 자리하기 전까지는 우리가 외면하도록 조건화된 이들을 재차 마음에 소환하는 연습이야. 이건 아마 인류세에 살아가기가 제기하는 가장 주요한 윤리적·정치적 도전 과제일 거야. 확실하고 점증하는 인간의 상호의존성에 마침내 적합하게끔 마음 쓰기의 적용 범위를 확장하는 것 말이야.

이것은 프루잇들이 하기를 거부하는 바로 그것이야. 허리케인이 닥치면 그들은 상실을 숫자로 변환해 통계를 내거나 아예 그 숫자를 지우지. 그런데 누군가에게 마음을 쓴다는 건 그들의 존재적 모호성을 거부하는 것, 그들을 하나의 대상으로 싸잡아 죽이기를 더 어렵게 만든다는 거거든. 문화사학자 사이디야 하트먼의 표현을 빌리자면, "마음 씀은 폭력의 해독제"야.

이 편지를 쓰기 시작했을 때 나는 마음 쓰기의 차원에서 생각하지는 못했어. '그 문제'를 파악하고 받아들일 방법이 필요했고, 시스젠더[o]이자 이성애자 남성인 나에게 접근이 용이한 문화적 방식이 이것이었을 뿐. 내가 유일하게 배운, 희망에 접근하는 법이 '아이들'을 떠올리는 것이었다는 얘기야.

퀴어이론가 리 에델만Lee Edelman은 이런 충동을 두고 "재생산 중심 미래주의"라고 해. "아이라는 표상이 우리가 인지하는 모든 정책의 영속적 지평선, 즉 모든 정치적 개입의 환상주의적 수혜자로 남아 있"는 사고 패턴이라는 거야. 에델만은 저서 『미래란 없다』*No Future*에서 퀴어함queerness이 죽음 욕동慾動을 끌어안고 아이를 대상화해 숭배하는 일을 거부해야 한다고 주장했어. 그건 그저 지배적인 사회질서를 재생산하는 데 일조할 뿐이라며.

그는 동성 결합에 "미래란 없으며 사회에 어떤 기여도 하지 못한다"는 교황 요한 바오로 2세의 단언에 반대하면서, 그리고 어찌 보면 그 단언을 **이용해서** 맹렬히 분노를 표출해. 그러면서 이렇게 말해. "퀴어들은 그처럼 끈질긴 도발의 폭력적 힘에 맞서되 사회질서의 특권들에 대한 우리의 동등한 권리를 줄기차게 주장하고 그 질서의 일관됨과 온전함을 증진할 우리의 여력을 언명할 뿐 아니라, 한발 더 나아가 '법'과 '교황' 또 그들이 대표하는 '상징적' 질서 자체에 퀴어

---

o 생물학적 성과 성정체성이 일치하는 사람.

성정체성의 온갖 표현 또는 성명을 똑똑히 들으라고 꼭 집어 요구함으로써 그리해야 한다. 이를테면 이렇게 외치라는 것이다. '사회질서도 우리를 집단 공포로 몰아넣는 데 써먹는 이름인 '아이'도 다 개나 줘버려.' '애니°는 꺼지라고 해.' '레미제라블에 나오는 연약한 아이도 꺼지라고 해.' (…) '상징적 관계망과 그것의 도구 역할이나 하는 미래도 전부 뒈지라고 해.'"

처음 에델만을 읽었을 때 나는 '그 문제'가 모든 것을 더 복잡하게 만들었음을 깨달았어. 왜냐하면 미래를 명분 삼아 사회질서를 가다듬었다더니 이제 그 미래가 사회질서의 손에 파괴될 위험에 처했잖아. 말인즉슨 내가 번식 가능자라는 신분에 굴하면, 즉 너를 낳으면 내가 그 사회질서를 재생산함과 동시에 그것의 자폭을 앞당기는 꼴이 된다는 뜻이야. 나는 이것을 점점 길어지는 아이 낳기 찬반 근거 목록에 마지못해 추가했어.

* * *

아마 그의 말이 맞을 거야. 내가 마음 쓰기의 가능한 모든 벡터들 가운데 재생산에 지나치게 집착하고 있는 걸 거야. 그래도 다만 이 페이지에라도, 또 너희 세대 전체를 (내 세대의 큰 일부와 함께) 비가시적 존재로 만드는 게 목표인 프루잇의 이야기에 저항하기 위해

° 동명의 영화에 등장하는, 부모가 없는 아이의 이름.

서라도, 너에게 인간성을 부여하는 것이 여전히 중요한 일로 느껴져. 그 같은 존재 지우기는 우연한 현상이 아니야. 우리 대학이 기금을 투자하는 통로인 현재의 금융시장에 깊이 뿌리내린 가정을 바탕으로 자행한 짓이거든. 그 시장들의 기본을 이루는 설계에서는 '할인율'을 적용하는 게 표준 관행이었어. 그런데 이런 관행은 정도 차이야 있겠지만 현재의 비용 가치와 비교해 미래의 혜택 가치를 떨어뜨렸어. 이러한 전환을 거쳐, 내 세대의 대단찮은 혜택이 너의 세대에 닥칠 엄청난 해보다 중한 것으로 바뀔 수 있었어. 이런 짓을 합리화한답시고 댄 논리는 너의 세대(그리고 모든 미래 세대)는 우리보다 부유하고 똑똑할 테니 그 대가를 더 잘 처리할 수 있지 않겠느냐는 거였어. 이 두가지 전제는 화석연료 업계에 대한 지속적인 투자를 정당화하는 데, 그것도 최대한 빈번히 동원돼. 그때마다 유독 아이러니하게 느껴져. 그런데 이 아이러니는 이보다 더 왜곡되고 더 순환논리를 띠어. 한 예로, 내 대학 과정의 비용을 댄 투자는 너를 비인간화한 덕에 가능했어. 화석연료에 투자해서 마련된 기금이 후원해준 그 4년의 문예창작 배움 과정이 없었더라면, 그렇게 딴 학위 덕분에 가능했던 뒤이은 수차례의 레지던시 참여와 교수 추천과 장학금이 없었다면 이렇게 너에게 편지를 쓰고 있지 못했을지도 몰라.

이런 유의 악이 고정된 악이라고, 특정 부류에만 속해 그들의 피에 흐르고 내 피에는 섞여 있지 않다고 말할 수 있으면 좋겠다. 하지만 세상일이 그렇지 않지. 이 악은 딱히 누구에게도 속해 있지 않아.

이동하고 퍼지면서 전염병처럼 우리를 휩쓸지. 한 사람에게서 다른 사람에게로 옮겨가고 한 도시에서 다른 도시로 옮겨 다녀. 주유 펌프를 타고 올라와 우리 손에 그을음 냄새를 묻혀놓기도 해.

그것이 언제 나에게 전염됐는지 알아. 그자들의 몸에서 빠져나와 내 몸에 들어온 순간이 언제였는지. TV에 기후변화 부인론이 나올 때마다 그자들의 입에서 나와 그들이 선 연단으로, 또 마룻바닥을 가로질러 보이지 않게 쏟아져 청중에게로 스며들고 바깥을 향해 바이러스처럼 퍼져나가는 게 보여. 내 안에서 울분이 되어 솟구치는데 어찌나 강렬한지 마치 뜨겁게 타오르는 한점의 통증처럼 느껴져. 그것에 사로잡힌 나는 속으로 소용도 없는 신랄한 비난문을 작성해서 상상 속에 줄 세워놓은 프루잇들에게 맹렬히 퍼부어. 그들의 깃 장식용 핀과 정장 재킷에, 그들이 입은 진부한 정당화라는 갑옷에 구멍을 낼 정도로 뾰족하고 정제된 분노로 그들과 맞붙어.

저들이 바로 수백만 달러 벌자고 수천명을 익사시킨 놈들이야, 라고 상상 속에서 외쳐. 저들이 바로 자기들의 의혹은 묻어버리고 부인론을 더 세게 밀어붙인 놈들이야. 전문가들의 의견을 묵살하고 자신들의 무지를 믿는 쪽을 택한 놈들이라고. 자기네 신의 이름을 들먹이면서 들리는 말로는 그 신이 만들었다고 하는 창조물을 파괴하지. 취약한 이들의 인간성을 침식하고는 그것을 외부 요소로 전환해버리고. 자기네 환수이익 규모는 고스란히 지키면서 그 불쌍한 사람들만 가뭄과 산불과 허리케인에 죽으라고 그러는 게지. 자기들이 다른 누구도 해칠 수 없고 범접할 수 없는 존재, 늘 통제권을 쥔 존재라는 기분을—수세기에 걸쳐, 그것도 늘 잘못된 방향으로—느끼게 해준 서사들을 뒤흔드느니 차라리 문명을 뒤엎기를 택할 놈들이라고. 어쩌면 인류 역사상 최대 범죄를, 그것도 탐욕과 오만 그리고 갓난아기 수준의 도덕적 유아주의唯我主義라는 몹시도 옹졸한 도구를 동원해 저질렀을지 모르는 놈들.

머릿속에서 이런 격한 비난을 토해내면 거기서 그 말들이 불꽃처럼 타들어가면서, 내 안의 다른 것들을 숨 쉬게 해주는 산소를 소진해버려. 그래, 그것들도 태워버리라지, 이런 심정이 돼. 가둘 수 없는 화라면 우리 모두를 시체조차 알아볼 수 없을 정도로 홀랑 태워버리라 그래. 그 탄화된 사체를 공원 오솔길 끝에 버려두라 그래.

이제 너도 일이 어떤 식으로 돌아가는지 알겠지. 이미 몸소 경험했을지도 모르고. 조심하지 않으면 악이 바이러스처럼 너에게 전염되리라는 걸 알았을 거야. 언제고 너도 증상을 보이기 시작할 수 있다는 걸. 지금도 나는 머릿속에서, 맹공격으로 갈가리 찢어버리려고 프루잇들을 상상하고 있어. 인간성 제거하기의 논리는 이렇듯 음침하고 이행성이 강해. 그것에 맞서려다 자칫 전염될 위험이 있어.

하지만 나도 웬만큼 해소를 원할 자격이, 위기 속 카타르시스를 갈구할 자격이 있지 않니? 어차피 세상이 멸망할 거라면 업보의 원부를 덮기 전에 우리가 최소한 모종의 최종 판결을 내릴 수는 있어야 하지 않니?

복수보다도 또 사과보다도 더 내가 원하는 건 마무리라는 걸 지금

에야 알겠어. 끝이 있으면 이 모든 것에 이름을 붙일 수 있고 회상하면서 이야기할 수 있으니까. 끝이 있다면 미결 부분들을 매듭지을 수 있고 이 이야기에 다 됐다 하고 동그라미를 칠 수 있으니까.

가끔은 프루잇들이 원하는 것도 그게 아닐까 의심해. 그들이 온 힘을 다해 '그 문제'의 해결을 막으려는 이유가 바로 이것이 아닐까. 어쨌거나 우리가 상상하는 세상의 종말 시나리오들에는 그들이 흡족해할 부분이 많잖아. 정부 규모가 작아지고, 사회가 인종과 종교에 따라 작은 부족으로 쪼개지고, 남자들은 자기 자신과 자기 소유를 지키려고 무장하고. 니체 철학에서 말하는 생존과 지배 논리가 정당화될 뿐 아니라 필수가 될 테지. 이것과 종종 혼합되는 것 같다고 내가 매번 의심하는 휴거°와 마찬가지로, 우리가 상상한 종말 시나리오에서는 영웅이 악당과, 강한 자들이 나약한 자들과, 용감함이 비겁함과 확정적으로 분리되는 것이 허용돼. 세계 종말 시나리오 특유의 에로틱한 자극이야. 「매드 맥스」이고, 「더 로드」이고, 「투모로우」야. 알렉스 존스°°가 복근 갖춘 사람만 살아남는 세상을 침 튀기며 찬양하면서 청취자들에게 남성용 정력제를 파는 논리야. 당연히 이것도 일종의 죽음 욕동이고, 그들이 인정할 법한 정도보다 더 많이 에델만의 그것에 가까울걸.

° 기독교에서 예수가 재림할 때 예수와 공중에서 만나는 체험.

°° 극우파 라디오 진행자.

다 차치하고 핵심은 이거야. 우리는 결코 끝을 맞이하지 못할 것이고 아무리 불평해도 끝을 맞고픈 우리의 욕망은 타당성을 얻지 못하리라는 것. 앞으로 엔딩 크레디트도 커튼콜도 없을 거고 이 슬로모션 응급사태에 최종 결말도 없을 거야. '그 문제'의 본질은 **그저 계속되는 것**이니까. 혼란스럽고 결론도 나지 않은 채로, 우리가 복수나 용기, 구원에 대해 우리 자신에게 들려주고 싶어하는 이야기들은 전부 털어버리면서. 어쩌면 그렇기에 우리가 그것을 이토록 혐오하는지도 몰라. 어쩌면 그래서 한쪽은 두려움으로 반응하고 다른 한쪽은 그것의 거울 감정인 현실 부정으로 반응하는지도 몰라. 그것이 내러티브에 충성하지 않기 때문에 미워하는 거야. 아미타브 고시라면 이렇게 말할지도 모르지. 그것을 어떻게 글로 옮길지 모르기 때문에 우리가 미워하는 거라고.

* * *

'지구: 거주 가능한 행성의 진화' 수업 과정이 다 끝나갈 때쯤 수강생 전체가 그 지역 기반암 퇴적층을 관찰하러 견학을 갔어. 교수님이 낡은 스쿨버스 한대를 빌렸고, 에밀리와 나는 백팩을 무릎에 얹고 갈색 비닐 커버가 씌워진 벤치석에 웅크리고 앉아 갔어. 캠퍼스에서 30분 정도 달렸을 즈음 버스가 고속도로변으로 갑자기 방향을 틀더니 커다란 로드컷° 밑동에 있는 잡목 무성한 중앙분리구역에 우리를 내려줬어. 로드컷 단면이 도로 위로 25미터가량 아찔하게 솟아 있었지.

우리는 고분고분한 학생답게 절벽 기단을 따라 일정 간격으로 늘어선 다음 반쯤 몸을 접고 목은 꼭대기를 향해 뒤로 젖혀가면서 자갈 비탈을 기어 올라갔어. 교수님은 지나가는 차량 소리에 파묻히지 않게 목청을 높여, 여기서 어떤 화석들을 발견할 수 있는지 줄줄 읊었어. 여기저기 흙에 새겨진 조그만 원뿔형과 방사형 무늬를 보니 불규칙한 무늬의 벽지가 떠올랐어. 산의 단면에 보일 듯 말 듯 드러난 단층들도 식별할 수 있었는데, 미묘하게 다른 질감과 색깔만으로 구분이 됐어. 교수님은 이 층들을 마치 이야기 안에 들어 있는 양 자꾸만 "장章"이라고 칭했는데, 나에게는 장보다 더 희미해 보였어. 난잡한 파일 캐비닛 안의 폴더들처럼 어딘지 절차적이랄까. 시간 자체가 어떤 참조 체계 안에 압축되어 들어가느라 세상에서 가장 작은 공간에 욱여넣어진 것처럼.

각 층에서 각기 다른 세계의 흔적을 볼 수 있었어. 적어도 우리는 그걸 보고 있다고 생각했지. 요상한 볏이나 다지곤충이 잔뜩 든 얕은 바다, 갑옷처럼 펼쳐진 딱딱한 껍데기들, 이어서 부패가 이루어졌음을 또한 석송과 고사리와 양치류가 있었음을 암시하는 늪이 보였어. 그다음엔 빙하에 쓸려 속이 드러난 광활한 평야가 보였고. 각각의 층이 수백만년 그리고 단 몇 센티미터의 흙으로 분리되어 있었지. 각 층의 독특한 분위기와 논리가 오프화이트와 그레이시탠의 중

◦ 암석층의 지질학 연구를 위해, 또는 도로를 내기 위해 산을 깎은 부분.

간, 백악과 점토 사이의 어디쯤으로 납작해진 채.

일순간, 어떻게 묘사할지 모르겠는데, 장면 전체가 접히는 것 같은 느낌을 받았어. 에밀리와 나와 다른 수강생들이, 우리가 챙겨온 클립보드와 점심 도시락, 우리를 여기까지 연결해준 고속도로망, 그리고 중간중간에 그 고속도로망을 품은 사암산들도 전부 다 암석 속 한층으로 압축되고 있는 것 같았어. 끝내 모든 맥락과 디테일을 벗겨낸 채 우리를 지구 속 캐비닛 서랍에 처넣어버릴, '양피지에 지우고 기록하기' 무한반복의 고통에 우리가 처한 것 같았어.

우리 위로 솟은 절벽이, 단면에 죽은 자의 유골이 음각된 지하묘지처럼 보였어. 우리 뒤로는 차들이 로드컷을 따라 쌩쌩 달렸고. 화석이 가득 섞인 차들이 한데 뒤섞인 화석들, 빨리감기로 자신을 가르며 흐르는 시간. 햇빛을 받아 청록색과 은색으로 빛나면서, 서로 꼬리를 물고 달리며 공기를 미풍으로 대체해놓는 자동차 자체들. 오전의 공기가 점점 후끈해지자 에밀리와 나는 우리를 집에 데려다주려고 돌아온 스쿨버스의 그늘로 피신했어. 거기서 집에 갈 시간이 다 되어 운전기사가 시동을 걸 때까지 앉아 있었지. 이윽고 배기관이 부릉부릉 살아났고 우리 눈에 안 보이는 것을 내뿜었어.

2차 운동

2017년이 밝았어. 3주 뒤 트럼프는 실제 취임식 관중 수에 0을 하나 더하려고 할 거야. 10개월 뒤에는 허리케인 마리아 사망자 수에서 0을 하나 빼려고 할 거고.

나는 NY리뉴스에 취직한 지 1년이 됐고 우리가 미는 법안은 아직 두개 다 계류 상태야. 이것만으로도 우려스러운데 연방정부의 '그 문제' 대처를 일체 중단하겠다고 맹세한 대통령의 다가오는 취임식은 거의 절박할 정도로 긴급한 사안으로 보여. 뉴욕에서 활동하는 조직가들 중 '그 문제'를 주로 공략하는 밀레니얼들 사이에서 이메일 연락망이 가동됐어. 고작 이십여명이 올라 있는 비상연락망이야. 언론에 보도되고 우리 의제를 밀고 나가기 위해 좀더 직접적인 행동을 취해야 한다는 위기감이 고조되고 있어.

우리 수가 얼마나 적은지 확인할 때마다 흠칫 놀라. 지구에서 가장 큰 도시 중 하나에서 활동하는데도 세계 멸망을 막기 위한 노력을 직업으로 삼은 밀레니얼 활동가를 거의 전부 모아봤자 대형 회의실 하나에 다 들어가다니. 게다가 다들 아는 사이야. 같은 파티에 참석하고, 똑같은 자조적 밈과 그럭저럭 도움 되는 대응기제를 공유하는 사이. 대부분은 환경단체 중 하나에 몸담고 있고 하루 중 대부분을 활동기금 제공자가 승인하는 선에서, 변화하는 국면과 실현 가능성에 초점을 맞춘 '그 문제' 대응 법안을 계획하면서 보내. 이런 식으로 활동하는 데에 가끔은 냉소를 비치지만 우리가 하는 일과 우리에게 일을 맡기는 비영리단체들을 대체로 믿고 해나가. 그래도 저녁에는 모여서 울분을 토하고 그들이 씌운 제한들에 구속받지 않는 아이디어를 내놓거나 동지들끼리 안전하게 흥분과 절망을 표출해.

우리가 역사적으로 중요한 운동의 일부라는 분위기—정당화됐으며 우리 스스로도 의식하는—가 있는데, 우리는 그 기분을 몹시 어색해하면서 그것을 상인 동시에 짐처럼 지고 다녀. 이런 태도는 우리끼리만 있는 자리에서, 조금씩 티 내는 야망과 버거움에 묻어나와. 우리는 누구도 확성기를 독차지하지 못하게 신중히 고민해서 발언자를 정해. 최근 발표된 과학적 예측을 접하고 정신적으로 위기에 빠진 친구들에게 파란 하트 이모지를 보내. 과거의 환경운동을 기록한 책들을 서로 돌려 보면서 베이어드 러스틴Bayard Rustin[o]이나 엘라 베이커Ella Baker[oo], 마일스 호턴Myles Horton[ooo]의 어록에서 영감을 줄 한

[o] 미국의 사회·인권 운동가(1912~87).

[oo] 미국의 시민권·인권 운동가(1903~86).

[ooo] 1950~60년대 미국 흑인차별 철폐 인권운동에 지대한 영향을 준 하이랜더 포크 스쿨의 창설자 중 한 사

마디를 찾아내 서로에게 들려줘. 해피아워에 술집에 몰려가 우리 중 누가 번아웃을 맞기 직전이고 누가 유치장에 갈 것 같으며 누가 정계에 진출할 것 같다는 둥 수다를 떨어.

1차로 비상연락망이 가동된 뒤 내가 화상회의를 할 때 주로 이용하는 방에 모이는 멤버들이 바로 이들이야. 회의는 다들 주간에 나가는 비영리 조직에서 겨우 일을 마무리하고 빠져나온 뒤 보통 저녁 늦게 열려서, 창밖으로 까맣게 반짝이는 뉴욕항의 물결이 내다보여. 오가는 연락선들의 불빛 속에서 자유의 여신상이 왜소하고 불필요해 보여. 강 건너에서는 열 지어 선 거대한 갠트리 기중기들이 무자비하게 할로겐광을 발하고 있어.

이런 회의는 늘 분위기가 똑같아. 그날의 의제를 매직펜으로 화이트보드에 적어놓고, 공유해둔 구글 문서에 수시로 메모를 추가하고, 아직 안면이 없는 몇몇 신입을 위해 돌아가며 소개하고. 누군가가 귤 한봉지를 가져온 날에는 한참 얘기하다보면 테이블에 귤껍질로 작은 산이 만들어져 있어. 우리는 뉴욕주 의사당에서 연좌농성을 벌이고 주지사 집무실 앞 복도를 가능한 한 오래 점거하자는 데 동의해.

주지사는 최근 들어 뉴욕 모든 대학생에게 무상교육을 제공하겠다는 계획을 자주 입에 올렸는데, 우리는 여기에 우리가 전하고자 하는 메시지를 얹기로 해. 정부가 미래를 '그 문제'로부터 보호하는

람(1905~90).

데 필요한 조치를 동시에 취하지 않는다면 더 밝은 미래를 약속하며 뉴욕 주민을 교육하는 일은 가상키는 하나 궁극적으로 쓸모없는 짓이라고. 주지사가 최근 리뉴얼하겠다며 집착하는 공항—라과르디아와 JFK 둘 다—관련 의제에도 지적할 부분이 있어. 우리는 이렇게 말할 거야. 이대로라면 두 공항 다 무용지물로 만들 해수면 상승을 막기 위해 적극적인 행동을 취하지 않으면 그게 다 무슨 소용입니까? 이 기본적인 제명題名은 거의 모든 의제에 갖다붙여도 말이 돼. '그 문제'의 추세선들에 맞서도록 제일선에 배치해놓고 보면, 뉴욕주 정부가 지금 하는 일의 정말 많은 부분이 근시안적이고 위선적이며 터무니없는 것으로 부각되거든. 주 정부가 최선이라며 내놓은 계획안들 위에는 언제나 각주용 별표가 붙어 있는데, 정치적 편의와 우리가 보기에는 참으로 불가사의한 사고방식이 뒤섞인 어떤 것에 대응하느라 주지사가 그것을 대체로 숨겨두려고 하는 와중에 그 의제를 공개적 논의 무대로 끌어내는 게 우리의 일인 것처럼 느껴질 때가 많아.

우리는 주장의 핵심을 전달할 때 우리 세대를 대표한다는 마음가짐으로 해. "청년 입장에서"라고, 언론 배포 자료 도입부나 연설문 서두에 쓰지. 그 말을 하면서 젊은 기분이 드는 때는 거의 없어. 우리의 젊음이 그저 하나의 재화, 우리가 레버리지로 이용할 수 있게 우연히 쥐어진 도구로 느껴져. 미디어에서 발언할 때 우리의 젊음이 갖는 상징적 중요성과 도덕적 권위를 최대한 쥐어짜내. 건드리지 않은 게 우리 출생연도뿐일 때까지. 1988, 1991, 1994년… '그 문제'의 연대에 비추면 믿을 수 없을 만치 오래전으로 느껴지는 연도지. 대기 중 탄소량이 한때 '안전' 범주로 간주됐던 350피피엠이라는 진귀한 수치를 막 넘어갔을 때라서 그런가봐. 심지어 지질연대에 비추어도 우리가 태어난 시대는 아득하고 돌이킬 수 없는 시절로 느껴져. 아직 30년도 채 안 됐음에도 우리의 일대기적 연대는 우리 부모 세대와 비교해 우리 세대에 사뭇 다르게 작용하는 것 같아. 시간의 무시무시한 왜곡과 가속 경향이 더 심하다고 할까. "청년 입장에서"라고 말할 때마다 나는 도저히 감당할 수 없는 책임들에 지칠 대로 지친 노인이 된 기분, 이미 유물이 되어버린 기분이 들어.

그래도, 우린 아직 이십대이고 우리끼리 회의할 때는 분위기가 사뭇 달라. 더 가벼운 분위기야. 계획안을 최종적으로 다듬고 난 뒤에는, 중년이 대부분인 활동기금 제공자와 조직 관리자 들이 동석했을 때는 마음껏 누리지 못하는 영감에 흠뻑 취해. 서로 안아주고 힘차게 악수하고, 집에 안 가고 알짱거리면서 창밖을 내다봐. 잠깐 동안 우리는 사명 선언이나 조직의 목표에, 또 우리가 그 일부라는 게 믿기 힘들 정도로 극적이며 많은 것이 달린 투쟁에 의해 완충되지 않은, 거의 당황스럽기까지 한 상황의 엄중함을 고스란히 느껴.

이후의 몇주는 몽타주처럼 지나가. 신규 활동가를 모집하는 이메일이 발송되고, 포스터 디자인과 인쇄가 이루어지고, 언론 배포 자료의 초안이 작성되고, 브레인스토밍으로 해시태그 아이디어가 쏟아져

나와. 일단 한 팀으로 연대가 다져지자 1980년대에 액트업ACT UP[o] 창단 멤버였던 여성을 외부 강사로 초빙해 비폭력 직접행동을 주제로 워크숍을 열어. 버펄로와 올버니, 롱아일랜드의 신입들은 스카이프로 참여해. 강의 당일 강사는 뿔테안경을 쓰고 검은색 터틀넥에 검은색 진바지 차림으로 와. 비폭력 운동은 평화주의 운동이 아니라고 그가 설명해. 비폭력 운동은 상대방이 가하는 힘을 역이용해 받아치는 주짓수와 같다고 해. 비폭력은 조직체계에서 폭력을 발라내 본모습을 드러내게 유도한다고. 여기서 우리가 극대화할 포인트는 정부가 청년의 미래를 '그 문제'로부터 보호해줄 법안을 지지하느니 청년 스무명에게 수갑을 채우는 편을 택할 거라는 점이에요, 라고 강사는 꼭 집어서 말해.

설명이 끝난 뒤 우리는 다 같이 짜맞춘 동작을 연습해. 저쪽에서도 우리를 볼 수 있게 돌려놓은 노트북 컴퓨터 화면에서 스카이프 참여자 중 한명이 신호하면 일제히 옆 사람과 손잡아 원을 만든 채 주저앉아. 사무실 카펫 바닥에서 앉았다 일어서기를 세번 반복해.

워크숍이 끝나고 사람들이 하나둘 나가기 시작하자 액트업에서 나온 강사가 테이블에 부츠 신은 발을 턱 올리고 등을 한껏 뒤로 기대. 그러고는 나한테 이렇게 말해. "너희가 이걸 어떻게 하는지 모르겠다. '그 문제'가 이렇게나…" 여기서 적당한 단어를 찾아 공중에 한 손을 파닥거려. "무거운데." 겨우 찾은 말을 뱉더니 발을 도로 바닥

---

[o] AIDS Coalition to Unleash Power, 에이즈 퇴치를 목표로 직접행동을 펼치는 시민 단체.

에 내려놓아. “매번 잊었다가 새삼 떠오르는데, 그럴 때마다 이런 생각이 들어. 내 자식들 미래를 걱정해야 하는 건가?” 내가 답을 줄 것처럼 잠시 심각하게 나를 바라보다가 이내 고개를 젓고 일어서서 자리를 떠.

행동의 날이 하루하루 다가오면서 우리는 마분지에 스텐실로 프린트해 오려낸 구명정 스무개를 제작하고 거기에 흰색으로 ‘우리의 미래를 구하라’라는 문구를 칠해. 차를 함께 탈 팀을 나눠 스프레드시트를 작성하고 그날 맡을 역할(경찰과의 연계, 실시간 트위터 중계, 간식 공급, 영상 촬영 등)을 적은 또다른 스프레드시트를 작성해. 무료로 법률 상담을 해주겠다는 올버니의 변호사와 몇시간씩 통화해. 몇명은 의사당에 답사 가서 고위 지도자 집무실이 모여 있는 층의 복도와 직통으로 연결되는 엘리베이터들의 위치를 표시한 지도를 만들어 와. 디데이가 가까워올수록 이메일도 더 많이 발송하고, 우리의 핸드폰은 점점 극심한 불안감에 시달리는 조그만 아바타들처럼 끊임없이 진동할 지경이 되지.

디데이 당일, 맨해튼에서 출발하는 멤버들은 미드타운에 있는 차량 렌트 회사의 주차장에 집결해. 이른 시각이라 접수 직원이 격자 철문을 따고 우리를 들여보내줘. 어디 가는데요? 렌트 서류를 내려다보고 박스 칸에 체크하면서 직원이 물어. 의사당에 견학 가요, 우리는 이렇게 둘러대.

겨울을 입은 낮은 산들과 아직 잠에서 안 깬 조그만 마을들을 지나치며 올버니까지 차로 두시간을 달려. 우리는 이동 시간 거의 내내 아직 제보를 받지 못한 기자들에게 전화를 돌려서 우리가 무슨 일을 벌이려는지 알려줘. 의사당에 도착한 우리 스물네댓명은 일단 지하에서 만난 다음 맞는 엘리베이터를 잡아 최대한 이목을 안 끌게 얌전히 끼어 타. 마침내 주지사 집무실이 있는 동에 내렸는데, 복도가 고요하고 텅 비어 있어. 양쪽 벽에는 허드슨리버파°가 그린 산업화 이전 뉴욕의 목가적 풍경들이 금박 틀로 표구되어 걸려 있어. 한 명뿐인 경비가 우리를 어리둥절하게 쳐다보고, 그의 벨트에 달린 무전기에서 누군가의 음성이 잡음에 뚝뚝 끊기며 웅얼웅얼 들려와. 그의 어리둥절함이 반응 행동으로 이어지기 전 몇초 사이에 우리는 떼지어 그를 지나쳐선 집무실 앞 복도로 이어지는 중문 앞에 철퍼덕 앉아.

우리가 앉자마자 대리석 바닥에 눈에 보이지 않게 설치된 버튼이라도 눌린 건지 건물 전체에 연동된 보안 시스템이 일제히 가동돼. 경비 몇명이 더 나타나 복도 저편에서 달려오고, 그다음엔 제일 먼저 도착한 언론사 사진기자들이, 이어서 회색 슬랙스와 보라색 니트타이 차림의 의사당 헌병대가 일말의 동요도 없는 표정으로 나타나. 통로는 대중의 접근이 막혔지만 호기심이 동한 직원들이 웬 소동인가 싶어서 반원형 장막처럼 둘러선 경비들 너머로 목을 쭉 빼고 흘끔거려.

° 19세기 중기 미국의 풍경 화파.

점점 두꺼워지는 스크럼 한가운데서 우리는 챙겨온 배너를 펴 들어. 주지사에게 정확히 어떤 법안을 통과시키라고 요구하는 문구가 쓰여 있어. 두운을 맞추지도 않았고 두루뭉술한 표현도 안 썼어. 조금만 틈을 보이면 언론이 우리를 순진무구한 무리로 그릴 것을 알기에—"시위대"라고 부를지도 모르고, 최악은 "젊은 환경보호주의자들"이야—재치 있는 문구는 꿈도 안 꿔. 방점은 절도 있는 행동에 있어. 카메라를 향해 배너를 들고, 쭈뼛대지 않고 구호를 외치며, 핵심만 전달하기. 주지사는 오늘 출근도 안 했지만 애초에 우리가 바란 건 그와 직접 대면하는 게 아니었어. 주지사와 접촉이 된다 해도 기자나 고문단 같은 간접 채널을 통해서, 즉 그를 우리의 결의로부터 보호하는 역할을 맡은 대리인들의 방벽을 통해서 이루어질 것을 알아.

우리는 차례로 발언을 시작해. 우리가 품은 두려움을 진솔하게 털어놓고 주지사가 '그 문제'의 엄중함에 걸맞은 행동을 취할 것을 요구해. 카메라 셔터가 찰칵거려. 헌병들은 허리춤을 쥔 채 자기 체중을 이 발에서 저 발로 옮겨대. 우리 중 한둘은 눈에 눈물이 고이고, 그 눈물이 민망하지만 민망하게 여기지 않으려고 이를 악물어. 그래도 무슨 연극을 상연하는 기분이 드는 건 어쩔 수 없어. 오래도록 리허설해온 극을 이제 기자와 경비원으로 이루어진 청중 앞에서 실연하는 기분이야.

기본적인 의미에서 그건 참이야. 정확히 언론을 염두에 두고 연좌 농성을 기획했으니까. 스무명 남짓한 청년들이 주지사 집무실 앞에서 자신들의 미래를 위해 읍소하는 이미지가 언론으로 배포되어 주지사에게서 어떤 반응을 이끌어내기를, 이 논의를 대중에게 들이밀어 우리에게 어느 정도의 영향력을 얻어주기를 바라서 벌인 일이야.

그런데 한층 깊은 차원에서도 참이야. 매일같이 '그 문제' 대응 활동을 조직하느라 머릿속에서 일상과 일을 분리하는 데 너무 익숙해져서, 이런 행동만이 진정으로 비통함을 표출할 유일한 기회일 때가 많거든. 연좌농성은 그런 감정 분출을 위한 맥락을 만들어주지. 막간에 과장된 드라마를 연출해줘서 우리가 마침내 분노와 믿기지 않는 심정 그리고—우리가 여간해선 드러내지 않기에 그 무엇보다 무서운—깜빡이면서도 결코 꺼지지 않는 희망을 그 무대에 죄다 쏟아낼 수 있어.

이 드라마에서는 우리가 우리 극의 청중이야. 우리 자신이 느끼는 감정을 연기로 표현하고, 그러면 그 감정이 실재하는 것이 되어 우리를 덮쳐. 둥글게 모여 앉은 우리 주위로 주 의회 조직이 반응하기 시작하고, 우리는 그것이 허둥대는 걸 보며 흡족해해. 우리가 첨예하게 벼려온 카타르시스가, 이런 일이 없다면 늘 모든 것을 희뿌옇게 한겹 감싸고 있을 무감각의 비눗방울을 다만 한순간이라도 툭 터뜨려.

그 비눗방울 안에서는 뉴스 앵커들이 무섭게 상승하는 해수면보다 영국 왕실에 더 많은 시간을 할애할 수 있어. 주지사는 유엔이 선포한 엄중한 경고보다 시시한 잡범의 탈옥에 더 긴급하게 반응할 수 있고. 술집에서 마주치는 사람들은 우리가 자부심 반 머뭇거림 반으로 우리가 어떤 일을 하는지 얘기할 때 여전히 예의 바르게 고개를 끄덕여 보일 수 있어.

우리가 거의 매일 '그 문제'에 대해 고민하고 계획하고 걱정하는 반면 대다수 시민들은 여전히 거의 전혀 신경 쓰지 않는다는 걸 끊임없이 상기하게 돼. 비눗방울 안에 살면 이렇듯 미쳐가는 기분, 또 외로운 기분이 들어. 괴물이 점점 다가오는데 주변 사람들 모두 귀가 먹어버린 고전적인 설정의 악몽에 갇힌 것처럼. 우리도 어느 정도는 그 비눗방울 안에서 살고 있어. 이메일에 마취되고 다음 과제와 다음 회의에만 집중한 채 살아가잖아. 극적인 일은 단언컨대 예외적으로 일어나. 우리는 업무시간의 대부분을 주로 노트북 앞에 앉아 있거나 정육점 포장지에 메모를 끼적이거나 스프레드시트를 출력해 클립보드에 끼워넣으면서 보내. 바꿔 말하면 이렇게 지내면서 우리가 종종 둔감해진다는 얘기이고, 이는 다시 우리가 하는 일에 비현실감을 더해. 왜냐하면 컨트롤-시프트를 동시에 누르거나 '전체 답장'을 발송할 때마다 우리는 마치 우리 키보드가 저 하늘과 어떤 식으로든 연결돼 있는 양, 거대하고 점점 커지는 '그 문제'를 대기에 가둬두려고 애쓰고 있는 거거든.

이런 세속성은 어느 정도는 불가피해. 마틴 루터 킹 목사 탄신일에 우리가 줄곧 들어온 검열된 버전의 일화들, 누가 봐도 극히 빈약한 영웅주의로 킹 목사를 대충 포장한 일화들에도 불구하고 이제는 우리도 사회주의 운동이 어디서 갑자기 솟아나지 않는다는 것, 수십 명의 조직가들이 수개월에 걸쳐 신중히 계획한 뒤에야 프리덤 라이드Freedom Rides[o]나 워싱턴 행진March on Washington[oo] 정도의 이벤트를 성사시킬 수 있다는 것 정도는 알아. 그렇다 해도 우리가 매일 하는 일의 성질과 그 일이 해결하려는 '그 문제'의 폭력성의 경험적 간극이 마치 꿈속을 헤매는 듯한 마비감을 안겨줘. 직접행동이 이 간극을 메우면서, '그 문제'가 불러일으켜 마땅한 감정적 긴박감을 잠시나마 우리에게 느끼게 해주지. 잠깐이나마 접근금지선과 언론사 카메라 렌즈 따위에 반영된 심각성을 눈으로 확인하게 해줘.

대략 30분쯤 지나서 경찰이 우리를 체포하기 시작해. 공식 혐의는 치안 문란 행위야. 한번에 한명씩 그들은 손짓으로 우리를 일으켜 세워 손목에 플라스틱 수갑을 채워. 그런 다음 팔을 잡아끌어 회의장으로 개조된 의사당 지하층으로 데려가고, 거기서 우리는 접이식 의자에 앉아 다음 법적 절차가 취해지기를 기다려. 모든 과정이 정중하고 형식적이야. 내려가는 길에 빠짐없이 한명씩, 일렬로 늘어선 금속탐지기 옆에서 체포 경관과 함께 사진을 찍어. "꼭 졸업무도회 같네." 누군가가 한마디 하자 다들 한바탕 웃음을 터뜨려.

한참 지나서야 우리는 다음 달 며칠에 법정에 출두하라는 고지를 받고 풀려나. 우리의 행동은 대충 의도한 효과를 내. 주지사의 반응을 유도하기에 충분한 만큼 언론의 이목을 끌었고, 이를 디딤대 삼

---

o 1961년 인종차별 철폐를 위해 미국 남부 지방에서 벌인 버스·기차 여행.

oo 1964년 인종차별 철폐를 위해 워싱턴 D.C. 링컨기념관 앞에서 열린 대규모 집회.

아 주지사 수석보좌관과의 협상 기회를 따낼 거야. 하지만 집에 가려고 다시 밴에 탔을 땐 흥분감이 거의 다 증발해버린 뒤야. 나는 지칠 대로 지쳐서 창 쪽 좌석에 웅크려 앉아. 노트북을 열고 조개껍데기 안쪽에서 발하는 것 같은 모니터 불빛을 눈살 찌푸리고 들여다봐. 빈 받은편지함에 순간 놀라지만, 여기서는 와이파이가 안 터진다는 걸 이내 기억해내. 핸드폰을 꺼내서 핫스폿을 연결해. 화면이 잠시 멈추는가 싶더니 곧 메시지가 뜨기 시작하고, 볼드체 제목이 화면 맨 아래까지 한 블록을 주르륵 채워. 하루만 이메일 확인을 안 해도 이렇다니까. 기자와 자원활동가 들, 이런저런 단체의 관리자들이 보낸 메시지야. 일부는 나한테 개인적으로 보낸 메일이고 수천명한테 단체 발송한 메일도 있어. 나는 내가 뭐라고 쓰는지도 모르는 채 기계적으로 한두 문장으로 답장해. 손가락이 해리성 둔주°에 걸린 양 대문자도 생략한 데다 문장 구조도 엉망진창이고, 하여간 전혀 내가 쓴 것 같지 않고 간신히 말이 되는 정도의 문장력을 갖춘 제삼자가 대신 작성해준 듯한 답장들이 모니터에 떠. 한동안 그렇게 작업하다가 내가 여태 뭘 썼는지도 모르는 채, 도저히 온전히 마음을 쏟을 수가 없어서 노트북을 닫아버려. 맨해튼까지 벌써 반이나 왔어.

나는 도착할 때까지 창문턱 인조가죽에 뺨을 붙이고 아스팔트 도로가 헤드라이트 빛으로 허겁지겁 다시 채워지는 광경을 멍하니 바

° 자신의 과거와 정체성에 대한 기억을 상실하고 새로운 정체성을 갖는 도피성 장애.

라봐. 묘한 기분은 매번 가시지 않아. 이제는 이것이 내가 하는 일이며 전략적 범법이 그 일의 일부이고 밴을 나눠 타고서 그 전략적 범법을 저지르러 다닌다는 사실이 주는 묘한 기분. 어릴 때는 내게도 다른 계획들이 있었어. 한때는 프로 축구선수가 되는 허황된 꿈을 열심히 좇았지. 초등학생 때 제일 좋아한 활동이 자연스럽게 직업으로 이어진다고 믿을 만큼 그때는 어렸으니까. 나중에, 미래 전망의 렌즈를 덮고 있던 베일이 걷힌 뒤에는 조경사가 되어서 자갈판을 부드럽게 굴곡진 형태로 다듬고 나무들을 보기 좋은 형태로 배치하는 내 모습을 상상했어.

하지만 그건 세상이 숨겨진 토지premise[o]였을 때, 평평하고 단단한 들판이었을 때의 얘기야. 그때는 미래가 경사진 진입로처럼 그 땅에서 솟아나 감당 가능한 기울기로 위를 향해 뻗어 있는 것처럼 보였어. 우리는 그저 자신이 선택한 방향으로 그 길을 따라 걷기만 하면 되고 그렇게 걷다보면 무조건 더 나은 모습으로, 더 높은 곳에, 더 광활한 시야를 보장하는 위치에 도달해 있을 줄 알았어.

한데 우리가 취업 시장에 뛰어들 나이가 되어가는 사이 우리 발밑에서 거대한 변화가 일었어. 일시적 지반 변화, 순간적 가속이라고 할까. 갑자기 세상이 우리보다 더 빠르게 변하고 그 주기마저 통제를 벗어나고 있어. 지질연대가, 영겁의 세월 동안 역사라는 배경 뒤의 희미한 웅얼거림에 불과했던 것이 우리가 우리의 일생이라 일컫

---

[o] premise는 '전제'라는 뜻도 있다.

어온 시간인 영원을 이루는 그 근시안적 편린들을 위해 예비해둔 불가침의 공간에 거세게 밀고 들어왔어.

그러더니 한 10년 사이에 그냥 땅에 집을 짓듯 우리의 미래를 설계하는 것이, 무조건 세워놓고 그것이 계속 서 있으리라 기대하는 것이 어쩐지 터무니없는 짓이 돼버렸어. 갈수록, 유일한 가시적 미래란 자기 자신을 떠받치고 있는 미래뿐인 것처럼 보여. 그렇기에 세상은 전제에서 질문으로 바뀌고 우리는 우리에게 유리한 쪽으로 그에 대답하려고 발버둥쳐.

그렇지만 묘한 기분은 이전 세상을 아직 기억할 수 있다는 데서 와. 아무것도 변하지 않을 세상, 미래를 아직은 현재에서 직선상의 투사물로 취급하는 게 가능한 세상. '그 문제'는 이런 식으로 유년기를 아득히 먼 과거로 느껴지게 해. 의사당 복도나 수갑의 플라스틱과는 전혀 다른 물질로 이루어진, 방향이 뒤집힌 망원경의 끝에 맺힌 아주 조그만 상처럼 느껴지게 하지. 하지만 어쩌면 그리 이상한 일이 아닌지도 몰라. 익숙한 순진성 상실의 그저 업데이트된 버전, 에덴동산 추방의 최신판에 불과한 건지도. 달리 말하면, 그냥 성장하는 거야.

상실

2010년대 초에 들어 대폭풍이 단순한 기상현상 이상으로 느껴지기 시작했어. 이제는 반쯤 규칙적인 사건으로 자리 잡아서 시간을 구분하는 또 하나의 지표가 된 거야. 폭풍이 강타했다 하면 몇날 며칠이고 전국 주요 방송사 화면에 현장 중계 영상이 떴고, 우리의 일상을 담은 수백만개의 장면들로부터 역사적 동시성—믿음직한 "그때 너는 어디서 뭐 했니" 지표—의 짧은 단편을 벼려내 훗날 그 재난들은 내가 의식적으로 개입하지 않았는데도 알아서 내 일대기적 기억에서 점점 선명해지는 변곡점 역할을 하게 됐어.

그런 대재앙을 더 많이 목격할수록 어떤 패턴이 분명해졌어. 시작은 거의 항상 내 핸드폰이야. 뉴스 알림이 떠서 산불이 번지고 있음을 혹은 허리케인이 해안에 접근 중임을 알려줘. 나는 상황을 주시하면서 해당 지역에 사는 지인 목록을 작성하고, 불을 누그러뜨릴 호우가 내리기를 혹은 바람이 갑자기 방향을 바꾸기를 기도해. 그러다가, 보통 그런 기도는 응답받지 못하기에, 우후죽순 올라오는 영상들의 첫 파동으로 인터넷이 시끌벅적해져. 정신없이 화면이 흔들리고 화질도 조악한 몇초짜리 영상들이야. 주로 타들어가는 가정집 테라스나 물에 잠긴 진입로에 무섭게 내리는 빗줄기 따위가 담겨 있어. 나는 그런 영상을 몇편 보다가 법안 통과 추진을 위한 일감—그날 할당된 과제가 뭐든 간에—을 치워두고 '신속 대응' 모드로 전환해서, NY리뉴스의 다른 일원들과 연락해 어떻게 대응할지 의논해. 우리 모두 거의 즉석에서 템포를 전환해. 공격에서 방어로, 미래에서 현재로, 위급에서 긴급으로.

허리케인 마리아가 푸에르토리코를 강타한 광경을 사무실 데스크톱 컴퓨터로 봤던 기억이 나. 당시 우리 사무실은 맨해튼 남단, 5년 전 허리케인 샌디가 닥쳤을 때 물에 잠겼던 지구에 있었어. 그때쯤에는 이미 허리케인 현장 보도가 의식儀式화됐어. 뉴스 통신사들도 다들 노하우가 생겨서 걱정과 패닉, 상실과 카타르시스를 48시간 주기로 질질 늘여 보도하게 됐다는 얘기야. 방영되는 장면들 대부분이 이전 허리케인들 때문에 이미 익숙했어. 지붕으로 피신한 사람들, 구명보트에 옹송그려 앉은 사람들, 망가진 신호등들이 낮게 드리운 교차로를 휘적휘적 걸어가는 사람들.

아마도 네가 이걸 읽을 때쯤엔 허리케인 마리아가 어느 글에 달린 주석이 됐을 것 같구나. 지금 시점에는 아직 닥치지 않은, 점점 강도가 세지는 연쇄적 후속 폭풍들로 인해 그 중요도가 희석됐겠지. 그래도 이 편지에 상세히 묘사할 정도로 심히 충격을 준 한 장면이 있어. 바위투성이 해변을 따라 파스텔 색조의 집들이 늘어서 있는데, 전면이 전부 뜯겨나가 인형의 집 내부처럼 방들이 고스란히 들여다 보이는 장면이야. 전면 벽이 부서져나간 부분의 가장자리가 온통 유리조각과 쪼개진 나무들이 한데 엉킨 파편의 소용돌이였어. 그런데 집 안의 방들은 묘하게 멀쩡해 보였어. 바로 며칠 전만 해도 그 안에 담겼던 삶들을 큐레이션 해놓은 기념관인 양.

그 사진을 클릭해 최소화하고 받은편지함을 열었을 때는 이튿날 있을 촛불 추모식을 조직하는 문제를 상의하는 이메일이 이미 수십 통 와 있었어. 아무도 추모식을 전략적으로 명분화하자고 제안하지 않았어. 어쩌면 뉴욕 방송국들이 현장을 담은 꼭지용으로 우리를 취재해 갈지 모르지만, 그건 그거고 이번 일은 애도가 목적 자체가 될 법한 경우인 것 같았어. 어떤 형태든 반응을 보이고자 하는 지역사회의 필요가 그 집회를 기획하는 데 들어갈 수시간의 노력을 정당화하기에 충분했지. 그래서 우리는 그날 밤 남은 시간을 여기저기 전화를 돌리고, 리스트서브°를 가동하고, 페이스북 이벤트를 기획하고, 언론 배포용 자료를 작성하고, 초를 대량으로 구입하고, 포스터를 출력하고, 발언자 명단을 작성하고, 기부금 모금을 맡길 현장 조직가들을 추려내면서 미친 듯이 일했어.

누군가가 엑손모빌 지사 주소를 알아냈는데 — 허리케인의 강도와 파괴력을 예측한 연구 결과를 포함해, 수십년간 '그 문제'의 증거

° 특정 그룹 전원에게 메시지와 전자우편을 자동으로 전송하는 시스템.

를 고의로 은폐해온 혐의로 기소된 정유 회사 있잖아—마침 다음 날 모여서 우리뿐 아니라 지켜보는 모두에게 이 비극에는 원흉이 있음을, 우연을 뛰어넘는 인과관계가 있음을 상기시키기로 한 바로 그곳이더라고. 거대한 동굴 같은 로비와 앞뜰 분수를 갖춘, 위압적이면서 무색무취한 미드타운 고층 건물이었어.

비가 올 듯하면서 결코 쏟아지지는 않는 애매한 날씨에 80명가량이 분수 주위에 모였어. 초를 든 사람도 있고 팻말을 든 사람도 있었어. "허리케인 마리아의 피해자들과 연대합니다"라는 팻말도 보였지. "엑손은 다 알고 있었다"라는 팻말도 있었고. 엄숙한 분위기였지만 우는 사람은 없었어. 행인들은 발걸음을 재촉해 지나갔어. 분수가 뿜어대는 분무에 포스터가 다 젖고 촛불이 팔락거렸어. 나는 내내 소셜미디어로 이 소규모 집회를 생중계했어. 이목을 끌기를, 우리의 조그만 추도식이 인터넷상에서 더 대대적인 공감을 이끌어내기를 헛되이 바라면서.

식이 끝난 후 무리의 뒤쪽에 서 있던 한 여성이 다가오더니, 엄밀히 말해 이 건물은 이제 엑손 지사가 아니라고 살짝 알려줬어. 몇년 전 다른 데로 사무실을 옮겼다고. 그날 밤 열차가 자꾸 연착하는 바람에 집에 가는 데 두시간이 걸렸어. 촛불 의식이 끝나고 수거했다가 버리는 걸 깜빡한 꺼진 초들을 양쪽 주머니가 불룩하도록 쑤셔넣고, 맨해튼을 비틀비틀 가로지르는 지하철에 몸을 맡긴 채 차체를 따라 이리저리 흔들리며 집으로 돌아갔어.

너에게 이 이야기를 하는 건 우리 편이 지는 기분이 어떤 건지 말해주고 싶어서야. 아무 고층 빌딩의 유리로 된 전면을 올려다보면서 폭풍이 점점 거세질 것이며 수천명이 더 목숨을 잃으리라는 것을 아는 기분. 이를 막기 위해 법안 제정자, 엔지니어, 아티스트, 활동가 등 많은 이들이 땀 흘리고 있지만 그 노력이, 어쨌든 아직까지는 한참 부족하다는 것을 아는 기분. 그걸 알면서도 노력을 계속하는 기분, 항상 희망에서 힘을 얻지는 않지만 포기하면 우리 스스로 억지로 인정하게 될 것이 두려워 부정과 체념 사이의 경계를 밟는 기분.

이런 기분이 들 때마다 나는 우리가 만든 포스터를 허리케인에 대고 휘두르는 느낌과 싸워야 했어. 우리가 맞서 싸우는 대기업들, 초고층 사무실에 안 보이게 숨어 있지만 국경과 시장은 자유롭게 넘나들며 활개 치는 그들이 허리케인만큼 자연적이고 접근 불가한 또다른 형태의 기상 조건인 것 같은 느낌. 나에게 그건 패배하기에 대한 새로운 교훈이었어. 상대와 계속 맞서는 것으로는 충분치 않으며 그들에게 '불가피성'이라는 포장재를 쥐여준 다음 이제는 우리가 할 수 있는 일이 없다며 전부 놔버리고픈 욕구가 솟구칠 때 그걸 누를 줄도 알아야 한다는 교훈.

나중에 알게 됐는데, 허리케인 마리아에 버펄로 출신 조직가로 우리 연합과 긴밀히 협업해온 한 친구의 할머니가 돌아가셨대. 이후 몇주간 우리는 주 의사당에서 집회를 열어—이번에는 5,000명이 모였어—희생자들을 추모하고 주지사에게 법안 통과를 요구했어.

주지사 집무실 앞에서 연좌농성을 벌인 지도 거의 1년이 지났어. 우리가 체포당하는 사진이 주 정부를 협상테이블로 불러냈지만, 그들은 여전히 실질적인 공약은 하나도 내놓지 않고 있었어. 그 복도를 다시 행진하면서 우리는 같은 곳을 맴돌고 있다는, 그 모든 노력이 헛수고였다는 기분과 싸워야 했어.

우리의 요구사항은 그 몇달 사이 변동이 없었어. 탈탄소 경제로 전환할 때가 한참 지났다, 오염의 주범인 대기업들에 높은 세금을 부과하고 그 세수를 폭풍 피해에 취약한 지역을 보호하는 데 써라. 친구가 분노와 눈물을 삼키며 군중에게 산후안 집에서 돌아가신 할머니 이야기를 했어. 친구가 발언하는 동안 나는 그의 어깨에 손을 얹고 있었던 기억이 나. 하지만 친구의 얼굴을 똑바로 쳐다보지는 못했어. 못 견디게 내밀한 행위로 느껴졌거든. 사적인 비통함을 단체 행동으로 전환하려는 그 몸부림이. 확성기에 대고 자신의 슬픔을 발화하고 그것이 의사당 복도에 울려퍼지는 것을 듣는 것이. 그 순간 든 생각은 그 친구가 이렇게까지 할 필요가 없었어야 한다는 것뿐이었어. 누구에게든 이렇게까지 하게 해서는 안 되는 거라고. 나는 오로지 내 할머니가 당신이 겪은 폭풍에서 살아남았기에 그 책임을 면했을 뿐이라고.

'그 문제'의 성질 때문에 우리는 비극을 언제 전략으로 바꿔야 할까, 과연 그렇게 해도 될까라는 질문과 늘 씨름해야 했어. 거대폭풍이 한번 닥칠 때마다 애도와 군중 동원 사이에서 아슬아슬하게 균형 잡은 대응 집회, 추도식의 무게는 있되 그것이 반복되는 느낌은 피한 집회를 조직하는 과제가 뒤따랐어. 때로는 그 균형을 맞추는 데 실패했어. 때로는 우리가 세상에서 제일 비열한 관심종자가 된 기분이었어. 여기에 더해 우리 자신이 느끼는 비통함은 어떻게 처리해야 하나, 우리가 조직하는 대응 방식의 어수선함 속에 짓밟히지 않게 어디에 치워둬야 하나 하는 문제도 항상 있었지.

* * *

내 비통함을 치워둘 데를 찾지 못한 나는 그것을 전부 일에 쏟아부었어. 죽어라 일을 더 하고 업무량을 늘리고 생각을 다른 데로 더 분산시켰어. 비통함은 나를 점점 더 핸드폰에 묶어놓았어. 그 감정은 아침에 한차례 확인하는 이메일에, 잠들기 전 또 한차례 확인하는 이메일에 반응했어. 한건의 화상회의에서 로그아웃하면 곧바로 다음 화상회의에 로그인했어. 그 감정은 모든 이메일에 "진심을 담아"라고 서명했지만 그것이 솔직하지 못한 표현임을 알았어.

나만 그런 건 결코 아니야. '그 문제' 해결에 종사하는, 내가 아는 모두가 별로 건강하지 않은 맹목적 열정으로 일에 자신을 내던졌어. 그 일은 나방을 끌어들이는 전구처럼 인력引力으로 발광했어. 아픈데도 참고 계속 몸을 부딪치게 만들었지. 자기 돌보기가 얼마나 중요한지, 휴일에 쉬는 것이 또 일터에 진정 효과가 있는 차를 끓여 오는 습관이 얼마나 중요한지 이야기하는 조직가가 한둘이 아니었어.

하지만 그조차 나에게는 더 큰 논리를 뒷받침하는 도구로 느껴졌어. 바로 **영원히 몸 바쳐 일할 수 있게 해주는 것이라면 무슨 짓이든 하라는** 것. 너무 지쳐서 나가떨어지지 않는 한도 내에서 자신이 감당할 수 있을 것 같은 최대치로 밀어붙이는 게 목적이었지. 우리 중 다수가 이 경계에 아슬아슬하게 걸친 상태로 일하면서 끊임없이 번아웃을 물리치려고 몸부림쳤어. 번아웃이라는 표현의 아이러니를 모르지도 않았지.

때로는 새로운 재해 뉴스를 본 순간 걱정 대신 극도의 피로가 먼저 느껴질 정도로 상태가 심각해지기도 했어. '그 문제' 완화를 위한 법안 제정 캠페인에 온종일 기력을 쏟은 뒤 바로 이런 유의 법안 제정에 대대적으로 실패함으로써 초래된 재난에 대응하느라 추가로 몇시간을 일해야 하는 데서 오는 극도의 피로감.

이런 반응에는 보통 그에 상응하는 죄책감이 뒤따랐어. 많은 것을 잃을 처지에 놓인 이들의 생을 좌시했다는 죄책감, 피로에 휘둘려 공감 능력과 효능을 제대로 발휘하지 못했다는 죄책감. 한마디로, 충분히 열심히 일하지 못하고 있다는 죄책감. 이는 곧바로 내가 앞으로 그 어떤 상황에서 겪을 삶보다 훨씬 힘겨운 삶을 매일 살아내고 있는 이들 수백만명에 대한 빤한 생각들로 이어졌어. 염도가 점점 높아지는 흙에서 어떻게든 농작물을 일궈내려고 피땀 흘리는 방글라데시의 농부들이라든가, 조금이라도 음용 가능한 물을 기름통 한개 분량이라도 떠 오기 위해 점점 멀리까지 나가야 하는 사하라사막 지대의 여성들, 만성적으로 범람하는 조수가 이미 부엌까지 밀고 들어오고 얕은 우물들에도 침투했지만 어찌어찌 적응해 살고 있는 마셜군도 주민들.

이런 생각을 하면 한번 더, 아니, 다섯번은 더 힘을 쥐어짜 일을 해낼 수 있었어. 편안한 사무용 의자에 몇시간 더 앉아 있는 것, 그러다 아직 물이 범람하지 않은 해안 근처의 안락한 아파트로 퇴근하는 것은 그렇게 따지면 아주 사소한 희생이었으니까. 내가 속한 세계관의 주변부들에서 펼쳐지고 있는 게 분명한 실제 비극들과는 진정 비교가 안 됐지. 이렇게 나는 슬픔을 일로, 다시 일을 슬픔으로 전환해가며 버틸 수 있었어. 이는 오래도록 나를 지탱해준 무한궤도이고, 솔직히 이젠 거기서 어떻게 탈출해야 할지도 모르겠어.

가끔 내가 '그 문제'로 패닉에 빠지려고 할 때면 친구 하나가 괘씸하게, 그리고 예언적으로 나는 좀 열기를 "식힐" 필요가 있다고 한마디 해. 그럴 때면 내 죄책감은 모르는 척 딴 데를 쳐다봐. '옳은 말이네.' 이런 생각이 들거든. 아마 '식히기'는 이제 우리가 취할 수 있는 유일한 방어태세일 테니까. 다수의 분석에 따르면 우리에게 필요한 건 일을 **덜 하는** 거래. 출장을 덜 가고 거래도 덜 하고, 집에 있어야 한대. 글로벌 경제의 신진대사를 왕창 늦추는 거지.

마감기한이 느슨하고 여유로운 오후를 즐기는 그런 새로운 세상을 그려보면 솔직히 기분 좋아. 지금보다 더 지루하고, 더 조용하고, 우연한 일도 더 많이 겪겠지. 어느 날 일어나보니 일정이 하나도 없는 거야. 그럼 차를 끓여 마실 수도 있고 어슬렁어슬렁 나가 친구를 만날 수도 있어. 가는 길에 다른 사람도 많이 마주칠 거야. 같은 이유로 밖에 나온 사람들이 어딘지 모를 곳을 향해 느긋하게 걷다가 간간이 멈춰 서서 운동화 끈을 고쳐 묶거나 모르는 이와 담소를 나누겠지.

이 다른 세상에서는 게으름이 최고의 덕목일 거야. 밭 갈기, 브랜드 이미지 만들기, 명성 쌓기 따위 집어치워. 시간을 쌓아놓고 못 쓰는 돈처럼 사용하는 행태도 그만두라 해. 청교도 윤리, 그 기질적 피학성도 개나 줘버려. 볼품없는 세간과 서출 티가 나는 성姓만 가지고 엘리스섬에 도착한 내 유대계 조상이 억지로 떠안다시피 물려받아 나에게 고스란히 전승한 그놈의 청교도 정신. 아우슈비츠 수용소 대문에도 똑같은 거짓말이 새겨져 있잖아. "노동이 너희를 자유케 하리라."

당연히 노동은 우리를 자유롭게 해주지 않아. 그 문구 아래를 지나간 너의 조상들은 샤워실에 처넣어져 눈에 안 보이는 가스를 마시고 서서히 죽어갔어. 그런데도 내 안의 일부는 땀 흘려 구원을 얻을 수 있음을 여전히 믿어. 다른 종류의 안 보이는 가스가 우리 모두가 마시는 공기 중에 퍼져 치명적 농도에 이르고 있는데도 그렇게 믿고 있어.

빗나간 믿음이라는 걸 아는데도 여태 거기에서 벗어나지 못했어. 너무 많이 일해서, 글자 그대로 과열된 경제로 인해 생겨난 '문제' 중 하나를 마주했을 때 내가 유일하게 취할 수 있는 반응이 그냥 일을 더 하는 것인 이유도 바로 그거야. 그 또다른 가책의 한갈래, 그것이

내는 끈질긴 목소리가 이렇게 물어. 정작 너 자신은 그렇게 하기를 거부하면서 어떻게 경제가 속도를 늦추기를 기대하니?

물론 코로나19 팬데믹이 터지고 초반에는 경제가 정말로 둔화하는 것처럼 보인 순간이 있었어. 하늘이 맑아지고 사무실들은 텅텅 비었지. 항공 여행이 급감했고 세계 탄소 배출도 상당량 줄었어. 전 세계 사람들이 안전한 곳에 숨어 바이러스 확산 뉴스를 초조하게 지켜보는 가운데 수십년간 자취를 감췄던 짐승들이 마치 의무 격리에서 해제된 양 도시와 교외에 다시 출몰하기 시작했어.

하지만 얼마 안 가 사뭇 다른 현상이 벌어졌어. 필수 인력이 다시 출근하기 시작했는데, 전과 동일한 임금을 받으면서 더 큰 위험을 떠안게 됐어. 사무직이면서 운 좋게 일자리를 유지한 사람들은 눈알 빠질 것 같은 줌 회의로 점철된 컨베이어벨트에 올라타야 했고, 직장을 잃은 사람들은 대부분 기댈 데 하나 없이 어떻게든 자력으로 살아갈 처지에 내몰렸어. 봉쇄 기간에 노동인구를 지원할 의향이 없었던 정부 수반들은 황급히 경제를 '재개'했다가 서두름의 비용을 인간 목숨이라는 통화로 지불했어. 이런 실패가 가장 희화적으로 일어난 미국에서는 수백만명이 목숨을 잃었어. 이 대학살은 가난하고 비백인이 주류인 지역, 지난 수십년간 사회복지와 의료 지원, 재산 증대가 걸러지고 또 걸러져 거의 닿지 않게 된 지역에서 최악의 규모로 일어났어. 한편에서는 퇴거가 계속해서 신속하게 이루어졌어. 블랙프라이데이도, 표준화 검사°도 최소 의무형량 선고°°도 여전히 이루어졌지. 사회 시스템은 마치 상어처럼, 죽을까봐 두려워 속도를 늦추지 못한 채 그저 휘청대며 앞으로 나아갔어.

나는 여전히 게으른 경제가 가져다줄 세계를 믿지만, 팬데믹은 그걸 실현하기 위해 얼마나 많은 부분이 변해야 하는지를 여실히 보여줬어. 구태의 믿음들을 버리는 정도가 아니라 아예 전복해야겠더라고. 분배가 축적을 대신해야 하고, 절제가 산업을 대체해야 해. 역성장이 최종 목표가 되어야 하며 거기에 도달할 수단으로는 감속을 취해야 할 거야. 아마 그렇게 한 뒤에야, 마침내 우리가 내려놓고 쉬는 법을 배운 뒤에야 집단적 식히기가 점점 심해지는 열기를 꺾을 수 있을 거야.

기억나는 순간이 있어. NY리뉴스에 들어간 지 1년쯤 됐을 무렵에 나는 야외에서 화상회의에 들어가기 시작했어. 친구의 조언을 따라, 한번도 못 누려본 식히기를 경험하기 위한 반쯤 진지한 시도였던 거지. 이어폰을 끼고 근처를 슬렁슬렁 걸으면서 나는 일하고 있는 게 아니라고 자신을 속이려고 했어. 내내 배너 디자인이나 세금 정책에 관한 질문에 연달아 대답해주고 있었으면서.

평소 산책하던 길로 가다보면 월드트레이드센터가 있던 자리와

ㅇ 검사의 개발 절차, 시행 및 검사 결과 사용을 표준화한 검사. SAT 등 미국에서 이루어지는 공인 시험.

ㅇㅇ 특정 범죄를 저지른 사람에게 정해진 최소 형량 이상을 선고하는 법.

2001년 9월 11일에 사망한 이들을 기리는 추모비를 지나게 되어 있었어. 추모비는 쌍둥이 고층 빌딩이 서 있던 자리의 커다란 구멍 두 개로 이루어져 있어. 가장자리에 개별 노즐들이 설치되어 있어서 추모비 벽들이 화강암처럼 미끈하고 고른, 멈추지 않고 쏟아지는 폭포수를 만들어내. 추모비 둘레의 어느 위치에 서든 구멍 바닥이 안 보여서 물이 바닥없는 무한한 공간으로 영원히 쏟아져내리는 착시를 경험하지. 청동 난간 벽이 그 폭포를 빙 두르고 있고 거기에 사망자 이름이 각인되어 있어. 총 2,997명의 사람들. 허리케인 마리아 사망자 수와 거의 같아.

추모비는 '100년에 한번 꼴로 닥치는 대홍수' 구역에 조성됐는데, 이는 곧 어느 해든 그곳이 침수될 확률이 100분의 1이라는 얘기야. 비가 오는 날에는 상상하기 어렵지 않았어. 뉴욕항에 불어닥칠 다음번 허리케인이 맨해튼 남단을 집어삼키는 광경이 쉽게 상상됐지. 범람한 물이 9·11 기념관을 삼키고 두개의 추모비 안으로 콸콸 쏟아져 거기에 흐르는 폭포를 무시무시한 격류로 바꿔놓겠지. 어쩌면 그 이전 비극의 상징적 깊이가 배수관처럼 모든 물을 삼켜버려 맨해튼의 나머지 구역을 구해줄지 모르지만, 아마 실제로 두개의 구멍에는 바닥이 있을 거야. 말인즉 결국엔 물이 기념관의 나머지 부분과 함께 두 추모비 구멍도 집어삼킬 거라는 얘기지.

오싹한 상상이었어. '그 문제'가 하나의 비극을 만들어내는 동시에 다른 비극의 기억을 지워 없앨 수 있다니. 더불어 '그 문제'가 점점 심해지면서 새로 닥친 거대폭풍이 앞선 거대폭풍에 막혀 애도할 시간은 점점 적게 남고, 그러다 결국 극도로 빈번히 닥쳐 추모비를 다음 재해를 염두에 두며 짓고 강화해야 할지 모른다고 생각해봐. 이는 내가 쉬지 않고 일하는 데 대한 또 하나의 정당화가 됐어. 쉬지 않고 일함으로써 나의 비통함을 보호하고 있다는 핑계, 지금 당장 사람들이 비통함을 표출하는 데 필요한 시간과 공간을 확보하는 거라는 핑계. 화상회의를 하고 이메일에 답장하는 사이 나 자신이 비통해할 틈은 제대로 주지도 않으면서 그런 핑계를 댔지.

* * *

석유와 천연가스를 생산하는 과정에서 처리 공정에 도로 투입하지 못하는 남은 연료는 무조건 배출 가스 연소탑에서 태워버린단다. 나도 뉴저지 유료고속도로를 탈 때마다 그걸 봤어. 결코 꺼지지 않는, 강철로 쌓은 거대한 촛대들의 열. 밤에는 중세의 주황색 불꽃으로 선명하게 타올랐지만 낮에는 불이 반투명했어. 그 대신 불 주위로 일렁이면서 왁스처럼 녹아내리는 공기가 육안으로 보였지. 잉여 연료가 곧장 하늘을 향해 투명하게 분출되며 낭비되고 있음을 보여주는 유일한 표시였어.

연소 처리는 잉여분을 처리하는 한가지 방법이야. 뭔가가 너무 많을 때 연소 처리해서 그 물질을 안 보이게 치워버리고 그 에너지를 다른 데로 보낼 수 있어. 뉴욕에 살 당시 그곳이 연소의 도시로 느껴졌어. 억만장자들은 잉여 자본을 바스키아 작품이나 임시 거처용 아파트를 사들이는 데 태워버렸어. 소위 권위자들은 대중의 반감을 트위터에 쏟아내는 카타르시스적 욕설로 태워버렸고. 경찰은 백인의 불안감을 흑인 동네에서 인종차별적 괴롭힘을 저지르며 태워버렸지. 밀레니얼들은 고급 피트니스센터에 다니면서 한자리에서 지쳐 나가떨어질 때까지 자전거 페달을 밟으면서, 글로벌 공급망 최후의 승자 편에 차곡차곡 축적된 칼로리를 열심히 태웠어. 나도 틈날 때마다, 예를 들어 지하철을 기다릴 때나 대화가 끊길 때마다 핸드폰을 꺼내 이메일로, 팟캐스트로 아니면 몇분을 휘리릭 소비해줄 수 있는 거라면 뭐든 켜서 자칫 자동으로 그 막간의 틈을 태워버리지 않기 위해 허벅지를 꼬집어야 했어.

감당할 수 없을 지경이 되면 두려움과 비통함도 태울 수 있더라. 다른 것으로 위장해 다른 곳으로 보내버리면 되거든. 미국 대륙 중심부에서는 농부들이, 한편으로는 '그 문제'를 "쓰레기 과학"이라고 폄훼한 지도자를 뽑으면서, 농작물 재배 철이 점점 심하게 어그러지는 문제에 대응하기 위해 회의를 열고 조곤조곤 의논했어. 걸프 해안을 따라 자리한 빗장 공동체들—선거구 지도에서는 빨갛게 표시되고 홍수 지도에서는 파랗게 표시되는 곳—에서는 보험 담보 범위가 해안선과 함께 침식됐고, 그러자 거기에 사는 가족들은 자기네 방갈로식 주택을 3미터 높이의 콘크리트 지주대 위에 올려 지었어(교외 지구들 전체가 마치 이탈로 칼비노의 소설에 나오는 마을처럼 무언의 이해 위에 세워졌지).

한번은 볼링장에 갔다가 거기에 있는 텔레비전에서, 야구 중계 사이에 모 브랜드의 가정식 발전기 광고가 나오는 걸 봤어. 갑자기 정신없는 이미지들이 화면을 도배했어. 강풍에 나무가 넘어가는 장면과 송전선이 줄넘기 줄처럼 휘청휘청 흔들리는 장면, 한 블록씩 차례로 도시 전체가 정전되는 장면. 그러더니 나이 든 백인 부부—발기부전 치료제 광고에 나올 법한 잘생기고 잘 차려입은—가 모든 것을 갖춘 거실에 놓인, 한칸씩 구분된 소파에 앉은 채 겁에 질려 웅크린 장면이 나왔지. 그들 뒤로 보이는 창밖의 하늘을 번개가 번쩍 갈랐어. 노부부의 잔뜩 찌푸린 눈썹과 단정하게 잘랐으나 이제는 쭈뼛 선 머리칼이 볼링 레인들 위에 일렬로 달린 텔레비전 화면 전부를 바둑판무늬처럼 갈라놓았어.

웬 남자 음성이 꾸며낸 어조로 '그 문제'는 절대로 직접 언급하지 않고 절대로 지칭하지도 않으면서, 모호하게 "재앙급 폭풍"이니 "기록적 폭설"을 읊조렸어. 이윽고 장면이 전환되어 다른 백인 가족이, 화목한 가정 분위기를 연출한 듯한 배경에 등장했어. 엄마는 부엌에서 가전을 조작하고 아들은 거실에서 비디오게임을 하고 딸은 책상 앞에 노트북 컴퓨터를 펼친 채 앉아 있었지. 그런데 갑자기 정전이 됐고 셋 다 화를 내고 어리둥절해하며 전자기기에서 화들짝 물러났어. 캄캄해진 집 안에서 세 사람은 몸에서 분리된 것처럼 보이는 손으로 흔들리는 촛불을 감싼 채 허둥거렸어. 다들 조금 전까지 영위하던 삶의 껍데기 안에 들어앉은 유령인 양 묘하게 귀신 들려 보였어.

그런데 또 갑자기 밝은 배경음악이 깔리면서 발전기가 구세주처럼 등장했어. 전면에 떡하니 나왔지. 디지털로 구현한 발전기 횡단면이 형광색 그리드 배경 앞에서 위엄 있게 회전하는 모습이. 각 부품이 화면 밖에서부터 휙휙 날아오더니 복잡한 설계도 위에서, 신비롭고도 믿음직스럽게 척척 조립됐어. 엄마가 핸드폰으로 작동 버튼을 누르자 발전기가 왜앵 돌기 시작하더니 집 안을 다시 환히 밝혔어. 식구들은 서로 얼싸안더니 각자의 전자기기로 돌아갔어. 딸은 노트북 컴퓨터를 켰고 엄마는 전자레인지에 음식을 넣었지. 밖에서는 빗줄기가 세차게 창을 때렸지만 집 안은 그 무엇도 침입할 수 없을 것처럼 환히 빛났어. 곧 발전기 이름이, 구매 가능한 웹페이지 주소와 함께 화면에 떴어. www.neverfeelpowerless.com(다시는 전원이 나간 기분°을 느끼지 마세요).

* * *

말해둘 게 있어. 허리케인 마리아가 닥친 뒤에도, 그 참담한 광경이 전국 주요 뉴스 채널에서 방영되고 내 친구가 올버니에 있는 주의사당의 대리석 깔린 홀에서 할머니의 추도사를 읊은 뒤에도 주지사는 우리가 요구한 두 법안을 계속해서 거부했어. 그래도 우리가

° feel powerless는 '무력감을 느끼다'라는 의미이다. power가 전원이라는 뜻과 무력함이라는 뜻을 모두 가졌으므로 중의적으로 표현한 것이다.

언론 앞에서 벌인 시위를 묻어버리기 위해서라도 뭔가 행동을 취하긴 해야 했지. 그래서 그가 내놓은 게 비닐봉지 사용금지 법안이야. 마치 그게 생태학적 만병통치약인 것처럼 기자들에게 떠벌렸지.

일이 이런 식으로 흘러갈 때가 참 많아. 이젠 어떻게 해도 소용없다는 운명론을 누그러뜨리기 위한 보여주기식 행동, 필요한 것만 빼고 다 하겠다는 태도. 기세는 그 타당성이 흔들려도 유지될 수 있는 지라, 정치적으로 이런 계산법은 뒤엎기가 힘들었어.

그 주지사 같은 정치 지도자들, 과학을 인정하지만 그 중대성은 전혀 이해하지 못하는 치들을 한데 묶은 카테고리가 따로 있을 정도야. 그건 그들의 정책 플랫폼의 일곱번째 탄환°이고 가두연설에 추가로 얹는 문장일 뿐이었어. 그들이 쓰는 수사적 표현 중 강한 인상을 남기는 한마디이지만 결코 주된 메시지는 아니며 결코 그들이 깃발을 꽂을 정상도 아니었어. 물론 그들은 절대로 **아무것도 안 하지**는 않았어. 탄소 배출을 감축할 부수적인 방법들, 언론 배포 자료와 선거운동 자료집에 싣기에 적당한 정책들만 찾아냈어. 하지만 괜찮은 정도가 적합한 정도와 동급이 아님을, 그리고 '그 문제'에는 최저선과 데드라인이 있으며 우리는 그 두가지 모두를 지키는 데 근처조차 가지 못했음을 인정하는 발언을 한 적은 거의 없지.

당신들도 연구 결과를 읽었잖아요, 우리는 사무실 푹신한 소파에

° 독일 전설에서 악마에게 얻은 일곱개 탄환 중 반드시 악마의 뜻대로 목표물을 맞힌다는 마지막 한발.

앉아서 그들에게 이렇게 따져. 근데 왜 절박해하지 않아요? 왜 위기감을 못 느껴요? 절벽을 피할 때는 핸들을 40도 각도로 꺾는 걸로는 충분치 않다고요, 180도 꺾어야지.

이건 민주주의야, 보통 이런 대답이 돌아와. 나는 지금 유권자들 앞에 거울을 들어 비춰주고 있을 뿐이라고. 위기감을 못 느끼느냐고 물었지. 자네들, 그 질문은 유권자들한테 해야 하는 거 아닌가?

NY리뉴스는 이 다이얼을 돌려보려고 이것저것 빤한 전략들을 시도해봤어. 연좌농성과 뒤이은 연행 말고도 논설을 통한 맹비난, 유명인의 지지 표명, 외주 연구며 청원 공세며 방송 출연에다 주 정부 고위관계자들과 회의까지 해봤어. 하지만 허리케인 마리아 직후의 집회 이후에도, 과감한 지도부라면 의무조항 제정으로 이끌어갈 수도 있었을 수준으로 대중의 분개가 끓어올랐는데도 주지사는 꿈쩍도 하지 않았어. 그는 우리가 미는 법안에 대해 입을 꾹 다물었고 자신이 '그 문제' 해결에 조금씩 신경 쓰고 있다는 완전히 거짓은 아닌 주장을 정당화해줄 뼈다귀만 가끔씩 던져줬어.

이렇게 질질 끌기를 몇달째, 우리 연합은 활동 타깃을 연방정부로 틀어 완전한 탈탄소 의무화 법안을 국회에 제출하기로 했어. 우리 주지사가 그 법안을 최종 지지할 기미가 안 보이는데도 불구하고 말이야. 당시 뉴욕주 상원은 민주당 선출의원 여덟명이 공화당 의원들과 함께 결정을 내리는 기묘한 협의 체제였는데, 그 때문에 공화당은 수적 열세에도 불구하고 입법 과정에서 우세를 쥐게 됐어. 우리의 목표는 그 법안을 통과시키는 게 아니라—공화당이 고삐를 쥔 상황에서 승산이 거의 없다는 걸 우리도 알았거든—이 정도로 중차대한 정책을 법제화할 정치적 영향력을 쥔 유일한 인물인 주지사에게 대중의 압력을 다시금 보이기에 충분한 수의 발의 의원을 모으는 거였어.

역설적이게도 우리가 충분히 압력으로 작용할 수의 발의 의원을 끌어모으는 걸 도와줄 수 있는 위치에 있는 상원의원들은 이런 실소 나오는 권력 갈라먹기 작당으로 애초에 우리가 뱅크샷° 전략을 쓸 수밖에 없게 만든, 무늬만 민주당인 민주당원들뿐이었어. 그 가짜 민주당원들은 양당 사이에서 입장을 분명히 하지 않은 덕에 때로 진짜배기 민주당원들과 한줌의 공화당원들 모두를 진보적 법안 추진에 끌어들일 수 있는 유일한 협의체라는 명성을 얻었어. 그러나 같은 논리로 그들이 공화당에 넙죽 넘겨준, 열세이면서 사실은 우세인 권한 때문에 해당 법안이 실제로는 결코 표결에 부쳐지지 않는 결과를, 심지어 그 어떤 초당파 협의를 이룰 가망조차 곧장 짓밟아버릴 결과를 거의 보장한 꼴이 됐어.

그래도 우리는 일에 탄력을 붙이는 데 의의를 두고, 꾹 참고 법안을 들고 가짜 민주당원들을 찾아갔어. 협의회가 협의를 진행했고 몇주 뒤 우리는 그들에게서 우리 법안에 자기네 여덟 의원 중 아마도 최약체일 인물을 배정하기로 했다는 고지를 받았어. 퀸스 교외 지역

° 농구에서 백보드에 맞고 튄 공을 성공시키는 슛. 당구에서는 맞힐 공을 쿠션에 맞히는 수법.

출신의 나이 든 고인 물인 데다 선견적인 법안을 추진하겠다고 떵떵거리고는 때로 몇년이고 그 법안을 깔고 앉기로 악명 높은 상원의원 A였어.

A의원은 '그 문제'가 "중차대한" 사안이라는 둥 떠들어대고 자기 의원실 이름으로 법안 지지 성명을 배포해가며 해당 법안을 띄우는 작업에 착수했어. 동시에 아무리 주변적 인물이라도 개의치 않고 입법을 저지할 수 있는 정치 논객을 찾아나섰어. 결국 오래전 법안 초안에 대해 알지도 못하면서 비평을 써갈긴 적 있는 은퇴한 전기기사를 찾아냈지. 이런저런 용어의 법적 해석을 오도하는 글이었어. 우리와 독대한 자리에서 A의원은 이 비평 포인트들을 자꾸만 언급하면서 그것이 "중차대한" 사안이라는 둥 수개월간 연구와 숙고를 거친 다음에나 다룰 수 있다는 둥 자꾸만 말을 돌렸어. 그렇게 하면 A의원은 법안을 거의 무기한 붙잡아두면서 그 지연이 마치 자신이 해당 사안을 지나치게 걱정해서 일어나는 걸로 포장할 수 있었거든.

한편 무늬 민주당원들과 진짜 민주당원들 간의 관계는 악화 일로를 걸었어. 후자는 전자가 유권자들의 뜻을 무시한 채 위법적으로 보수당 과반을 밀어준다고 비난했어. 전자는 후자가 견해차를 극복하고 서로 손을 잡아 일을 성사시킬 의지가 없다고 비난했고. A의원이 우리 법안을 입법 절차의 연옥에 조용히 묻어버리려는 마당에, 그저 진보 딱지를 정당화할 증거로 우리 법안을 쥐고만 있다고 말이야. 얼마 안 가 당내 두 협의체 지도부는 각각 상대 진영에서 나온 법안을 지지하지 말라는 지시를 내렸어.

갑자기 우리 법안은 가장 든든한 지지자들에게 손대지 말아야 할 대상이 됐고, 대신 대외 홍보 수단으로만 보는 다른 협의체에 이관됐어. 우리가 맨해튼 기반의 견고한 진보주의자인 상원의원 B에게 접근하기로 한 건 이 시점이었어. 수정한 버전의 법안을 민주당 회의에서 밀어보라고 부탁하려고. 두 협의회가 기본적으로 동일한 법안들의 발의 주체임을 주장한다면 혹시라도 양측이 재결합할 때 그 법안의 지지를 철회하기 어려울 테고, 그렇게 되면 주지사에게 고스란히 책임이 떨어지리라는 게 우리 계산이었어.

B의원은 이 계획을 열렬히 환영했는데, 일이 어떻게 진척되기도 전에 A의원이 냄새를 맡고 말았어. 법안 발의자 자격을 고수하고 우리 법안에 대한 진정성 있는 지지를 대대적으로 주장하려는 욕심에 점점 절박해진 그는 뉴욕주 라디오 채널 중 한군데에 황급히 출연 약속을 잡았어. 하지만 자신이 계속 분석 중이라는 비평의 골자는 고사하고 해당 법안에 대해서도 구체적으로 무엇 하나 제대로 설명하지 못하는 바람에 출연은 역효과를 내고 말았지. "기후 조절 사안은 제가 최우선으로 추진 중인 과제 중 하나입니다." 자신이 '그 문제'의 대처법을 마련하려는 상원의원이 아니라 에어컨을 수리하는 냉방설비 기사인 양 진행자에게 이 말만 반복했어.

B의원이 쌍둥이 법안의 상정을 준비하는 단계에서 우리는 조심스럽게 중매자 노릇을 시도했어. A의원실에 탄원을 넣었고 언론간담회 우선 발언권도 양보했어. '그 문제'의 위급성이 양당 협력을 새로이 할 기반을 마련해줄 수 있다고 설득하면서.

그런데 예정된 간담회가 시작되기 직전에 A의원이 B의원과 NY 리뉴스를 비방하는 메모를 돌렸어. "이렇게 중차대한 사안을 두고 그들은 정치 놀음이나 하고 있다"고 비난했지.

몇년이 지났는데도 그때 일은 꺼낼 때마다 상처가 새록새록 아파와. 고통스러울 만치 지지부진하게 진행돼서만도 아니고 고급 양장지에 쓴 삼류 풍자극 같아서도 아니야. 내가 언급하지 않고 넘어간 복잡하고 자잘한 일이 수백가지는 더 있어. 살얼음판 같은 대면 회의와 가시 돋친 이메일, 간간이 튀어나오는 신문 기사, 가뜩이나 어려운 매듭에 추가된 쓸데없는 소소한 매듭들.

이런 혼돈과 계류는 뉴욕에만 국한돼 일어나는 현상이 아니었어. '그 문제'는 전세계 법역法域에서 민주정치의 견고성을 시험하면서 정당들을 쪼개놓고 정부들을 뒤흔들었어. '그 문제'의 해결에 '달려들'면 본격적으로 진행되는 듯하다가 물타기가 이루어졌고 이내 실마리마저 꼭꼭 숨은 타래로 뒤엉키면서, 정책이 수사修辭에 묻혀 사라지고 수사는 또 현란한 용어들에 묻혀버렸지. 그 용어들은 번번이—이토록 복잡한 시스템에서 이토록 인식론적으로 동떨어진 채 이토록 많은 정보가 난무하는 가운데—주요 정치적 논의를 소모적 입씨름으로 대체했어. "탄소세"냐 "탄소 이용료"냐 "배출권 거래제"냐를 두고 의미론적 논쟁이 벌어졌어. "클린" 에너지는 "탄소 중립" 외에 다른 뭔가를 뜻하는데 "탄소 중립"은 또 "재생 가능한" 에너지와는 다른 것을 의미할 수 있대. 어떤 이들은 "환경을 구하"고 싶어했고 또 어떤 이들은 "환경 정의"를 이루고자 했지. 이런 혼란 속에 용어들은 묵직한 닻이 됐고, 우리 중 누구도 전체 그림을 직접 본 적이 없는 모종의 시스템 안에서 각자의 입장과 정체성을 상징하는 부적이 됐어. 보통은 그 용어들이 규정하는 개념들 간에 실재하는 차이가 분명 있었지만 우리 대부분은 그것들을 속속들이 이해할 수도 없거니와, 어느 개인이든 혼자서 이해할 수 있는 범위를 넘어서지만 표면적으로는 우리가 나아가야 할 방향을 비춰준다는 기후학과 지질학, 생태학, 경제학, 역사, 사회학, 공학 및 정치과학 분야에서 우후죽순 발표되는 기초 연구에 정통해질 여유도 없었어.

'그 문제'가 우리 정치판에 만들어놓은 난장판을 목도하면서, 우리가 불충분한 결정을 내릴 경우와 중복 결정을 내릴 경우 각각이 가져올 곤경을 훤히 볼 수 있게 됐어. 전자는 왜 그러냐면, 우리의 실패라는 매듭 속 꼬임들 하나하나가 너무 무작위이고 너무나 안타깝게 우발적인 것으로 보였거든. 그걸 자세히 들여다보면 '이랬더라면, 저랬더라면'에 잠식될 위험이 있었어. 이 법안이 그 상원의원한테 가지 않았더라면 어땠을까? 이 회사가 딱 10년만 일찍 청문회에 소환됐더라면? 그 최초의 석탄층들이 데카르트 이성론에 사로잡힌 모 제국주의 국가의 땅에서 발견되지 않았더라면? 혼돈의 시스템에는 이런 대안들이, 그 법안이 밟을 수도 있었으나 밟지 않은 모든 길이 담겨 있었어.

그럼에도 그 매듭 사이사이에 엮여 있는 인간의 연약함이라는 무게는 다양한 요소가 뒤섞인 어떤 불가피성을, '그 문제'를 예측한 정도가 아니라 **필연적으로 불러온** 우리 본성의 근본적인 어떤 것을 가리키는 듯했어. 마치 '그 문제'가 우리 존재의 일부에 불과한 양, 문명이 생겨날 정도의 규모는 되어야 출현하는 개별적 특성인 양.

이렇게 숙명과 그것의 반反사실적 조건문들 사이에 옴짝달싹 못하게 끼어 있다보면 길 잃은 기분을 느끼기 십상이었어. 내 경우 그건 잃음 자체를 느끼는 것과 다름없었지. NY리뉴스의 리더들은 상대의 모든 수를 예상해 그에 맞춰 패를 조절하려고 최선을 다했지만 체스판 위에는 늘 갑자기 튀어나온 선수들이 바글댔어. 우리 자신을 비롯해 우리의 적수들, 그리고 지구도 여기 포함됐지. 하나같이 너무나 광대하고 복잡한 존재들이라 그 상호작용을 확신을 가지고 예측하기란 불가능했어. 그래서 우리가 아무리 신중하게 분석하고 파악해도 우리가 내리는 모든 전략적 결정—모든 연좌농성, 모든 시위—은 어느 정도는 되는대로 흘러가는 면이 있었어. 말인즉 우리 법안들이 누군가의 자존심에 부딪히거나 누군가의 분노를 사서 혹은 언어의 부정확함 때문에 도로 튕겨올 경우 우리는 고스란히 무력감을 감내해야 할 위치에 있었다는 얘기야.

이 얘기를 하는 건 너도 언젠가 무력감을 느낄 날이 올 거라서 그래. '그 문제'는 정녕 해결할 수 없어 보이는데 네가 세운 계획들은 한참 부적절해 보여서 그냥 폭풍에 순응해 집에 가만히 앉아 상황이 악화하는 걸 TV로나 지켜보고픈 유혹을 느낄 때가 올지도 몰라. 그런 순간에 네가 되새겼으면 하는 이야기, 네가 힘을 얻었으면 하는 이야기는 삼키기 쉬운 종류의 이야기가 아니야. 우리에게 해답이 있었는데 말이다, 옜다 받아라, 이런 이야기가 아니라고. 그보다는, 우리에게도 답은 없었지만 그래도 노력을 멈추지 않았단다, 에 가깝지.

결국에는, 이 경우 우리 노력이 마땅한 결실을 얻었어. 몇주가 걸리긴 했지만 결국 A의원이 B의원의 동일한 법안에 반대하면서 자기 법안을 남 보기 그럴듯하게 미는 척할 수는 없다는 것을 깨닫고 기존 법안의 발의를 철회하고 마지못해 다른 민주당원들과 공동발의하기로 했거든. 몇달 뒤 그는 다른 가짜 민주당원들 대다수와 함께 투표로 의원직에서 쫓겨났고 공화당원들도 가짜 과반을 잃었어. 법안 통과의 길이 갑자기 활짝 열리자 NY리뉴스는 그 법안을 의제 목록 최상단에 올리려고 미친 듯이 밀어붙였어. 그리고 허리케인 마리아 이후 거의 2년이 지나서, 샌디 이후로는 꽉 채워 7년이 지나서 드디어 법이 제정됐어. 뉴욕주는 앞으로 30년에 걸쳐 주 경제를 탈탄소화하며 그 전환 과정 전체에 걸쳐 노동자 및 저소득층을 지원해야 한다는 법이야.

일단 추진력이 생겼다는 게 분명해지자 주지사는 서둘러 그것이 자기가 발의한 법안인 척 거들먹거렸고, 우리가 내놨던 초안의 일부 조항들에 물타기 하는 것으로도 모자라 '기후 리더십 및 공동체 보호법'이라는 볼썽사나운 이름까지 붙였어. 우리가 보완으로 제시한 탄소세 조항에 대해서는 끝까지 입장을 밝히지 않았고. 그래도 이번 승리는 짜릿했어. 『복스』Vox[o]는 우리 법안이 미국에서 가장 대담무쌍한 기후 대책이라고 했고 『뉴욕타임스』는 세계에서 가장 야심 찬 계획이라 칭했어.

이런 이야기를 읽으면서 어떤 기분이 드는지 너한테 물어볼 수 있었으면 좋겠다. 승리도 더러 있었다는 걸 알면 도움이 되니? 우리가 기뻐 날뛰었다고 하면 그 기분이 너한테도 전달되니?

이 일이 과도하게 힘들다는 인상을 심어줬을까봐 이젠 걱정이 된다. 네가 '그 문제'와 관련된 일이라면 다 피하고 싶어졌다 해도 할 말이 없어. 너무 엄청난 미래가 걸려 있고 승률은 너무 아득한 데다 저들과 맞서 싸울 생각은 시시포스의 형벌까지는 아니어도 심히 벅차게 다가올 테니까. 하지만 네가 모르는 걸 나만 딱히 알고 있었던 것은 아니며 네가 할 수 없는 일을 내가 해낸 것도 아니라는 것 또한 말해주고 싶어. 그저 '그 문제'를 심각하게 받아들였고 그다음엔 길디긴 과제 목록에서 작은 것부터 하나씩 해나갔을 뿐이야. 이런 식으로 하면 만족감을 얻을 수 있고 더러 짜릿한 기쁨도 느낀단다.

그렇지만 이 기쁨에는 적당한 선에서 안주하는 것에 대한 두려움이 따라. "결국엔 다 잘됐잖아" 하는, 투지에 찬물 끼얹는 마음가짐 있잖아. 실제로는 자칫 성사되지 못할 뻔했는데. 좌초될 가능성이 다분했지. A의원이 끝내 고집을 꺾지 않았을 수도 있고, 공화당 의

---

o 미국의 온라인 뉴스 매체.

원들이 과반을 잃지 않았을 수도 있고, 주지사가 순순히 태도를 바꾸지 않았을 수도 있단 말이야. 게다가 이렇게까지 해놓고도 법이 집행되지 않을 가능성도 여전히 있어. 너는 괜찮을 거라고, 계속 싸우기만 하면 끝내 이길 거라고 말해줄 수 있기를 그 무엇보다 바라지만, 도저히 못 그러겠다. 그건 거짓된 약속이 될 테니까. 스위치만 켜면 집을 폭풍으로부터 든든히 지킬 수 있고 그런 장치 하나만 설치하면 행복한 결말을 구입할 수 있다고 말하는 가정용 발전기 광고처럼. 네가 어떤 세상에서 자라날지 고려하면 아마 너는 이 점을 이미, 어쩌면 나보다 더 잘 알고 있을 거야. 집 안에 조명이 환히 들어와 있다 해도 하늘이 시커메지는 건 막을 수 없다는 것을. '그 문제'에 저항한다는 것이 대중을 덮치는 홍수를 가뿐히 피할 수 있는 고지대에 자기 집을 짓는 걸 뜻하는 게 아니라는 것을. '그 문제'에 저항한다는 건 그 모든 과정이 결국 비극이었음이 드러난다 해도 당장은 정치 놀음—그 안의 승리와 광대극 모두—에 가담하는 것을 의미해.

* * *

NY리뉴스에서 일했을 당시 밤낮 들었던 노래가 생각난다. 출근길 지하철에서도 사무실에 앉아서도 그 곡을 어찌나 많이 들었는지 이제는 그 시절 전체를 연상케 하는 장밋빛 덧씌워진 멜로디가 됐어.

바로 재즈 색소폰 연주자 카마시 워싱턴Kamasi Washington의 「진실」

Truth이라는 곡이야. 나는, 예상 가능하게도, 재즈 팬은 아니었어. 재즈곡이 들려올 때마다 내가 보이는 주된 반응은 은근한 짜증, 그 새침한 악구를 제대로 음미하는 데 결정적인 어떤 자질(아마 인내겠지)이 나에게 없다는 답답함이었어. 그런데 「진실」을 들으면 온몸이 전율했어. 그 곡은 어떤 분명한 줄거리, 정중한 제안을 형상화한 작품 같았거든.

「진실」은 악기를 하나씩 더하면서 시작해. 처음엔 피아노가 여유롭고 애잔하게 등장하고 그다음엔 드럼이, 다음엔 일렉트릭기타가 전체 연주에 금칠을 입히고, 그 모든 악기들 위를 훌쩍 뛰어넘어 들어오는 색소폰 연주는 인간의 음성처럼 발음하는 것 같고 표현력이 풍부해. 그렇게 몇분 흐르다가 합창단이 합류하는데, 포근한 장송곡조의 가스펠이 꼭 가사 없는 파도 같아. 악기들은 자연스럽게 서로에게 녹아들기 시작해. 각 악기가 조화를 찾으면서 더 흥겨워하는 게 느껴져. 어쩐지 음울하면서도 박력 있는 소리야. 자동차가 달 표면을 배경으로 달리는 풍경 같아. 이런 식으로 영원히 끝나지 않을 것처럼, 스스로 만들어낸 최면에 푹 빠진 채 황홀한 반복 연주의 푸가가 이어져.

그러다가 6분쯤 됐을 때 어떤 현상이 일어나. 곡이 스스로를 추월해버리는 거야. 호른이 드럼과 부딪히고, 드럼은 합창을 뚫고 튀어나가. 화음이 과열되기 시작하면서 불꽃이 일고 연결부가 삐걱거려. 기타가 불쑥 들이밀었다가 갑자기 죽어버리고, 색소폰이 내지른 울부짖음은 귀를 찢는 비명으로 변해. 실제로 통증에 괴로워하는 것처럼 헐떡이며 이어지지. 곡은 점점 더 멀리 통제 불능의 영역으로 질주해나가서는 제 추동력에 집어삼켜진 아름답고 난해한 무언가로 변해. 색소폰의 내지름은 고막을 찢을 듯 날카로워져서 한 1분간은 거의 듣기 힘든 수준의 소리가 이어져. 어떤 공간에 있건 그곳은 내파內波하는 불협화음으로 가득 차고 소음의 날카로운 파편들이 고막에 깊이 박혀들어. 그러다가 어느 순간, 정말이지 갑자기 곡이 푹 꺼져들면서 소리가 증발하지. 곡이 스스로를 전소해버린 거야.

그 무렵 어디를 가나 이런 기본 패턴이 눈에 띄었어. 이것이 곧 '그 문제'구나, 속으로 생각했지. 아니면 최소한 '그 문제'의 인과론적 진실이라고. 질서에서 나오는 혼돈. 자기가 발명한 것에 집어삼켜지는 인류. 쌓아올리기와 허물기 사이를, 희망과 희망 없음 사이를 주기적으로 오가기.

나는 「진실」을 반복재생해놓고 사무실 근처 고층 건물들이 항구와 나란히 솟아 있는 도심을 어슬렁대곤 했어. 모퉁이마다 비싼 커피숍들이 가뭄에 시달리는 나라들에서 수입한 이국적인 커피콩을 팔았어. 횡단보도에는 정장 빼입은 사람들이 신호가 바뀌기를 기다리면서 귀에 꽂은 초소형 에어팟으로 굉장히 중요한 문제를 논의하듯 이야기했고. 클립보드를 든 자원봉사자들이 가치 있는 대의에 소정의 기부를 해달라고 이 사람 저 사람에게 간청했어. 우리가 지어올린 것들을 봐, 나는 스카이라인 최상부를 올려다보며 속으로 중얼거렸어. 그 웅장함이 붕괴의 전조 속에 배가되어 보였어.

이런 패턴—무작위성, 불협화음—에서 좌절을 느낄 수 있지만, 그 밑에는 일종의 믿음도 있다고 생각해. 어떤 일이든 일어날 수 있다는 믿음. 진실은 얼마나 여러번 듣건 늘 예측이 불가하다는 믿음. 유일한 확실성은 우리가 연주를 끄면 곡이 끝나리라는 것뿐이지.

만약 네가 그 곡을 들을 기회가 있다면 다음 한가지를 더 눈치챌 거야. 「진실」은 허물어진 데서 끝나지 않는다는 것. 처음에는 그러는 것 같다가 고요 속에 다시 피아노가 연주를 시작해. 다음엔 기타가, 그다음엔 색소폰이 조심스러운 하모니로 비집고 들어오고 마지막 몇분에 걸쳐 점점 소리가 커져. 새로 곡을 틀든 중간의 한 부분을 다시 재생하든 이런 식이야. 듣는 사람은 별수 없지. 어쨌거나 계속 듣고 싶어져.

철학자 티머시 모턴은 '그 문제'를 "초과물"hyperobject[o]로 정의했어. "시공간적으로 너무나 광범위하게 분산되어 국한성을 초월하고 상술詳述이 불가능한" 현상을 지칭해. 이 개념에 따르면 '그 문제'는 박무薄霧이면서 거석이야. 어디에든 있지만 우리가 만질 수는 없고 따라서 정의할 수도 없지. 이 편지를 쓰기 시작했을 때는 '그 문제'의 딱 적당한 단면들로부터 장면과 주제 들을 떼어내 보여준다면 전체를 비춰줄 수 있을 거라고, 우리 둘 다 그것을 파악할 수 있을 거라

---

o 또는 '거대객체'라고도 한다.

고 생각했어.

한데 너에게 천연가스 연소 처리며 재즈곡, 텔레비전 광고, 화상회의 얘기를 실컷 쏟아놓고 난 지금은 너도 뭐가 문제인지 알아채기 시작했을 것 같구나. 초과물의 문제—'그 문제'의 문제—는 단면이 너무 많다는 거야. 무한한 단면들을 단편적으로 보여줘봤자 전반적인 그 뒤죽박죽 상황을 내 멋대로 재창조하는 것에, 언제나-이미always-already 변하고 있는 세상의 임의적 표본 채집에 불과하지 않을까 걱정돼. 어느 순간 그냥 이런저런 은유를 내력 시험하듯 테스트하는 기분이 들 수도 있어. 안이 텅 비었으니까 통통 두드려보고 울림이 있나 귀를 대보는 거지(불발탄이 이러다가 터지는 거겠지).

* * *

파리기후협정이 조인된 날을 기억해. 초과물로부터 세계를 구해줄 그 운명적 합의. 나는 생일 맞은 부자 친구네 별장에서 주말을 보내기로, 정신 나간 결정을 내린 터였어. 파리에서 진행되는 일을 지켜보는 긴장감을 피하고 싶어서 초대에 응했다고 말하고 싶지만, 완전히 솔직해지자면 그 주말에 협상이 마무리된다는 것도 까먹고 있었어. 일에서 놓여나는 며칠 안 되는 휴무일에 '그 문제'의 현실과 워낙 철저히 벽을 쳐둔지라, 파리협정이 마치 꿈에서 벌어지는 일처럼 느껴졌던 거야.

별장은 으리으리하고 실내 장식이 별로 없었는데, 초대된 열명 남짓의 손님이 운동회를 벌여도 될 정도로 넓었어. 우리 모두 거실 카펫 바닥에 둘러앉아 가죽 오토만에 와인 잔을 아슬아슬하게 얹어둔 채 천천히 취해갔지. 전면 창으로 지는 해를 받은 대서양이 점점 짙어져가는 것이 보였고, 얼마 안 가 우리는 와인 한병을 더 땄어. 어느 시점에 누군가가 나에게 파리에서 벌어지고 있는 일에 대해 어떻게 생각하느냐고 물었고(내 일이 일인지라 이런 종류의 질문을 자주 받아), 나는 회담이 진행 중임을 까맣게 잊은 걸 감추려고 대충 얼버무렸어.

이튿날 아침, 잠에서 깨자마자 아무래도 뉴욕으로 돌아가야겠다고 생각했어. 책임을 외면하고 있는 것처럼 초조했거든. 주말에 쉬었다는 죄책감, '그 문제'를 좇기를 잠시 멈췄다는 죄책감도 들었고. 어쩌면 근 10년 내에 가장 중대한 하루일 수도 있는 날을 해변의 저택에서 지인들에게 둘러싸여 보내는 것이 갑자기 비양심적으로 느껴졌어. 파리기후회담의 마무리를 지켜보러 일찍 자리를 뜨겠다고 친구에게 알리자 친구는 어리둥절해했어. "그냥 여기서 보면 안 돼?" "협상이 결렬되면 내가 파티 분위기를 망칠까봐 그래"라고 대답하다가 문득 실제로 그렇게 될 가망이 있다는 걸 깨달았어.

생일을 맞은 친구의 다른 친구—바로 전날 처음 본 여자—가 버스 정류장까지 태워주겠다고 나섰어. 고마운 마음에 얼른 짐 싸러 위층으로 올라갔지. 어서 떠나고 싶었지만 너무 서두르는 티를 내지는 않으려고 조심했어. 작별인사까지 다 하고 자갈 깐 진입로로 나왔을 때는 태양이 중천에 떠 있고 바닷물이 반짝반짝 빛나고 있었어.

12월의 일요일 치고 말도 안 되게 푸근한 날씨였지. 21도 가까이 됐는데, 꼭 누군가의 장난 같고 너무나 노골적인 아이러니라서 농담거리로 삼기도 뭐했어. 우리는 너무 멍해서 외투도 못 벗고 그대로 땀을 뻘뻘 흘리며 잠시 서 있었어.

"아까도 말했지만 이렇게 빠져나와서 미안해요." 내가 말했어. "아네요, 아네요. 이해해요." 친구의 친구는 자기도 떠나고 싶은 듯 이렇게 대꾸했어. 우리는 그의 핸드폰 내비게이션의 방향 지시에 귀 기울이며 침묵 속에 이동했어. 버스 정류장에 도착해 그가 차에서 내렸고 우리는 말없이 포옹을 나눴어. 왜, 두려움이 모르는 사람들 사이에 다리를 놓아줄 때가 있잖아. 곧 버스가 왔고 나는 거기에 탔어.

일단 버스에 타자 와이파이 연결이라는 작은 기적이 일어나서, 곧장 회담 생중계 화면을 띄웠어. 비행기 격납고만 한 본회의장에서 회담이 이루어지고 있었어. 회의장 제일 앞쪽에서 정장 입은 사람들이 단상에 올라 정상회담 로고로 뒤덮인 벽을 배경으로 연설을 하고 있었어. '그 문제' 해결을 위해 개최된, 아직 성과를 내지 못한 일련의 유엔 회담 중 21번째였어. 깃가지 모양의 옷깃 핀을 단 외교관들이 서류를 주섬주섬 정리하거나 마이크를 자기 입 쪽으로 기울였는데, 그래봤자 한자리에 모인 대표단을 휙 훑었다가 발언자에게 줌인하기를 반복하는 카메라들의 프레임 밖에서 일어나는 진짜 논의를 가리키는 듯한 인상만 주는 절차적 무용극이었어. 방송 화면은 간간이 스튜디오의 해설 패널로 전환됐는데, 해설자들은 혹여나 재수 옴 붙을까 무서웠는지 아직은 회의가 순탄하게 잘 흘러가고 있다고, 중대

조항 중 틀어진 건 없다고 재차 말했어.

나는 다른 사람과 눈이 마주쳐서 조심스러운 흥분을 함께할 수 있을지 모른다는 망상적 희망감에 버스 안을 계속 흘끔거렸지만 함께 탄 몇 안 되는 사람들은 잠들었거나 음악을 듣고 있었어. 드디어 버스가 펜 역에 도착하자 중계가 끊겼고 나는 내가 역 지하도에서 허둥대는 동안 역사가 만들어질까봐 안달 나서 당시 여자친구와 함께 살던 아파트로 황급히 돌아갔어.

도착해보니 여자친구가 이미 컴퓨터 화면에 중계를 띄워놓았고 최종 연설이 방송되고 있었어. 커피 테이블 끄트머리에 펼쳐놓은 노트북 화면에 뜬 본회의장 안에서 픽셀화한 외교관들이 일어서서 두리번거리고, 허겁지겁 통로를 달려가 서로의 귀에 뭐라고 속닥거렸어. 여자친구랑 소파에 딱 붙어앉아 초조하게 맥주를 홀짝이면서, 말하자면 우리가 또다른 슈퍼볼의 마지막 몇분을 지켜보고 있는 것 같은 변태적인 기분이 들었어. 모두의 삶을 뒤흔드는 엄청난 장관을, 실시간으로 승리하거나 패배할 수 있는 무언가를 화면으로 지켜보는 기분.

그러다 느닷없이 절차상 투표가 신속히 이루어졌고 곧 모든 것이 끝났어. 노트북 화면 속 조그만 사람들이 환호하며 의사봉을 탕탕 내리치고 허공에 주먹을 꽂아댔어. 협상을 주도한 두 여성이 단상 위에서 포옹한 채 몸을 이리저리 흔들며 웃어젖혔어. 문득 텔레비전으로 방송되는 외교 현장이 이런 정도의 감정 분출을 담은 것은 처음 본다는 생각이 들었어. 회의장을 꽉 채웠을 방송기술 전문가들이 지금 화면에서 분출되는 것 같은 날것의 기쁨을 포착한 적이 있었을까 싶더라. 우리라고 별수 있니. 덩달아 눈시울을 붉히면서 마치 그 회의장에 함께 있는 것처럼 같이 좋아했지.

거의 모든 국가가, 심지어 러시아와 사우디아라비아와 미국 등 가장 완강한 입장을 고수해온 국가들마저 협약에 조인했어. 구체적인 협의 내용이 필요한 수준에 한참 못 미친다는 사실은 나중에 알았어. 며칠 뒤 인터넷에 올라온 협의안 골자와, 새로운 탄소 배출 감축 서약을 시각화한 인터랙티브 그래프°를 보고 알았지. 완전 이행을 해도 작은 섬나라 대여섯개가 물에 잠기는 것이 거의 확실시되는 협약이 거의 대부분의 사회에서 비록 조건적이나마 역사에 길이 남을 성공으로 환영받는다는 사실 자체가 우리가 '그 문제' 해결에서 얼마나 한참 뒤처졌는지 보여주는 증거였어. 시간이 흐르면서 이 협정은 지연된 불협화음을 만들어내. 한편에는 아무리 불완전해도 진일보를 목격하고 기념하기를 간절히 원하는 사람들이 있어. 다른 한편에는 한가지 불완전함이 수천만 인구의 고통을 보장함을, 한보의 물러섬이 누군가에게는 사형을 뜻함을 아는 사람들이 있고. 희망은 늘 이런 식으로 그림자를 드리우지. 그 예언적 광휘의 빛을 받지 못한 이들은 깡그리 가려버려. 바로 이 점을 기억해두려고, 한발짝의 표면적 진일보마다 버려질 사람들을 위해 자리를 마련해두려고 애써 왔지만 그날 밤에는 그러지 못했어. 파리로부터 전 여자친구 거실로

° 마우스 움직임에 따라 실시간으로 형태가 변하는 그래프.

중계되어 들어오는 낙관주의의 물결에 완전히 휩쓸리고 말았거든.

공식 협의안 채택에 이어 관계자들이 돌아가며 기념 연설을 하는데, 한마디가 우리 귀에 꽂혔어. 한 나이 지긋한 외교 인사가 연단에 오르더니 마이크에 대고 쩌렁쩌렁 울리는 목소리로 "지구여, 영원하라"라고 말했어. 그 말이 너무나 멜로드라마 같고 또 너무 영화 같고 비현실적이어서 우리는 카타르시스적 망상에 사로잡혀 흰 티셔츠 두장을 찾아내 매직펜으로 그 말을 그대로 썼어. 나중에 퇴근해 돌아온 여자친구의 룸메이트가 그 요상한 티셔츠를 입고 소파에 늘어져 있는 우리를 보더니 묻더라. "직접 만든 거야?" 나처럼 그도 협의가 진행 중인 걸 까맣게 잊은 거야.

이후 몇달간 우리는 그 티셔츠를 잠옷이나 운동복으로 잘도 입었어. 센트럴파크 저수지 둘레길에서 조깅하려고 만나면 둘이 똑같이 그걸 입고 나오는 때도 있었는데, 하도 여러번 빨아서 삐뚤빼뚤한 글자들이 약간 희미해져 있었어. 그걸 입고 달리면 아주 이상한 사람으로 보였어. 웬 수상하고 광적인 컬트 단원 같았지. 그래도 티셔츠를 벗지 않았어. 마치 그 일을 우리 몸에 기념으로 새기고 싶다는 듯이. 달리면서 지나치는 사람들 모두에게 그 일의 중대성을 일깨워주겠다는 듯이. 지금 돌아보면 어떤 확신을 얻기 위해 무의식적으로 애쓴 것 같아. 우리가 그 협상을 몸소 강제할 수 있는 것처럼. 순전히 의지로 밀어붙여서 협약을 발효할 수 있는 것처럼.

* * *

그로부터 2년 뒤 미국이 파리기후협정에서 탈퇴해. 그 무렵 과반 이하 득표로 대통령이 된 트럼프가 조종사에게서 조종간을 억지로 빼앗아 비행기를 땅으로 곤두박질시키는 납치범처럼 초과물을 억제하려는 모든 시도를 철저히 무산시키고 있었어. 실제 비행과 다른 점은 훨씬 많은 사람의 목숨이 달렸다는 것이었고. 다른 모든 사안에서 그랬듯 트럼프는 기후협정 탈퇴를 호화로운 지지율 쇼로 둔갑시키려고 별짓을 다 했어. 몇주에 걸쳐 이런저런 조치를 취할 것을 암시하며 긴장을 쌓더니 마침내, 세계에서 가장 암울한 드라마의 시즌 최종편 분위기를 자아내는 중계 연설에서 협정을 완전히 탈퇴하겠노라 선언했어.

트럼프가 탈퇴 발표를 했을 때 나는 버펄로에서 열린 환경단체연합 소속 조직가 회의에 참석 중이었는데, 그 자리에는 허리케인 마리아에 할머니를 잃은 친구도 있었어. 사무실 한구석에 음소거한 채 틀어놓은 화면에 발표가 중계되고 있었는데, 우리는 너 나 할 것 없이 차마 화면을 쳐다보지 못했어. 화면에서 트럼프는 의기양양한 동시에 지루해 보였어. 그의 뒤에는 넥타이를 꽉 조인 프루잇이 마네킹처럼 서 있었어. 연설이 시작되자마자 내 친구는 방에서 나갔어. 나도 처음 몇분만 듣다가 잔뜩 쌓여 있는 이메일로 신경을 돌렸고, 발표문은 중계가 끝난 뒤 나중에 찾아 읽었어. 이 해학극이 비극을 뒤덮은 채 굳어가면서 충격파를 마비시키는 게 느껴졌어. 나는 숨어서 울 곳을 찾아 사무실이 있는 블록 주변을 걷기로 했어.

걷다가 조그만 교회 주차장에 발길이 닿아서—목요일이라 아무도 없었어—주차 칸을 구분 짓는 콘크리트 경계석에 털썩 앉았어. 그 순간 덮친 슬픔은 현기증에 가까웠어. 세계의 운명이 큰 진원을 그리며 흔들리고 있는데 그 와중에 나의 일상은 사실상 아무 변화 없이 하루하루 펼쳐지고 있다니. 내 밑은 단단한 콘크리트가 받치고 있고, 날씨는 포근하고, 저 멀리 흰 첨탑이 보였어. 그 모든 게 그저 그 순간의 무심한 우직함을 대변하는 것 같았어. 그래서 순간적으로 그것을 갈가리 찢어발겨 잠시만이라도 거기서 탈출하고픈 충동이 들었어.

핸드폰을 꺼내 아버지에게 전화해보기로 했어. 고등학교 졸업 후 '그 문제'에 대해 더 터놓고 얘기하기 시작했거든. 이제 '그 문제'는 단순히 아버지의 연구 주제에 그치지 않고 뉴스에 만날 등장하는 이슈가 됐으니까. 그리고 어쨌든 아버지는 그 문제를 의논하기에 **더** 적합한 사람이 됐고. 점점 높아가는 대중의 경각심이 아버지에게 자신이 세상에 내놓는 데 일조한 사실들을 되짚으며 확인해볼 틈을 마련해준 것 같았어.

아버지는 내가 전화하면 종종 그러듯 신호음이 한번 가자마자 받았어. 아버지는 너무 화난다고, **화나 죽겠다**고 했지만 아직 분노를 끌어올리는 단계에 있는 것 같은 목소리였어(그 순간 온화한 천성을 극복하고 억지로 분개하려고 애쓴 아버지에 대한 사랑이 강렬히 솟구쳤어. 그렇게 애써줬기에 아버지를 사랑했고, 애썼는데도 결국 그렇게 하지 못해서 사랑했어).

저는 화라도 났으면 좋겠네요, 라고 나는 말했어. 지금은 슬픔밖에 안 느껴져요. 그런데 그 말이 뭔가를 소환한 듯 왈칵 눈물이 났고, 어찌해볼 새도 없이 볼을 타고 눈물이 뚝뚝 흘러 핸드폰 액정을 적셨어. 주차장 한쪽 담을 따라 막 봉오리를 틔운 수국 덤불이 있었는데, 나는 그 이파리를 몇개 따다 거기에 코를 풀었고 옷소매로 눈가를 훔쳤어. 잠시 동안, 아빠한테 이런 법이 어디 있느냐며 엉엉 우는 여덟살 아이가 된 기분이었어. 우리가 아마 한번도 나누지 않았을 대화를 재현하는 기분이었어.

하지만 그런 경험을 하면서도, 충격에 털썩 주저앉아 담에 기대 늘어져 있으면서도 내 안의 일부는 벌써 비통함을 지겨워하고 있었어. 너무 반복적이고 따분하게 느껴졌거든. 영화 「멜랑콜리아」와 허리케인 샌디에 대한, 그리고 초과물의 무게가 내 결의의 굳건함을 파열시켰던 다른 모든 사례에 대한 내 반응의 반복재생, 딱 그거였어. 마치 '그 문제'가 녹화된 내 감정들을 반복재생해서 똑같은 음, 똑같은 구간을 영원토록 들려주려는 것 같았어.

그런 기분이 드는 순간 나 자신은 '그 문제'로 인해 진정 취약해질 처지에 한번도 처한 적 없다는 데서 오는, 똑같이 빤한 죄책감이 뒤따랐어. 예를 들어 또 한번 농사를 망쳐 아버지가 자살했다든가 아니면 허리케인에 자신이 나고 자란 집이 박살 났다든가 하는, 누가 봐도 진정한 슬픔이 따를 법한 처지에 나는 처해본 적 없잖아. 이 죄책감 때문에 진이 빠졌어. 그것의 실질적 목적이 나를 제외한 모두에게는 아무 의미도 없을 도덕적 카타르시스를 유발해 특혜로 인한 불화를 없애버리는 것뿐임이 짐작되기에 더더욱 그랬지. 거기 교회 주차장에 앉아 있는데 내 인생 전체가 눈앞에 좌르륵 펼쳐지는 듯했어. 득의양양함과 좌절로 이루어진 하나의 긴 사인곡선, 이미 느꼈던 감정들의 무한반복인 것 같았어.

이런 생각에 빠져 있는데 문득 네 할아버지 목소리에 정신이 돌아왔어. 뭐라고 말했는데 제대로 못 들어서 "뭐라고요?" 하고 울음을 참으며 물었지.

"어쩌면 역효과를 불러올지 모르겠다고." 아버지가 조금 소리를 높여 핸드폰에 대고 말했어. "어쩌면 이제 다른 나라들이 연대해서 조약을 더 공고히 할지도 몰라. 그러니까 아직 희망을 놓지 마."

"희망 안 놨어요." 내가 대꾸했어. 그 말은 사실이었어. 내 옆구리에 콱 박혀 맥동하면서, 내 뇌에 반항해 내 숨을 죽이고 있는 파편처럼 느껴졌어. 가끔은 그걸 뽑아내 피를 충분히 흘린 다음 그 상처 부위에 더는 아무것도 안 느껴지도록, 내가 보살필 게 아무것도 안 남도록 아물게 하고 싶었어. 하지만 희망은 아주 단단히 나를 붙잡고 있었지. 최악의 뉴스를 접한 뒤에도 그것은 내 심장을 반사작용처럼 다시 뛰게 했지. 그런 자동 반응이 별로 피곤하게 느껴지지도 않았어.

희망 안 놓았어요, 내가 다시 말했고 우리는 그 희망이 붙어 있을지 가만히 지켜보듯 둘 다 말없이 핸드폰을 붙들고 앉아 있었어.

교회에서 다시 사무실로 돌아가는 동안 눈물이 다 마르고 코도 뚫렸어. 문득 유체이탈해 나를 지켜보는 느낌이 들었어. 내 인생으로부터의 거리가 보도와 성층권 사이를 수축시켰고 내 기분은 그 프레임에 따라 휙휙 오갔지.

할 수 있는 한 그렇게 변하게 내버려두려고 했고 따라가보려고 했어. **'지금 일어나고 있는 일은 내가 버펄로의 어느 골목을 걷고 있다는 것뿐이야'**라고 얼마든지 몇겹 강화된 유아론적 태도를 취할 수도 있는데, 그러는 것보다야 낫잖아. 그래, 한꺼번에 다 덮치라지. '그 문제'가 세상을 흥건히 물들이고 세상은 또 내 몸을 흠뻑 적시라고 해. 내 몸 구석구석에 스며들고 양 옆구리로 흘러넘치게 내버려둬.

6월이라 어깨에 닿은 햇볕이 꽤나 뜨거웠어. 티끌처럼 미세한 수억만개의 광자가 나를 스치고 지나가는 모습을, 내 셔츠의 직조를 파고들고 내 머리카락 덤불에 내려앉는 모습을 상상해봤어. 그것들이 거의 무無에 가깝다는 건 나도 알아. 질량이 제로에 가깝고, 늘 만물에 침투해들지. 그렇지만 그것이 바로 핵심이고 우리 모두가 쟁취하기 위해 싸워온 거였어. 햇빛 자체와, 그 햇빛의 얼마만큼이 여기에 우리와 함께 갇혀 있을 것인가 하는 문제.

그러면 안 되는 거였지만, 한순간 모든 게 무척 단순한 문제인 것 같은 기분이 들었어. 온갖 협약이며 내리치는 의사봉, 쉬지 않고 까닥이는 기중기들 밑에는 그저 딱 한줄기의 강렬한 햇빛, 한개의 질문이 있을 뿐이라고. 모든 것이 너무나 명료해졌어. '그 문제'는 사람들 눈에 보일 수 있으며, 실제로 우리가 세상 모든 것을 **보는 방편**이라는 것.

그리고 이 생각으로부터 희망이 솟아나, 저절로 그리고 불굴의 기세로 나에게 도로 스며들었어. 아니면 거기서 솟은 게 아닐지도 몰라. 그냥 어쩌다보니 날이 너무나 아름다웠고 그래서 내가 조용한 동네를 산책한 덕분에 든 기분일 수도 있어. 그냥 봄이라서 그랬던 걸 수도 있고. 나는 그 희망의 출처를 알아내지 못했어. 하지만 언제나 되돌아와 손을 내밀며 자기를 믿으라고 말할 것은 알아. 그리고 나는 또 한번, 비록 지쳤지만 작은 흥분을 느끼며 그 손을 붙잡을 테지. 희망이 다시 돌아온 것 같아. 이 모든 사태를 겪고도 돌아온 거야.

2부

물러나 있기

/

3차 운동

/

사물의 세계

/

4차 운동

/

열기

물러나 있기

NY리뉴스 연맹에서 일을 막 시작했을 무렵, 상담을 받아보기로 했어. 상담 첫회에서는 내가 느끼는 불안의 원천을 최대한 정확히 얘기하려고 노력했어. 뭐라고 말했냐면, '그 문제'가 나를 멱살 잡고 미래로 끌고 가는 것 같고 그 강도가 점점 세지는 것 같다고 했어.

그건 우선 빤한 면에서는 진실이었어. 연맹에서 내가 맡은 일이 향후 몇십년에 걸쳐 드러날 성과, 우리가 법 제정을 통해 성문화하려는 목표 들에 초점을 맞추고 있었으니까. 우리가 통과시킨 법이 2030년까지 전체 소비에너지의 50퍼센트를, 2050년까지는 100퍼센트를 재생 가능 에너지로 대체하고 인간이 배출하는 탄소를 이번 세기 중반까지 완전히 제거하라는 거잖아. 세계 곳곳에서 타 정부와 비영리단체 들도 이런 유의 아득히 먼 목표를 세우고는 지금이 1950년대이며 인류를 달에 보내는 계획을 발표하는 양 "출격"이니 "미션" 따위 용어를 써가며 기자회견에서 발표하고 있었어. 사실 어떻게 봐도 그 두가지를 같은 것으로 볼 수가 없는데도 그런 평행 비교가 빈번히 이루어졌어. 이 새로운 목표들은 우리가 그저 호기심이나 야망에 이끌려 우리만의 성취 과제로 삼은 게 아니었어. 사실상 데드라인이었어. 우리 대기에서 추출한, 점점 경고 수위가 높아지는 증거가 우리에게 지정해준 마감 날짜. 그리고 데드라인이라는 게 그렇듯 우리 머리 위에 드리워진 채, 미루면 미룰수록 긴박성은 더해가고 지켜질 가능성은 점점 떨어졌지.

하지만 '그 문제'와 나 사이의 그러한 역학관계는 상황이 악화하는 와중에도 할 일을 계획할 필요가 있다는, 보다 평범한 측면에서도 똑같이 참이었어. 내 시간은 대부분이 30분 단위로 쪼개져 있었어. 회의 참석, 전화, 행동 취하기, 이 모든 게 아득한 데드라인을 향해 정렬되어 있었지. 보통 아침에 일어나면 처음 확인하는 게 그거였어. 핸드폰 액정에 뜬, 보라색 블록으로 깔끔하게 나뉜 하루. 한번 줌아웃하면 일주일치 스케줄을 볼 수 있고, 두번 줌아웃하면 보라색과 흰색으로 체커보드처럼 나뉜 한달치 시간 분배 상황을 확인할 수 있었어. 이십대 초반이 되자 '그 문제'에 할당된 일이 데드라인을 달고 시간별, 일자별, 월별로, 나아가 10년 단위로 캘린더를 꽉 채우게 됐어. 연 단위 스케줄에는 그래도 미정의 여백이 남아 있었지만 마음속에서는 그것조차 내가 인생 2막과 연관 지은, 시간을 다투는 중대 사건들에 점점 더 제한을 받아가고 있었어. 이를테면 대학원 진학이나 배우자 결정, 내 집 마련 같은 사건들 말이야. 그리고 아마, 너도 여기 포함되겠지. 그러는 사이 예정됐던 일들이 슬슬 마무리되거나 아니면 일정보다 늦어졌고 새로운 일정들이 처리되거나 예정이 잡혔어. 이런 식으로 시간이 옴짝달싹할 여유 없이 꽉 죄어진 듯 느껴졌어. 신축성이 전혀 없었지. 한시간 한시간이 앞차 범퍼에 닿을 듯 늘어선 차들처럼 답답하게 지나갔어.

이건 내 고정 상담시간에 거론되는 주요 화제 중 하나였어. 상담은 오전 8시 15분에 시작해 45분간 진행됐어. 매주 금요일 지하철을 타고 어퍼 웨스트사이드의 고급스러운 저택 건물 2층에 자리한 입방형 공간인 그의 상담실에 갔어. 상담실 내부는 전체적으로 매우 단정했고 터키산 양탄자 위에 붉은색 팔걸이의자 두개가 서로 마주보게 배치되어 있었어. 내가 앉는 의자 옆에는 눈에 안 띄게 화장지가 놓여 있었는데, 그걸 쓴 적은 없어(그러고 싶은 충동이 종종 들었지만 상담 중에 도저히 못 울겠더라). 벽에는 항구와 등대 그림들 그리고 생뚱맞게도 꽤나 인상적인 뿔이 달린 유제 동물°의 새하얗게 바랜 해골이 걸려 있었어.

"꼭 잃어버린 시간을 찾아헤매는 것 같군요." 초반 몇차례의 상담 중에 그가 불쑥 말했어. "이 경우엔 내담자가 찾아헤매는 시간이 저만치 앞서가고 있는 게 다르지요." 그는 이런 식으로 문학 작품에 빗대기를 좋아했는데, 그를 주로 찾는 고객층을 응대하다가 생긴 허세가 아니라 나라는 개별 상대에게 맞춰주려는 시도가 아닐까 싶었

° 포유류 가운데 발끝에 각질의 발굽을 가진 동물. 대체로 초식성이며 몸집이 크다.

어. 공통의 기반으로 어필하려는 거지. 아직 프루스트를 읽기 전이었지만 동의하는 척 고개를 끄덕였어. “그 말이 맞는 것 같아요.” 나는 정말로 그렇게 생각하는지 확신도 못하는 채 일단 이렇게 대꾸했어. “장래를 내다보는 사고에 너무 고착돼서 현재를 사는 데 어려움을 겪나봐요.”

상담이 끝나갈 무렵 그가 책장에서 얇은 책 한권을 뽑아 나에게 건넸어. 『지금 이 순간을 살아라』라는 책이었는데, 노란색에서 녹색으로 번지는 농담濃淡 기법의 흉한 바탕에 조악한 서체의 제목을 입힌 표지였어. 나는 조금은 회의적인 마음으로 책을 받아 들었고 이후 일주일 내내 집에서 직장으로, 다시 직장에서 집으로 덜컹대며 이동하는 지하철 안에서 그걸 읽었어.

저자 에크하르트 톨레는 그 어떤 공인된 종교에도 속하지 않은, 엘프 같은 생김새의 독일 남자였어. 책의 골자는 과거와 미래 모두 그 어떤 중요한 측면에서도 실제가 아니라는 거였어. 과거에 천착하고 미래를 걱정하는 것이 인간의 자아가 경험하는 고통의 주 원천이래. 정신을 현재로 돌려 구불구불 휜 그 길을 순순히 밟으면서 무슨 일이 닥치든 순순히 받아들이는 것이 삶의 비결이라더구나. 줄줄이 연착되는 바람에, 그 자체로 몇십년이나 지연된 ‘그 문제’를 논하는 회의에 더 늦게 만든 6번 열차 안에 통조림 음식처럼 끼어 이동하는 것까지 포함해서 말이야. 그걸 제대로 할 줄 아는 게 바로 “지금 이 순간을 사는 것”임을 그 책을 읽으며 알게 됐어.

제일 마음에 든 "지금 이 순간 살기"의 예는 오리가 등장하는 일화였어. 책 중간에 톨레는 독자들에게 오리 두마리가 연못 위에서 서로 직각을 이루는 물길을 미끄러져 오는 걸 상상해보라고 해. 두 길이 만나면서 두 오리도 충돌하고 이내 꽥꽥 소리와 푸드덕 날갯짓의 한바탕 소란이 일어. 하지만 곧 오리들은 서로 떨어지고 아무 일 없다는 듯 무심히 가던 길을 가.

'지금'에서 맛볼 수 있는 지극한 행복이 어떤 건지 설명해주는 일화였어. 사람 마음이라면 다툼이 남긴 쓴맛을 곱씹거나 다음 다툼에 대비하며 시간을 보낼 텐데 오리들은 딱 사건이 일어나면서 경과한 시간만큼만 신경을 쏟고 끝이라는 거지. 어쩌면 나도 오리들을 모방해 순간순간을 과거의 투영으로도 미래의 전조로도 받아들이지 않고 주어지는 대로 받아들인다면 '그 문제'가 나를 꽉 쥔 손아귀를 풀 테고 그러면 나는 좀더 천천히, 내 하루하루의 원래 페이스대로 살아갈 수 있을 텐데. 지금의 나날은 무자비하게 가속되는 것 같은 인상에도 불구하고 여전히 정확히 하루가 딱 24시간의 속도로 흐르고 있으니까.

최초의 '지금 이 순간' 포착하기 시도는 실패로 돌아갔어. 그 책을 읽고 며칠 안 지난 어느 일요일, 오후 스케줄이 비었기에 평소에 조용하고 인적 드문 브롱크스 북쪽 우드론 묘지로 자전거를 타고 나가보기로 했어. 오전 시간을 받은편지함에서 쳐낼 수 있는 일을 쳐내면서 보내느라 예정보다 출발 시각이 늦어졌는데, 그래서 묘지 정문에 다다랐을 땐 대리석 묘비들이 드리운 그림자가 벌써 피아노의 검은건반처럼 약간 기우뚱한 채 길어지고 있었어. 늦겨울이어서 앉을 자리를 마련하기 위해 자전거용 짐가방으로 반쯤 녹은 눈을 버석버석 쓸어내야 했어. 인도에 사람 한명 없고 묘실들에는 맹꽁이자물쇠가 채워져 있어서 묘지 전체가 꼭 압류당한 주거구역 느낌이 났어. 입구 표지판에 따르면 그중 한 묘실에 허먼 멜빌이 잠들어 있다는데, 이리저리 꺾인 오솔길들 사이에서 그 묘실을 영 찾을 수가 없어서 결국 포기하고 대충 묘지 한복판쯤으로 보이는 데에 솟은 언덕의 눈 안 쌓인 풀밭 한뼘에 자리 잡고 앉았어. 그런데 땅이 눈 녹은 물로 아직 축축해서 앉자마자 습기가 담요를 뚫고 바지의 다리통을 다 적시는 거야. 그래서 도로 일어나서 부츠로 눈을 쓱쓱 밀어가며 경사면을 더 올라가 웬 오벨리스크의 바람 안 받는 쪽 면으로 가서 그 대리석에 등을 기대고 앉았어. 하지만 눈을 감고 있으려 해도 추위가 너무 통렬하고 집요하게 파고들었고, 게다가 축축한 부위를 피하려고 여러차례 담요를 고쳐 깔아야 했어.

이렇게 적당한 곳을 찾으며 꼼지락대는 와중에 '지금 이 순간'은 나를 피해갔고 생각의 꼬리는 멜빌로 돌아갔어. 『모비 딕』의 어느 장에서 이름 모를 선원이 피쿼드호의 망대에 올라간 일화를 묘사한 부분이야. 그 청년은 백경이 등의 구멍으로 내뿜는 분수를 찾아 감시하는 임무를 맡았는데 자꾸만 시선이 수평선, 지구의 둘레선으로 가. 탁 트인 바다에서 결코 변하지 않는 선이지. 배가 넘실대는 파도를 헤치고 나아가는데도 그는 끝없는 평원 한복판에 홀로 정지해 있는 느낌을 받아. 그는 태양을 향해 뺨을 내밀고 눈을 반쯤 지그시 감아. 저 아래서 동료 선원들이 잡아들인 고래를 지방에서 살을 도려내고 뼈에서 뼈를 발라내가며 도축하는데도 그의 귀에는 전혀 들리지 않아. 그들이 내는 소음은 바람과 아찔한 돛대를 타고 사라졌거든.

이 이야기를 상담사에게 가서 해볼까 했어. 우리 둘이서 변주할 또 하나의 허세거리로 삼는 거지. 이 이야기는 내가 '지금 이 순간 살기'에서 가장 부러워하고 두려워하는 것을 담고 있다고 말하는 거야. 깊은 평화에 이만큼 다가갈 수 있지만 오직 대학살을 외면해야만 그럴 수 있지 않느냐고.

내가 고른 오벨리스크 밑동에 기대앉은 채, 깊은 평화는 잡아두고 대학살은 막아줄 경계선이 어디 없나 두리번거렸어. 저 멀리 숲을 이룬 소나무들, 쌓인 눈이 도로와 만나는 선, 장막을 덮은 듯 아득하게 들려오는 차량 소음. 어떤 것도 그 자리에 가만히 있지 않을 것 같았어. 나에게는 훤히 내려다보이는 시야도 시원한 바람도 없었어. 한번 더 눈을 감고 있어보려 했지만 온갖 잡생각이 시간을 따라서, 혹은 거슬러서 쌩쌩 달리며 뒤에 매단 나도 질질 끌고 갔어. 이제는 버릇이 된지라, 내가 있는 곳의 홍수 지도를 떠올려봤어. 최악의 홍수가 닥쳐도 우드론은 고지대에 있으니 무사하겠구나 싶었지. 마지막 최대빙하기도 떠올려봤어. 거대한 빙상들이 둥실 떠오다가 딱 이 위도에 멈춰서 새하얀 빙벽이 고대의 브롱크스 위로 위압적으로 솟아 있는 광경을 상상했지. 이튿날 아침 8시에 열릴 회의를 차단 처리해둔 내 핸드폰 캘린더도 떠올렸어. 그러자 갑자기 이제 가봐야겠다는 생각이 들어서 서둘러 소지품을 챙기고 젖은 담요를 착착 갰어. 저녁에 집에 돌아오니 겨우 볶음밥 만들 시간밖에 안 남았더라. 프라이팬 한가득 볶은 밥을 타파웨어 용기에 소분해 다음 일주일간 하루에 하나씩 먹으려고 냉장고에 넣어뒀지.

그날 든 느낌은 이런 거였던 것 같아. 시간이 너무 크면서 너무 작다는 느낌. 시간이 내가 수용 가능한 수준 이상으로 길게 늘여지고 또 가늘게 쪼개지고 있는 느낌.

한편으로 '그 문제'는 이제 주기적으로 내가 나의 생애주기를, 양방향 모두 경계선을 한참 벗어난 지점까지 고려하도록 압박하고 있었어. 그래서 나의 불수의적 주의注意라는 렌즈 구경은 나의 탄생에서 수천년 앞선 사건들과, 똑같이 나의 죽음 한참 이후에 일어날 사건들까지 포함하도록 확대될 수밖에 없었어. 다른 한편으로는 '그 문제'의 긴박감이 하루하루를 점점 더 작은 조각으로 쪼개놓는 것 같았어. 30분짜리 전화 통화, 15분 내로 마쳐야 하는 작업, 뒤죽박죽 합쳐진 데드라인들로 인한 숨 가쁜 가속. 이렇게 과거와 미래는, 현재가 뚝뚝 잘려나가고 압축되는 와중에도, 어느 때보다 더 위압적으로 나를 짓눌렀어. 조금씩, 시간 자체가 기이한 종류의 자원으로—만연하지만 희귀하고, 사실상 무한하지만 본질적으로는 재생 불가한—느껴지게 됐지.

* * *

미국이 파리협정을 탈퇴하고 몇주 동안 환경운동연합에서 일하는 모두가 사기를 올리려고 최선을 다했어. 우리는 물러설 수 없다고, 화상회의 때마다 우리 자신에게 또 서로에게 되뇌었어. 물러서는 건 최후의 선택이라고.

몇달 뒤, 캘리포니아 북부 모처에서 진행되는 작가 레지던시° 프로그램에 낸 지원서가 통과됐다는 연락을 받았어. 죄책감을 안고 지원했는데. 이러고 있을 때가 아닌 걸 알았거든. 하지만 시간이 절실해지던 차였어. 넉넉하고 너그럽게 느껴지는 종류의 시간, 내가 느끼는 비통함을 곧바로 일로 전환할 것을 요구하지 않는 시간이. 그런 식으로 일을 계속하면 비통함과 일 모두 완전히 소진해버려서 냉담으로 파고들게 될까봐 걱정됐어. 그래서 옹호의 여지 없는 방종으로 느껴지는데도 불구하고 몇주짜리 휴식에 지원한 거야. 그 시간이 다만 몇주의 휴식보다 훨씬 큰 선물이 되기를 바라면서.

그때는 너에게 편지를 쓰기 시작한 지 몇달이 됐을 무렵인데, 핸드폰에 저장된 흩어진 메모들을 엮어 한편의 유기적인 글로 만들고픈 마음이 슬슬 들었어. 파리협정 탈퇴 이전에는 그래도 네가 자라서 그걸 읽을 때쯤 추세선이 뒤집혀 있을지 모른다는 장기적 환상을 아직 품고 있었어. 협정 탈퇴 뒤에는 그런 환상을 계속 품기 어려워

° 원문은 writers' retreat으로, 조용한 곳에 가 머문다는 뜻의 retreat는 '물러나다'라는 뜻도 있어서 이 장에서 중의적으로 쓰였다.

졌어. '그 문제'가 지금보다 악화한 채 고스란히 너를 기다리고 있을 것이며 그렇기에 그 문제에 대해 너와 대화할 방법을 찾아야 한다는 것이 점점 분명해지는 것 같았어. 대화 정도로 그치지 않고 조언하고, 위로하고, 아니면 너에게 그 초과물에 맞설 도구를 쥐여줘야 할 것 같았지. 그러자 이것이 갑자기 세대를 초월한 책임으로 느껴졌어. 아버지가 전화로 내게 말해준 것, 그래도 아직은 희망을 놓지 말라는 말을 너에게 편지로 전할 방도를 찾아야 했어.

레지던시 프로그램에 지원했을 때 시간 운용 문제에 초점을 맞춰서 지원서를 썼어. 다만 내가 느끼는 불안감을 본격적인 존재론적 위기가 아니라 작가 특유의 발상인 척 다듬어 표현했지. 지원서에는 아예 새로운 언어로 그걸 설명했어. 과거와 미래 개념은 치워두고 시제도 완전히 내려놨어. 뭐라고 썼느냐면, 내가 진정 찾고자 하는 것은 시간 **척도들** 사이의 다리라고 했어. 일대기적 시간과 지질학적 시간 모두에서 살아 있다는 기분, 그것들의 괴리를 안고 또한 그 괴리를 고스란히 지나면서 살아 있는 기분을 느끼고 싶다고 했지. 나의 생명선이라는 잔가지가, 그보다 훨씬 길지만 우연히 잠시 겹친 지구의 벡터에 잠시 스치는 수준으로 균형을 이룬 모습을 볼 수 있다는 느낌을 느껴보고 싶다고. 그건 꽤 무서운 광경이겠지만 나는 겁나지 않는다고 썼어. 설명할 순 없지만, 겁낼 수가 없다고. 지금도 여전히 모든 게 정상인 양 여기저기 이메일을 보내고, 머리를 자르고, 콘플레이크에 우유를 붓고 있다고. 왜냐하면 종종 기만적이게도 모든 게 정말로 정상인 듯 느껴지니까.

* * *

레지던시는 캘리포니아 해변에 있는 아름다운 집에서, 봄에 시작됐어. 도착하자 총무가 부지를 구경시켜줬는데, 아주 정성 들여 가꾼 티가 났고 꽃이 풍성했어. 화려한 금영화가 정원 산책길 가장자리를 두르고 있고 카스틸레야가 덤불에서 꼿꼿이 솟아 있었지. 안으로 들어가니 고상한 미술 작품과 작가의 한마디가 곳곳에 걸려 있었어. 내 방문 바깥쪽에 걸린 건 "심장이 말을 하면 새겨들어라"라는 문장이었지.

참가자는 총 세명이었는데, 각 참가자는 본관 뒤의 작업용 오두막 공간을 제공받았어. 총무가 나에게 배정된 오두막으로 안내했고, 우리는 몸을 숙이고 낮은 문을 통과해 러그와 책상, 조그만 소파가 각각 하나씩 있는 그 방으로 들어갔어. 안에서 삼나무 향이 났고 전면 창으로는 만조로 불어난 염습지가 내다보였어.

"저 밑으로," 총무가 드라마틱한 몸짓으로 늪을 가리키며 말했어. "샌앤드레이어스 단층이 지난답니다." 이어서 설명하기를, 사람들이 겁먹고 안 올까봐 홈페이지에는 그 사실을 일부러 올리지 않았대. 나는 그 말을 듣고 마음이 달아나기는커녕 오히려 그 반대였어. 이런 행운이 굴러들어오다니 믿을 수 없었지. 염습지를 이리저리 둘러보는데, 내 작은 오두막이 태평양판이 한해에 5센티미터의 속도로 북아메리카를 천천히 지나고 있는 바로 그 지점과 물리적으로 가장 가까이 있는 구조물인 것 같더구나. 말 그대로의 의미에 가장 가깝게, 나는 일대기적 시간과 지질학적 시간의 경계에 우연히 발을 디딘 거야.

첫째날은 좀처럼 작업을 할 수가 없어서 조수가 염습지를 덮쳤다가 물러나면서 미로처럼 얽힌 진흙 수로와 덤불을 드러내는 광경을 마냥 구경했어. 단층선은 만에서 흘러든 해수가 한때 소 방목지였던 육지로 범람했던 부분인, 아주 살짝 꺼진 염습지를 제외하면 그런 게 있다는 티가 전혀 안 날 정도로 꼭꼭 숨어 있었어. 맨발을 방바닥에 대고 키보드에 손가락을 얹은 채 밑에서 희미한 떨림이, 현재의 밑에서 전해오는 잔물결이 감지되기를 기다렸어. 하지만 샌앤드레이어스는 잠잠하고 시계만 박자 맞춰 째깍거렸고, 결국 나는 일대기적 시간에 거의 아무것도 기록하지 못한 채 노트북 컴퓨터를 탁 닫았어.

동료 참가자들은 서글서글하지만 은둔적 성향이 강했고, 그래서 거기 머무는 시간이 굉장히 외로워졌어. 화상회의로 점철된 세상에 살던 내게 외로움이라는 기분은 참 생소했는데, 곧 외로움이 지루함과 우울함, 산만함과 즐거움 같은 다양한 농담濃淡을 내포하고 있다는 걸 알게 됐어. 한차례 탄력 받아 글을 쓰고 나면 오후에는 해설이 제공되는 근처 산책로를 혼자서 걸으면서 비닐 코팅된 설명 팻말을 읽곤 했어. 어느 산책로에서는 지진의 원리를 설명한 팻말을 읽었어. 경계를 따라 수십수백년에 걸쳐 압력이 점점 높아지다가 암석이 쪼개지고 지각판이 서로 급격히 어긋나는 과정을 설명해놓았더라고. 가장 최근에 이런 현상이 일어났을 때 샌앤드레이어스를 따라 깔려 있던 판들 중 하나가 1초에 6미터나 솟구쳐 올랐다는데, 그게 태평양판이었는지 북아메리카판이었는지는 비닐 코팅지 일부가 햇빛에 바래고 쭈글쭈글해져서 읽어낼 수 없었어. 길을 따라 더 가보니 이 솟구침의 엄청난 규모를 시각화하기 위해 세워놓은 가름울타리가 나왔어. 울타리 절반이 나머지 절반보다 6미터가량 앞으로 나와 있더라. 내 오두막이 염습지 북쪽으로 6미터 밀려나는 상상을 해봤어. 순식간에 모든 게 변했는데도 풍경은 크게 다르지 않으리라는 상상.

하나 더 배운 게 있어. 지진 측정에 사용하는 기계를 지진계라고 한다는 것. 용수철과 무게 추로 각각의 진동을 종이에 기록해 실시간으로 읽을 수 있게, 낙서처럼 보이는 그래프를 만드는 기계야. 수백 킬로미터 떨어져서도 지진계는 대재앙급 자연현상의 정확한 규모를, 인쇄용지에 각종 데이터로 변환해 알려줄 수 있어. 하지만 그조차 지진을 실제로 감지하는 것과는 사뭇 다르지.

그날 밤 불안감에 잠 못 들고 뒤척였어. 자진해서 레지던시에 지원했지만 '그 문제'와 투쟁하는 모드에서 그것에 대해 생각하는 모드로 스스로 전환할 준비는 아직 안 되어 있었거든. 침대에 누워 생각이 떠오르길 기다렸어. 그 생각들을 재료로, 여기서 머무는 동안 생산해야 하는 글을 뽑아내려고. 그냥 또 하나의 작업, 시간표 한 블록에 욱여넣을 일로 느껴졌어. 훌쩍 다가온 마감이 한눈에 들어오게끔, 캘린더에 큼지막하게 보라색으로 잡혀 있는 그 블록이 머릿속에 그려졌어. 그렇지만 아무리 채찍질해도 뇌는 마비된 채 꼼짝하지 않았어.

바깥에서는 꽃들이 화분을 흩뿌리고 있었어. 목이 심하게 간질거렸고, 나도 모르게 자꾸만 혀로 입천장을 쓸면서 둔탁하게 공기를 빠는 소리를 냈어. 한밤중에 이불을 걷어젖히고 화장실로 달려가 포일 껍질에서 꺼낸 하얀색 조그만 알레르기 알약을 곧장 입에 넣었는데, 넣자마자 벽에 고정된 야간등의 흐릿한 불빛에 비친 약 껍질에 "졸리지 않음, 24시간 지속"이라고 쓰인 걸 알아챘어. 졸리지 않다는 게 각성 성분이 없다는 건지 아니면 단순히 수면제 성분이 없다는 건지 알 수 없어서, 일단 침대로 돌아가 뇌가 어쩌려는지 보기로 했어. 눈이 영 감기지 않고 별수 없이 어둠에 적응하자 사물의 회색 경계들과 블라인드 틈으로 들어오는 물결 모양의 은은한 불빛이 보이기 시작했어. 바깥에서는 귀뚜라미들이 다리를 문질러대며 요란하게 연주를 벌였어. 수면용 안대를 쓰고 안쪽의 검은색 새틴 천을 초점 없이 노려보거나 아예 눈을 감고 눈꺼풀 안쪽에 둥둥 떠다니는 색색의 번진 점들이나 보고 있으려 했어. 하지만 불안감은 끈질기게 들러붙었고 알레르기도 여전히 기승을 부렸어. 새벽 네시에 패배를 인정하고 한번 더 화장실로 비척비척 걸어가 조그만 분홍색 베나드릴 알약을 삼켰지. 약이 집 안을 방방이 돌며 소등하듯 내 머릿속 전구를 천천히 하나씩 끄는 것 같았어.

오전 11시에 약에 비몽사몽 취한 상태로 일어나 무거운 몸을 끌고 오두막으로 갔어. 눈알이 꼭 의안으로 바꿔 낀 듯 뻑뻑했어. 왜, 눈구멍에 꽉 눌러 끼우고 손가락으로 만져 제자리를 찾아줘야 하는, 실물이랑 똑같이 생긴 커다란 유리알 있잖아. 주체할 수 없이 졸린 동시에 말도 안 될 정도로 각성한 상태로 노트북 화면을 멍하니 바라봤어. 여전히 단층선의 움직임은 감지되지 않았지만 저기 염습지에서 오리 가족이 일렬종대로 조류 세곡을 미끄러져가는 게 보였어. 레지던시 측에서 진즉에 망원경을 빌려줬는데, 그걸 내 의안 앞에 들고 오리 가족의 마지막 한마리까지 샌앤드레이어스를 건너 태평양판의 진흙에 폴짝 올라 시야에서 사라지는 모습을 바라봤어.

이튿날 밤에는 잠들기 위해 내가 오랫동안 써먹은 수법으로 돌아가, 온 세상이 1센티미터씩 물에 잠기는 상상을 했어. 먼저 내가 누운 침대부터 시작해서, 수면이 침대의 나무 기둥을 타고 올라가 스펀지처럼 매트리스를 흠뻑 적신 다음 내 코와 입에도 넘쳐들고 이어서 이불을 내 몸에서 살며시 들어올려 마치 유령처럼 내 위에서 살랑거리게 하는 광경을 그렸어. 물은 염습지에도 차올라 자기가 진흙에 새겨놓았던 패턴을 전부 지우고는 판 하나로 이루어진 평지처럼 수위가 상승하다가 둑을 넘고 꽃밭에 흥건히 고였고, 라일락과 카스틸레야 꽃대들이 해류 속 해초처럼 넘실댔어. 이윽고 물은 글 쓰는 오두막까지 닥쳐 문 밑 틈으로 스며들었고 내가 책상다리를 하고서 노트북이 침수돼 꺼지기 전 한문장이라도 마치려고 기를 쓰고 앉아 있는 의자의 다리에도 혀를 날름댔어. 노트북 화면에는 책상 위의 공책에서 대강대강 옮겨 쓴 글자들이 깜빡거렸지. 계속해서 물은 사물들의 꼭대기를 삼켰고 오두막 지붕과 소나무 정수리들도 집어삼켰어. 떨어진 솔가지들이 물고기처럼 떼 지어 언덕 꼭대기를 향해 둥실둥실 헤엄쳐갔고 수면 아래 살짝 보이던 언덕 꼭대기들은 밀려오는 물살을 접어 파도치게 하더니, 끝내 그것들마저 물에 잠기고 조수는 마침내 다른 물과 구별되지 않는 태평양을 덮어 완전히 합체됐어. 밑에 남은 나는 마치 광활한 경기장의 지붕을 올려다보는 것 같았어. 텅 빈 공간에 갑자기 부피가 생기고 표면은 영영 닿을 수 없을 것처럼 저 높이 있었지. 움푹 꺼진 염습지에서 물방울이 보글보글 탑처럼 솟아올랐고, 어스름 속에 고래들이 지나갔어. 온 세상이 컴컴하고 둥실거리는 것 같았어. 나는 거기에 잠겨 잠으로 빠져들었어.

* * *

다시 레지던시에 참가하기 몇달 전 뉴욕으로 돌아가, 스물여섯살 생일을 하루 앞둔 날 상담 약속이 잡혀 있었어. 그날 상담사에게 우리 둘 다 흠칫 놀랄 정도로 격하게 내가 태어난 해인 1990년이 너무

너무 싫다고 얘기한 게 기억나. 내가 속한 세대 집단이 하필 '그 문제'가 처음 대중의 의식에 들어오기 시작한 그때 태어나는 불운을 떠안았고, 이후 30년간 '그 문제'가 매키번이 말한 긴박한 위협에서 콜베르가 말한 이미 닥쳐온 불가피함으로 변해가는 것을 지켜봐야 했다고 했어. 이 모든 과정이 하필 우리 세대가 어른이 되어가는 시기에 일어났다고. 차라리 100년 전에 태어나 아무것도 모르는 채 살다가는 게 낫지요, 라고 말했어. 아니면 상황이 본격적으로 악화하기 시작할 100년 뒤에 살다 가든가요. 둘 중 어느 쪽이든 충격에 **대비하며**, 마냥 기다리며 살아가는 끔찍한 이번 세기보다 낫잖아요.

내가 이 얘기를 하자 상담사는 씩 웃더니 잠시 대꾸할 말을 고르는 것 같았어. "어쩌면 당신은 인구억제주의자인지도 모르겠네요." 그러다가 반쯤 혼잣말에 반쯤은 물어보는 투로 이렇게 말했지. "어쩌면 아예 안 태어나는 게 낫다고 생각하나봐요."

그렇게 말하니 얼토당토않은 소리로 들렸어. 그 어떤 합리적 척도에 비추어 봐도 나는 비교도 안 되게 좋은 삶을 살았거든. '그 문제'의 어떤 점도 새천년을 앞두고 북반구 중산층 가정에서 백인 남자로 태어난 것이 안락함과 기회라는 로또를 탄 것과 같다는 사실을 바꿔놓지는 않았으니까. 어쨌든 그 순간 나는 어퍼 웨스트사이드에 있는 상담실의 안락의자에 앉아 시간당 95달러를 지불해가며 전문가의 사려 깊은 가이드를 받으며 감정을 조곤조곤 풀어놓고 있었잖니.

그래도, 그날 저녁 집에 돌아와서 몇시간 동안 인터넷에서 인구억제주의에 대한 자료를 읽었어. 한참 읽다보니 어느새 "자발적 인류

멸종운동"이라는 제목의 글을 들여다보고 있더라고. 사명선언문에 따르면 "생물권biosphere의 완전한 건강 회복을 위해 모든 인간의 생식 활동을 중단할 것"을 촉구하는 운동이래. 홈페이지에 한 사람이 공룡 한마리, 도도새 한마리와 나란히 서서 웃으며 손 흔드는 그림이 있었어. 그 밑에 이런 모토가 떠 있고. "우리 모두 장수하다가 멸종하기를."(질의응답 목록도 비슷하게 진지하면서 유머러스한 질문으로 채워져 있었어. "진심으로 하는 소리예요?" "그럼 섹스를 멈춰야 하나요?" "자발적 인류멸종운동에 반대하는 사람도 있단 말이에요?")

거들먹거리지 않는 레스 나이트Les Knight라는 단체 설립자가 터커 칼슨°과 인터뷰한 영상을 클릭해봤어. 나이트는 말투가 조곤조곤했고, 아래위로 황갈색 옷을 입고 있었어. 그래서인지 우편배달부 아니면 우표 수집가처럼 보였지. 뜻밖의 유머러스한 태도로 그는 칼슨에게 자신이 스물다섯살 때 정관수술을 받기로 한 얘기를 들려주면서, 이상적인 세계라면 모두가 같은 결정을 내릴 거라고 했어. 그렇게 해야 인류가 마지막 세대까지 번영하며 평화롭게 살다가 차차 인구가 감소해 종국에는 마지막 인간 개체가, 우리가 멸절 직전까지 몰아갔던 수천종의 생물에게 무대를 내줄 거라고.

"도대체 왜 그렇게까지 하는 건데요?" 칼슨이 물었어. "왜 인간이 멸종되기를 바라시죠?"

° 미국의 텔레비전 토크쇼 호스트.

“우리가 멸종되든가 아니면 다른 수백만종이 멸종되든가 둘 중 하나거든요.” 나이트가 조용히 웃으며 대꾸했어.

“그건 그렇지만요. 여기서 나올 법한 질문이, 우리가 다른 종보다 우리 종을 우선시한다면요? 인간이 자기 종을 영속시키고자 하는 건 온당한 것 아닌가요?”

“우리가 딱 그것만 한다면 온당하겠죠. 다른 종들도 계속 살아가고 공존하게 해준다면요. 그런데 우리가 호모사피엔스가 된 이래로 한번도 그러지 못했거든요. 대규모 멸종을 촉발했지요.”

“무슨 소리죠? 현재 지구에 번성하는 동식물 종이 얼마나 많은데요. 어, 그리고 곤충하고 조류藻類도 엄청 많고…”

나이트의 논리는 반박이 어려운 수준이었지만, 나도 별수 없었어. 태어나서 처음으로 터커 칼슨의 편을 들고 있었거든. 내 안의 인류편파주의가 화르륵 타올라서 칼슨과 함께 황당해하며 어버버거렸어. 우리가 창조한 예술이며 발명은 어쩌고? 허공에 대고 외쳤어. 우리가 아는 한 우주에서 유일무이한 자기성찰 능력은 또 어쩔 건데?

하지만 한발 늦었음을 이내 깨달았어. 나이트의 주장이 내 머리에 박혀 씨를 뿌리고 있었지. 그건 나중에 긴급하지만 답하기 힘든, 잡초처럼 걷잡을 수 없는 질문으로 싹을 틔워.

그 후 얼마간, 나에게 음침한 인구억제주의자 쌍둥이가 있다는 상상을 버릇처럼 하게 됐어. 그는 거울에 비친 상처럼 생생하게 내 앞에 나타나곤 했고, 가장 일상적인 상황에서 내 머릿속에 떠올랐어.

그 녀석이 회의에 참석한 모습이 상상됐어. 저 뒤편에 앉아 별 도움 안 되는 의견이나 주의를 흐트러뜨리는 관련 기사를 불쑥 던지면서 은근슬쩍 '그 문제'에 대한 논의를 망치려 드는 모습을. 그러다 결국 궁지에 몰려 우리 조직에 끼어든 동기를 털어놓는 거야. 그 녀석이 반항기 어린 독백을 쏟아내면서 정체를 드러내는 순간을 그려봤어. 호모사피엔스가 지구를 탈출해 충분히 오래 생존하면서 온 우주를 제패했다고 상상해보세요. 이 암적인 종이 어찌어찌해서 대거 확산한 세계를 상상해보라고요!

나는 그가 아니고 그 녀석 의견에 동조하지도 않지만 사악한 쌍둥이라는 존재가 으레 그렇듯 마음 불편하게 하는 익숙함, 끌림 같은 게 있어. 그 녀석과 나는 다르다고 너에게 말할 수는 있지만 정확히 어떻게 다른지는 얘기 못하겠다.

이 편지를 쓰기 시작했을 때도 다 소용없는 짓이라는 생각이 한가닥 있었어. 네가 태어나서 이 편지를 받게 되지 않기를 바라는 마음이 있었지. 레지던시에 머무는 동안, 내 작업의 결과물에 큰 운명이 달린 것도 아니고 내가 거기에 있는 것을 아는 사람조차 별로 없는데도 아침마다 내게 배정된 작은 오두막에서 왠지 초조한 마음으로 어기적거리며 나오곤 했어. 책상 위 망원경 옆에 책을 잔뜩 쌓아놓고 글쓰기가 막힐 때마다, 사실 그런 적이 꽤 많았는데, 그 둘을 번갈아 집어들고 들여다봤어.

책더미 제일 위에는 매기 넬슨의 『아르고노트』*The Argonauts*가 있었어. 유연함이란 무엇인지, 보살핌과 용기를 산문으로 옮기면 어떤 글이 되는지 상기하고 싶을 때마다 새삼 펼쳐보는, 내가 무척 사랑하는 책이야. 이 책도 부모 됨을 중심으로 이야기가 펼쳐져. 넬슨은 자신의 가족이 어떻게 만들어졌는지 시간순으로 펼쳐나가. 젠더 플루이드°인 파트너를 만나 사랑에 빠지고, 그 사람의 아들을 사랑으로 돌보게 되고, 임신하려고 시도했다가 실패하고 또다시 시도했다가 마침내 자신의 아이를 낳고, 그 아이를 그들이 만든 따스한 둥지에 데려와 품는 이야기. 처음 이 책을 읽었을 때 크게 감동했어. 이건 '그 문제'마저 초월해 살아남을 종류의 사랑이야, 이렇게 생각했지. 변화에 닻을 내리고 범주화에는 저항하는 사랑. 각 부분이 하나씩 대체되어도 전체의 온전함이 망가지지 않을 사랑, 오히려 그런 유의 끝없는 탈바꿈을 **바탕으로 쌓아나간** 사랑이었거든. 너를 정의하지는 않으면서 너에게 편지를 쓰는 것이 어떤 것일지, 사랑에 따르는 온갖 복잡한 문제에 등 돌리지 않으면서 열렬히 너를 사랑하는 게 어떤 것일지를 바로 『아르고노트』에서 배웠어.

그럼에도, 어느 날 아침 오두막에서 그 책을 후루룩 들춰보다가 천하의 넬슨이라도 내가 지금 쓰려고 낑낑대는 편지는 회의적으로 보리라는 것을 깨달았어. 까맣게 잊었던(귀퉁이가 접혀 있는 걸 보니 과거 언젠가 주목했던 모양이지만) 한 구절에서 그 단서를 찾아

° 성별 확정을 거부하는 것

냈어.

“태아든 갓난아기든 아기에게 쓰거나 헌정된 글을 읽다보면 항상 오싹한 느낌이 들었다. 물론 의심의 여지 없이 사랑에서 나온 행동임은 나도 안다. 하지만 수신인의 문맹 상태가—게다가 편지를 쓰는 순간과 아이가 충분히 자라나 그 편지를 수취할 시점의 시간적 간극은 말할 것도 없고 (…)—만약 맺어질 수 있기나 하다면 관계란 편지 쓰기라는 단순한 형태로는 이루어질 수 없다는 당혹스러운 사실을 부각한다. 한없이 미숙한 인간을 인생 첫 순간부터 이토록 어려운 일, 이런 빗나감을 맛볼 상황에 놓다니, 너무나 무서운 일이다.”

지금 와서 이 구절을 읽으니 참 슬프고, 옳은 소리라 부끄럽기도 해. 네가 감당할 과제로 ‘그 문제’만으로는 충분치 않은 양 네 아비가 겪은 투쟁의 무게마저, 너와 연결되려는 나의 모든 서투른 시도마저 얹어주려는 듯 이러고 있구나. 제일 먼저 드는 충동은 이런 짐을 떠안긴 것을 사과하는 거지만, 그 역시 네가 태어나는 것을 기정사실로 여기기에 드는 충동이지. 넬슨의 비평을 곱씹자니 네가 당연히 태어날 생명이 아님을, 그 어떤 아이도 그렇지 않음을 새삼 깨닫게 돼. 내가 품은 의혹들이 결국 나를 잠식할 가능성 혹은 의학적으로나 재정적으로 다른 뭔가가 잘못될 가능성을 잠시 치워놓는다 해도, 너를 낳기로 할 결정은 나만이 아니라 내 파트너의 결정이기도 하다는 기본적 사실을 고려해야지. 말인즉, 네가 이걸 읽는다면 그건 곧 네가 존재함을 의미하지만 내가 이걸 쓰는 것이 필연적으로 네가 존재함을 의미하지는 않는다는 얘기야.

내 편지가 이 모든 불확실성에 대한 헤징 행위라는 것을 슬슬 깨달아가고 있어. 가정을 이루는 것이 내게 주어진 옵션이 아님이 드러난다면, 그러니까 어떤 확신이나 상황이 궁극적으로 그것을 저지한다면 너에게 편지를 쓰는 것이, 아무리 볼품없고 가상적이어도 넬슨이 관계 맺기라 칭하는 것에 근접한 것을 경험할 나의 유일한 기회일지도 몰라. 만약 그렇다면 너에게 쓰는 편지는 사실상 나름의 빛나감들 그리고 나름의 상처와 정이 가득 담긴, 나에게 쓰는 편지인 셈이지.

넬슨의 책을 읽다보면 또다른 의구심이 피어올라. 태어나지 않은 아이에게 인격 부여하기와 가장 크게 결부되는 집단, 즉 이와 똑같은 형식의 말 걸기를 가장 빈번히 행하는 집단이 임신중지 반대 압력단체가 아닐까 하는 의심. 임신중지 반대의 가장 큰 아이러니 중 하나는 그 옹호자들 대부분이 아직 태어나지 않은 아이의 미래를 지우는 것은 그토록 안타까워하면서 정확히 그 짓을, 그것도 세계적이며 범지구적 스케일로 벌이고 있는 어떤 '문제'는 극구 모른 척한다는 거야. 잠재적 아이들을 보호하려는 그들의 진심 어린 관심을 고려하면, 그 아이들이 생을 지속할 수 있는 세상을 물려받게 해주고 싶어해야 마땅하지 않니?

어쩌면 이 지점에서 그들이 내 위선을 지적할지도 모르겠다. 나

역시 살아 있는 이들의 정책을 내가 원하는 방향으로 유도하기 위해 태어나지 않은 아이를 맹목적 숭배물로 대상화하고 있지 않느냐고. 하지만 나는 태어나지 않은 아기에게 쓰고 있지 않아. 너에게 쓰고 있지. 특정한 나의 아이, 내가 관련해서 발언권을 가질 수 있는 유일한 아이. 게다가 내 목적은 너를 정치적 무기로 휘두르려는 게 아니야. 구구절절 감동적인 편지가 세상의 프루잇들을 설득할 수 있다고 믿을 정도로 순진하진 않아. 그보다는 너를 먼저 인격화하지 않고서, 너를 하나의 인간으로 대하지 않고서 어찌 너를 낳을 결정을 할 수 있는지 이해를 못할 뿐이야. 이 편지 자체가 그것이 굉장히 사적인 질문이며 그에 대해 숙고하고 선택하는 것이 내 권한 범위에 든다는 것을 전제로 해. 똑같은 선택권을 여성들에게만 불허하는 건 항상 부도덕한 처사였지만 '그 문제'의 시대에는 특히 더 가학적으로 느껴져. 프루잇들이 대대적으로 세상을 불바다로 만들어놓고 이 지옥불에 아이를 밀어넣지 **않겠다**는 여성의 선택을 불법화하는 것이. 그렇다 해도, 임신중지 반대자들에게 일말의 동정은 느껴. 적어도, 가정으로만 존재하는 누군가를 사랑하는 마음은 이해되거든. 그 사랑을 실제로 행하는 게 얼마나 이질적이고 걱정스러운 기분일지도.

마지막 날 저녁, 레지던시 측에서 근처 레스토랑에서 쓸 수 있는 기프트카드를 제공해줘서 다 같이 시내에서 한끼 먹기로 하고 각자의 오두막에서 기어나왔어. 늦은 오후의 햇살이 염습지를 금색으로 물들이고 구멍에 숨어 있던 귀뚜라미들을 바깥으로 꾀어냈어. 가는 길에 오래된 헛간 몇개와 말 한마리만 덜렁 있는 작은 방목지를 지나쳤어. 의자에서 엉덩이를 떼고 나온 게, 또 단층선에서 멀리 떨어진 게 그렇게 좋을 수가 없더라.

레스토랑에 도착한 우리는 그 지역에서 잡은 송어와 지속 가능한 방식으로 사육한 소의 고기가 올라 있는 메뉴를 훑어본 뒤 주문을 했어. 빤하게도 대화는 우리 작업 얘기로 흘렀어. 참가자 중 한명은 루이지애나 걸프 연안의 BP 석유 유출 사태 이후의 이야기를 줄거리로 희곡 초안을 쓰고 있댔어. 다른 한명은 디스토피아가 된 미래 인도를 배경으로 퀴어 사이언스 픽션을 쓰고 있다고 했고. 마지막은 내 차례였어. 다른 두 사람 작업 얘기나 계속했으면 싶더라. 내 것보다 더 흥미롭게 들리던데. 하지만 별수 없이 NY리뉴스에서 조직가로 하는 일을 짧게 설명한 다음 '그 문제'에 대한 감정을 제대로 이해하기 위해 글로 써보고 있다고 했어(너에 대한 얘기는 하지 않았어).

"전망이 이렇게 어두운데 어떻게 '그 문제'와 계속 싸워나가세요?" 소설가가 물었어. 칭송하는 투로 질문했지만 나는 그저 피곤한 기분만 들었어. '그 문제'는 핵전쟁처럼 이분법적인 게 아니라고, 버튼을 누르고 말고의 문제가 아니라고, 정해진 답변을 했어. 현재 진행 중이며 피할 수 없다 해도 2도씨와 6도씨 사이에는 인류의 고통과 범세계적 혼돈에 있어서 하늘땅만큼의 차이가 있고 그러니 우리가 여기서 조금 저기서 조금 하는 노력이 미래의 고통을 조금이라도 누그러뜨릴 수 있다고. "이게 말이 되는 소리라면요." 그러고는 평소 잘 쓰는 주의 문구를 덧붙였지. "아네요, 아네요, 굉장히 합리적인 소리로 들려요." 소설가는 이렇게 대꾸하면서 서비스로 제공되는 빵 한접시를 더 가져온 웨이트리스를 어깨 너머로 돌아봤어.

내 대답이 거짓말은 아니었지만, 그날 저녁에 더 자세히 말했어야 했어. 완벽한 답변은 내놓을 수 없다고. '그 문제'와 어떻게 계속 싸워나갈지 늘 아는 건 아니며 내가 지금도 싸우고 있는지조차 확신할 수 없다고. 이 편지는 어떤가요, 라고 물었어야 했어. 당신 생각에 이 편지도 그 싸움에 해당하나요? 일이라는 게 이런 것을 말하는 건가요?

* * *

2017년 9월 20일, 베를린의 한 극장에서 프랑스의 이론가 브뤼노 라투르Bruno Latour가 '그 문제'를 주제로 자신이 "퍼포먼스 강연"이라 칭하는 것을 선보였어. 구겨진 재킷과 타이 차림으로 무대 위에 오른 그 자신과, 자막 없는 이미지를 자기 몸과 그 뒤 커다란 화면에 쏜 것이 바로 퍼포먼스적 요소였지. 라투르는 모든 지식이 사회적으로 생산되며 진실은 그것의 "발견"에 일조한 주체들—인간과 비인간 모두—과 분리되어 존재하지 않는다는 개념을 지지하는 사람이야. 강연을 보고 있으면 투사되는 이미지들이 그러한 믿음을 청중에게 되새김질시키기 위한 것처럼 느껴져. 그가 말하는 개념들을 상징하는 이미지들이 화면 제일 밑단께에 웅크린 듯 왜소해 보이는 그의 물리적 형체에 드리운 모양마저.

처음에는 회전하는 거대한 지구globe 이미지가 어둠 속에 나타나. 라투르의 얼굴 지형, 그 두드러진 코와 불뚝 튀어나온 눈썹 위로 조그만 대양과 대륙 조각들이 지나가. 다음 순간 화면이 흑백의 지질층으로 전환되고, 라투르는 두 팔을 들어 양 소매에 줄무늬를 만든 암석층을 더 잘 보이게 해.

라투르가 보기에 '그 문제'의 출현은 온 세계가 이제는 사회적으로 생산된다는 것, 그것을 들여다볼 "외부"란 없다는 것을 뜻해. 그는 청중에게 비행기를 타고 캐나다 먼 북쪽 배핀섬의 만년설 위를 지나간 얘기를 해줘. 비행기 창밖으로 얼음 녹는 속도가 빨라지고 있음을 말해주는 증거인 크랙과 웅덩이 들이 빙원에 생겨난 것을 볼 수 있었대. 꼭 에드워드 뭉크의 「절규」 같은 형상으로 녹아버린 거대한 빙상도 봤대. 작은 웅덩이 두개는 눈이고 다른 웅덩이 하나는 길게 늘어진 것이 꼭 고통에 찬 입처럼 보였대. "빙하가 내게 모종의 메시지를 전하려는 것 같았어요"라고 그가 청중에게 말해.

예전에는 이런 자연의 장관을 목격할 때 외부에서, 단순히 관찰자 위치에서 들여다보는 게 가능했어. 그런데 지금은, 라투르가 설명하기를, 그가 타고 온 비행기가 비행기 창으로 목격한 장관에 영향을 미치고 있었고 심지어 그 장관을 연출하는 데 한몫했다고 말할 수도 있게 됐어. 달리 말하면 우리는 스스로 하이젠베르크적 함정에 빠져버린 거지. 우리가 관찰자로서 하는 행위가 필연적으로 관찰 대상에 영향을 미치는 상황, 어쩌다보니 우리가 자연 전체를 우리의 사회적 합의라는 점점 커지는 저인망에 담아버린 상황에 빠진 거야. 이런 이유로 그는 강연 제목을 "내부"라고 지었다고 해. 현재 유일하게 우리에게 관련성 있는 장소, 우리 모두가 살고 있는 곳이지.

무대 위에서, 빙상에 나타난 절규하는 얼굴 사진이 이제 라투르의 얼굴에 뜨고 이 투사된 이미지 때문에 라투르는 유령처럼 창백해 보여. 정말로 「절규」처럼 보이긴 해. 그렇다고 암시의 힘이 발휘했을 법한 효과보다 몇배 더 그럴듯해 보이는 건 아니야. 이윽고 화면은 회전하는 지구 이미지로 다시 전환돼.

라투르는 내부에서 바라보는 이 새로운 시대에 이런 이미지들은 더이상 쓸모가 없다고 해. 외부에서 본, 그러니까 우주왕복선 창밖으로 반대 방향에서 찍은 푸르스름한 녹색 지구 이미지 같은 것 말이야. 그것은 글로벌화로 시각화된 글로브(지구), 우주에서 공전하는 커다란 구체일 뿐이야. 얼마나 크냐면 자본주의가 비대화−변이시킨 그 번영을 90억 인간 거주자 모두에게 베풀기에 충분할 정도지. 하지만 그런 곳은 존재하지 않아. 글로벌 자본이라는 대[大]목적인[目的因]을 소화하려면 지구가 몇개는 필요할 텐데, 우리의 지구는 우리가 이미 거의 다 써버렸거든. 그 열매 대부분을 북반구에 분배하고 남반구는 가장 기본적인 욕구를 충족하는 것마저 거부하면서. 그렇기에 라투르가 보기에 지구 이미지는 그냥 한점의 추상화야. 우리가 사는 곳도, 우리 자신이 살고 있다고 생각되는 곳도 아닌 거야.

우리가 실제로 사는 곳은 과학자들이 "임계 영역"the critical zone이라 부르는 영역 안에 있어. 우리가 지금까지 조금이라도 관심을 둔 모든 작용이 일어난, 지각과 창공으로 이루어진 얇은 층 말이야. 단 몇 킬로미터 수직 공간에 온 역사, 진화 자체가 다 들어 있는 셈이지. 라투르는 바로 이것이 우리의 진정한 집이라고 말해. 거대한 구체가 아니라 연약한 피막, 무심한 복숭아의 껍질에 난 솜털. 나아가 라투르가 보기에 그건 장소라기보다 차라리 어떤 과정, 라투르가 그곳에 내재한 주기들의 "소용돌이"vortex라 부르는 것에 더 가까워. 이를테면 신체 내에 도는 피와 양분, 지구에 흐르는 물과 탄소 같은 것. 십억년 안의 수십년, 수십년 안의 며칠, 그 며칠 안에 정신없이 흐르는 몇분. 우리가 이 과정 안에 있음을, 곧 우리가 그 과정에 개입되어 있음을, 또한 거기서 밖으로 나가 거리를 두고 그 변화를 관찰할 수 없음을 인정하려면 일단 겸허해져야 해. '그 문제'와 함께 살아가려면 세상을 저 위에서 내려다보며 읽으려는 시도를 그만둬야 한다고 라투르는 말해. 그보다는 "자신이 양피지 표면에 놓인 것처럼" 세상을 읽으래.

* * *

처음에는 '그 문제'의 답이 있을지 모른다는, 아니면 최소한 답을 아는 사람을 보고자 하는 욕구를 충족시켜줄지 모른다는 기대로 이 강연 영상을 봤어. 하지만 라투르의 명료함과 신념이 부러우면서도 그가 내린 결론에는 다소 난해한 구석이 있었어. 심지어 이렇게 양피지 표면에 옮겨놓는 지금도 그의 말은 소화하기가 어려워. 무슨 뜻인지는 알겠는데 그 해석이 설명하는 세계관을 직접 취하면 **어떤 느낌일지**는 잘 파악이 안 돼.

그건 그렇지만, 처음 접했을 때 라투르의 접근법은 어느 정도 개념적으로 말이 됐어. 연약한 지구를, 그 얇은 피막을 관찰하고 "그 피막이 제 몸의 활동에 보이는 반응"을 측정함으로써 이해하자는 접근법. 이렇게 쓰고 보니 내가 상담사가 권한 '지금 이 순간' 찾기 숙제의 일환으로 시작한 매일 명상 훈련과 크게 다르지 않아 보이네.

매일 아침 15분 타이머를 설정해놓고, 창 앞에 놓은 빨간색 조그만 방석에 앉아 머리부터 발끝까지 내 살갗을 머릿속으로 스캔했어. 순간순간 드는 감각에 온전히 집중하는 게 목표였지. 표상적 거리에서 내 몸을 바라보려 하는 대신 몸을 찌릿대게 하고 경련하게 하는 모든 미미한 변동을 고스란히 경험하려는 의도였어. 창이 지층 높이로 나 있어서 반드시 블라인드를 내려뒀어. 지나가는 사람이 나를, 남이 나를 보는지 아닌지 또 누가 보는지 전혀 모르는 채 눈 감고 가만히 앉아 있는 나를 볼 생각을 하면 일방향 거울 앞에 앉아 있는 양 취약한 상태에 놓인 기분이 들었거든. 몇차례 블라인드를 열어둔 채 명상한 적이 있었는데, 밖에서 보일 나의 모습, 조금 떨어진 데서 모르는 사람이 목격할 미동도 없이 앉아 있는 한 남자의 모습이 너무너무 신경 쓰였어. 그래서 대신 블라인드 후면의 주름, 섬세한 주름종이가 만들어낸 하얀 육각형들을 응시하면서 방석 옆 낮은 책장에

놔둔 금속 싱잉볼을 뎅 두드리고는 그 울림이 점근선처럼 커졌다 서서히 침묵으로 잦아들기를 기다렸다가 눈을 지그시 감았어.

어느 날은 명상을 하면 기분이 참 좋았어. '그 문제'의 진동에 영향받지 않는 마음속 고요한 장소를 짓는 것 같아서. 상담사는 이걸 "내면의 제단"이라고 불렀지만 나는 그보다는 종말의 날에 대비해 토피카 외곽에 지은 벙커의 인지적 버전으로 여겼어. 내 머릿속 깊이 묻힌 고요한 보루, 상황이 정말로 나빠지면 내가 피신할 수 있으리라 믿는 곳.

도무지 명상이 불가능한 것 같은 날도 있었어. 명상을 하는 게 아니라 시간을 멈추려는 것 같고 시간의 흐름에서 물결 하나를 뽑아 그대로 얼리려고 애쓰는 것 같은 날. 그런 날에는 앉아서 괴로워하며 '지금 이 순간'을 붙잡아보려 애썼고 그것이 손가락 사이로 빠져나가는 걸 막아보려고 발버둥쳤어. 하지만 아무리 애써도 '지금 이 순간'은 별수 없이 손가락 사이로 새어나가, 폭포를 향해 흐르는 강물처럼 '그 문제'를 향해 콸콸 흘러만 갔어. 이런 날에는 때로 눈뜰 순간을 미뤘어. 눈을 뜨면 곧 미래를 살피려고 두리번거릴 것을 아니까. 다시금 변함없고 무자비하게 도래했을 미래를.

* * *

작가 레지던시 프로그램을 마치고 돌아온 뒤 몇달 지나서 다른 유의 은둔 수련에 나섰어. 이번에는 매사추세츠주에 있는 명상센터로 갔어. 상담사가 권고하는 대로, 열흘 과정을 마치기에 충분한 시간을 캘린더에서 빼놨어. 나 스스로 '지금 이 순간'을 포착하는 데 마침내 성공해서 너에게도 그걸 찾는 데 도움 될 지도를 그려줄 수 있기를 바라면서.

차를 몰고 가는데 주간고속도로를 따라 펼쳐진 숲들이 아직 대체로 푸릇푸릇하더라. 10월 말에도 그러는 것이 정상인지, 벌써 이파리가 나는 것이 정상인지 기억나지 않았지만. 아무튼 해 질 녘에 지방의 주로州路로부터 약간 떨어진 숲에 폭 파묻힌, 낮은 조립식 건물들이 오밀조밀 모인 그곳에 도착했어. 그중 한 건물 꼭대기에는 제법 큰 사리탑이 얹혀 있었는데, 거기에 달린 선조線條 세공한 종들이 바람에 흔들려 은색으로 반짝거렸어. 대부분 기능에만 충실해 보이는 부지 시설에서 유일하게 종교적으로 멋을 낸 부분 같았어.

접수 데스크에서 핸드폰과 열쇠, 지갑을 자원봉사자에게 맡기고 명상센터의 가이드라인을 준수하겠다는 동의서에 서명했어. 침묵을 지키고, 글을 읽거나 쓰지 않고, 어떤 형태로든 성적 행위를 하지 않으며, 경보나 가벼운 스트레칭보다 격한 운동은 하지 않겠다는 내용이었어. 곧 내 방으로 안내받았어. 별다른 장식이나 가구가 없는 더블 룸인데 내 또래의 키 큰 금발 남자랑 같이 쓸 예정이었지. 우리는 저녁 식사 후 침묵 수련이 시작돼 앞으로 열흘간 대화하지 못할 걸 알기에, 기본적인 사항 위주로 간략하게 자기소개를 주고받았어.

수련 스케줄은 엄격했어. 매일 새벽 4시에 남자 숙소 복도에 설치된 싱잉볼이 몇번 울려 우리를 깨웠어. 그러면 10분 뒤 다들 헐렁한 바지에 슬리퍼를 신고 개중에 몇몇은 어깨에 숄을 두른 채 방에서 줄줄이 나와 단체로 명상실로 갔지. 하나같이 잠옷 바지 차림에 아직 잠에 취해 취약해 보이는 데다 말도 잘 안 나와서 농담을 하기는 커녕 앞서가려고 투닥거리지도 않고 서로 눈도 안 마주치는 성인 남자들 틈에 끼어 있으니 어쩐지 평온하면서도 색다른 기분이 들더라. 해뜨기 전 복도에는 병원 야간시간대 특유의 싸늘함 같은 것이 어려 있었어. 들리는 소리는 양말 신은 발로 장판 바닥을 딛는 소리뿐이었어.

명상실은 아무 가구도 없이 널찍하고 조명은 어스름했고 벽에 목제 판자가 둘려 있었어. 수련 참가자들은 바닥에 바둑판 간격으로 놓인 파란색 방석에 앉았고, 전면에는 지도자가 앉는 낮은 단상이 있었어. 첫날 주어진 가이드는 그냥 자신의 들숨 날숨을 관찰하라는 정도였어. 호흡을 세거나 시각화하거나 어떤 연상법을 덧씌우고픈 충동을 억누르고 그저 콧구멍을 드나드는 숨이 실제로 어떤 느낌인지 인지하기만 하라고 했어. 그날 하루 종일 이 수련을 열시간이나 했어. 처음 몇 세션에는 주의를 단 1분 유지하는 것도 힘들더라. 뇌가 단검 끝으로 찌를 틈을 찾아 더듬는 양 집중의 불가침성을 툭툭 건드리는 통에 자꾸만 구멍이 뚫려 주의가 계속 새어나갔어. 정신을 흐트러뜨리지 말아야지 하고 생각하는 것만으로 틈이 생겨서 내 정신을 산만하게 할 성싶어 피하려 했던 몇가지 이름이 그리로 당장 비집고 들어왔고, 뒤이어 내 의지에 반해 그것들의 이미지가 밀고 들어왔고, 그것들이 또 틈을 더 벌려놔서는 그것들과 연관된 온갖 잡다한 것이 촉수를 뻗친 채 갑판에 철퍼덕 늘어져 꿈틀거리며 내 호흡이 받을 관심을 가로챘고, 그러다 내가 간신히 정신머리를 끌어와 중재한 뒤에야 아까보다는 한결 가라앉은 이 산만한 통에 다시 주의를 집중할 수 있었어.

그래도 몇가지 배우기는 했어. 부끄럽게도 가장 빈번히 나의 주의를 흐트러뜨리는 두 주범은 우선 첫째로 시도 때도 없이 떠오르는 단순한 욕정과, 다른 하나는 세상의 프루잇들을 향한 부글부글 끓는 분노라는 걸 알게 됐어. 둘 다 나름의 방식으로 너와 관련된 것들, 네가 태어나 사는 것을 보고자 하는 나의 욕망과 관련된 충동이었지. 또, 들이마시는 숨은 목구멍 뒤쪽에 닿는 차가운 수증기처럼 느껴지고 내쉬는 숨은 코안에서 따스하고 두툼하게 느껴진다는 것도 알게 됐어.

한 세션이 끝날 때마다 싱잉볼이 한번씩 울렸어. 그럼 다들 숄을 챙겨 들고 복도를 어슬렁어슬렁 지나 식당으로 갔지. 식당에서는 하루 두번 단순한 식단의 끼니가 제공됐어. 한복판에 긴 테이블 몇개와 접이식 철제의자들이 배치되어 있었는데 나는 벽을 바라보게 놓인 의자에 앉기를 좋아했어. 아무도 쳐다보지 않는 채로 접시에 부딪히는 포크와 나이프의 무뚝뚝한 합창을 들으며 먹는 게 좋았거든.

식사와 명상 사이의 짧은 휴식시간에는 센터의 그다지 크지 않은 부지를 산책할 수 있었어. 건물들을 빙 둘러 주변 숲으로 이어지는 흙길들이 작은 망처럼 구획되어 있었거든. 모두 다 바깥에 나오면 다소 부대낄 정도였어. 남자 수십명이 뒷짐 지고서 다른 사람과 부딪히지 않으려고 산책 궤도를 미묘하게 수정하며 걸어야 했으니까. 이 휴식시간에 나는 근처의 조그만 개울 옆, 이끼가 무성히 자란 곳에 누군가 갖다놓은 하얀 플라스틱 의자에 주로 앉아 있었어. 물살을 타고 떠가는 물방울 하나 또는 작은 나뭇가지 한개를 지켜봤지. 그것이 물길 상류의 살짝 굽은 곳에서 내 시야에 들어온 순간부터 저만치 하류에 만들어진 작은 급류를 타고 사라질 때까지 눈으로 좇았어. 보통은 몇초 만에 집중력을 잃어서 멀리까지 좇지 못했지만.

이 초반 며칠 동안, 방에 돌아와보면 룸메이트가 침대에 누워 이불을 턱까지 끌어다 덮은 채 얼굴 앞에 스톱워치를 바짝 들고서 분노에 가까운 강렬한 표정으로 노려보고 있던 적이 많았어. 셋째날 오후 명상을 마치고 돌아와보니 그가 아예 떠났더라. 소지품을 다 챙기고 침대 정리까지 싹 해놓고 가서 거기에는 그가 있었던 흔적조차 없었어. 기억저장고를 아무리 뒤져도 도무지 그의 이름이 안 떠올랐어. 솔직히 묵언 수행이 시작되기 전 그의 이름을 제대로 들었는지조차 생각이 안 났어.

불교의 윤회사상에 대해 뭐라고 비판하든 최소한 우리를 재촉하지는 않는다는 점, 우리 얼굴에 스톱워치를 바짝 들이대지는 않는다는 점은 높이 쳐줘야 해. 세속의 세계에서 시간은 우리 재량껏 지키거나 낭비하거나 써버리거나 지혜롭게 사용할 수 있지만 돌이키는 것만은 할 수 없잖아. 그러니 내가 물고기나 여우로 꼭 환생하지 않는다 해도, 내가 그럴 수도 있다고 상상하는 데서 삶의 지혜를 얻을 수 있는 것 같아. 시간을 재생 가능한 자원으로 보는 것도 정신이 강건한 사람이나 할 수 있거든.

룸메이트가 떠난 뒤 감당하기 어려운 외로움이 덮쳤어. 하루에 많은 시간을, 햇빛가리개 높이를 이렇게 저렇게 조정해가면서, 방의 유일한 창 바깥을 내다보며 보냈어. 햇빛가리개를 거의 다 내리면 마른 잔디와 자갈길 한줄만 간신히 보였어. 어디에선가 나뭇잎 하나가 날아와 어쩐지 거미집을 짜는 것 같은 움직임으로 그 배경을 가로질러 굴러다니는 걸 하염없이 바라봤어. 가리개를 올리면 사다리꼴 하늘이 보였는데, 참새와 비행운 들이 그 하늘을 격자형으로 가르면서 새파란 조각들을 잘랐다가 다시 붙이는 걸 몇시간이고 볼 수 있었어.

밤에 침대에 누우면 땅으로 꺼져 지표면에 납작하게 붙는 느낌이 들었어. 나는 어둠을 향해 폐를 한껏 부풀렸다가 다시 갈비뼈로 후욱 꺼트리면서, 10 단위로 호흡을 셌어. 그러다 마침내 스르륵 잠이 들면 지구 한가운데서 기차에 올라타는 꿈을 꿨어. 기차 궤도는 우주를 향해 밖으로 뻗어나간 형태였지. 터널처럼 캄캄한 지구 핵에서, 철로의 철컥대는 소리 빼고는 고요한 가운데 여정이 시작됐어. 얼마 후 기차는 맨틀의 뜨거운 빛으로 뚫고 나왔고, 우리는 암석과 불꽃만 있는—전부 녹아내렸다가 결정체가 됐다가 다시 녹아내리면서—단조로운 그 길을 마치 용암 램프 속을 뚫고 가듯 몇시간이고 칙칙폭폭 나아갔어. 아무 구경거리도 없고 우리가 이동한다는 낌새조차 거의 없이 그렇게 며칠이 흘러가는 것 같았어. 꿈속에서 기차 침상에 누운 내가 차창에 얼굴이 눌린 채 두 손을 무릎에 툭 떨어뜨리며 잠드는 것을 봤어.

그런데 고약한 타이밍에 들어버린 이 낮잠 속에서 그 일이 일어났어. 느닷없이 나무뿌리들과 기반암들이 나타나 갑자기 햇빛으로 내던져졌고, 숲이며 파도며 길쭉길쭉한 수십억종의 생물이 와다닥 쏟아져나와 길과 해저를 뒤덮더니 공중으로 호를 그리며 날아오르는 거야. 순간 기차가 황금사리탑을 지나고 소나무들도 지나고 불 꺼진 방에 퀼트 이불을 덮고 잠들어 있는 형체도 지나쳐 쏜살같이 달려가는 광경이 보였어. 그러더니 잠시 후, 눈을 한번 끔벅 감았다 뜨는 사이, 그 모든 것이 우리의 뒤편에 있었어. 나는 꿈속의 내가 한참 뒤—이번에도 어둠 속이긴 한데 지구 핵보다 더 텅 비고 더 공허한 어둠 속에서—깨어나는 걸 봤고, 꿈속의 나는 그걸 다 놓쳤음을 알고 몹시 애석했어. 모든 것을 태울 듯한 열기나 그 무엇도 견디지 못할 추위 말고도 볼 것이 있었는데 그는 미처 알아채지 못한 거야. 아니면 지나가듯 목격했다 해도 이 피막을 스쳐지나갈 뿐이니 잊어도 될 만한 것으로, 창밖으로 보이는 숨 막히는 정해진 풍경에 아주 작은 기이한 예외로, 또 기차가 몇년 동안 혹은 어쩌면 영원히 뚫고 들어갈 하룻밤으로 이내 치부하고는 별수 없이 무시해버릴 것을 알기에 애석했어.

진짜 잠에서 깼을 때는 방 안이 깜깜했어. 바람이 창문을 흔들어 댔고, 해가 떠오르려면 아직 몇시간 남아 있었지. 지구의 바로 그 표면에 누워 심연들 사이의 임계 영역에 위태롭게 걸려 있으려니 잠시 심하게 노출된 기분이 들었고, 문득 나에게 지붕보를 높이 올리고 관을 묻는 등 인생을 이룬다고 할 만한 일들을 수행할 자리로 딱 나무 한그루만큼의 공간—대략 뿌리부터 수관樹冠까지—만 주어지겠구나 하는 생각이 들었어. 그 생각에 덜컥 겁이 났고, 남은 밤 내내 이불 밑에서 밭은 숨을 쉬면서 내가 봉해진 공간인 땅과 하늘 사이의 얇고 여린 봉투를 건드리지 않으려고 애썼어.

* * *

명상센터에서 지내는 동안 가장 중요한 인간 교류는 저녁에 이루어졌어. 다 같이 명상실에 모여 고엔카Goenka라는 인자한 인상의 미얀마 출신 저명한 명상 지도자의 녹화된 강연 영상을 시청했어. 타계한 지 5년은 된 사람이지만 영상 속의 그는 볼이 통통하고 머리는 다 빗어 넘겨 말쑥했고, 강조를 할 때면 종종 고개를 이쪽저쪽으로 끄덕거리거나 손바닥이 아래로 가게 펼쳐 가슴팍 앞에 든 손을 아래로 내리곤 했어.

하루 이틀 듣다보니 그의 강의가 라투르의 강연을 연상시킨다는 것을 알아챘어. 고엔카가 논하는 문제는 생태학적이라기보다 정신적인 것이었는데, 그래도 비슷한 목표들을 지향하는 것 같았어. 그는 이런 질문을 던졌어. 변화와 함께 살아가는 법을 어떻게 배워야 할까요? 우리 외부의 세상과 맺는 관계를 특징짓는, 고통과 쾌락 사이의 끊임없는 오감에 갇히는 것을 어떻게 피할 수 있을까요? 우선 우리가 그 바깥으로 나와 가리킬 수 있는 우리 '자신'이라는 것은 없음을 인지해야 합니다, 라는 게 그의 설명이었어. 심지어 우리 육신조차 과정들보다 못한 어떤 것, 끊임없이 발생했다가 지나가는 원자들의 집합에 불과하댔어. 이를 제대로 이해하려면 자신의 피부에 일어나는 감각, 신체 활동에 대한 몸 자체의 반응을 유심히 살펴야 한대. 매일 저녁 그는 이후 10시간의 명상을 가이드해줄 최소한의 추가적 지시사항을 내렸어. 먼저 콧구멍을 통과하는 호흡에 집중하고, 그다음엔 주의를 코 밑으로 확장하고, 이어서 차례로 몸의 각 부위로 확장해나가라고 했어. 그래서 나는 내 몸 표면에 느껴지는 순간적 감각들을 전부 포착해보려고 했어. 미묘한 경련과 맥박 같은 것까지 전부 다. 한가지를 더 알아챌수록 점점 더 많은 것을 알아채게 되는 것 같았어. 마치 나의 신경체계가 디테일이 서서히 채워지고 있는 밑그림인 것처럼.

이 수련을 하는 몇시간 동안, 정교한 평행세계를 그려볼 시간적 여유가 있었어. 라투르가 지구를 세심히 보라고 한 것과 똑같은 방식으로 내 몸을 세심히 들여다보고 있는 것에 대해 생각해봤어. 어떤 식으로도 객관적으로 멀리 떨어져서 보려 하지 말고 대신 내부에 앉아서 관찰하라고 했잖아. 이 두가지 과정 모두 겸허해야만 가능하다는 점에 대해서도 생각해봤어. 임계 영역을 두고 그러듯 피부에도 주의를 기울이면 말 그대로 제 코 밑에서 일어나고 있는 일들에 그동안 얼마나 무심했는지 알게 된다는 것을. 우리가 그동안 자신이 생각했던 것보다 훨씬 허술하게 이해하고 있던 것 안에서 살아왔으며, 그런 명백한 정체가 동요를 야기하는 변화의 흐름을 막고 있었다는 것을. 고엔카가 보기에는, 라투르와 마찬가지로, 이러한 동요에 대한 처방은 단순히 주의를 더 쏟는 것이었어. 신체의 표면이든 지구의 표면이든 두 사람의 주장은 똑같아. 자신이 안에 들어가 있는 대상에 대해 우리가 더 세세히 의식할수록 그것의 변화에 더 견강하게 대응할 수 있다는 것.

하지만 내가 이러한 의식하기에 온전히 머무르려고 해봐도 내 주의가 자꾸만 밖으로 나가 그 이치를 분석하려고 들었고, 위에서 내려다보며 읽으려고 했어. 이런 연쇄적 생각에 너무 휩쓸린 나머지 나도 모르게 눈을 뜰 뻔했고, 주의가 호흡에서 멀어졌음을, 명상에 대한 생각이 명상을 대체했음을 깨닫기까지 몇분이 걸리곤 했어. 그걸 깨닫는 순간 밀려오는 답답함은 라투르의 강연을 보면서 느낀 것과 비슷했어. 도무지 붙잡을 수 없는 손이 내 앞에 내밀어진 느낌. 바로 앞에 있는 답을 보지 못하고 있는 느낌. 고엔카는 수련생들이 이런 답답함을 느낄 것을 예측했나봐. 매번 강연 말미에, 자신이 여태 이야기한 진실은 단번에 전달될 수 있는 게 아님을 신중히 명시한 걸 보면 말이야. 조금씩 손에 넣어야 하는 유의 진실이랬어. 바로 그렇기에 명상이 결코 이론이 아닌 수련이라고 지칭되는 거라고.

수련 마지막 날 개울가에 가보니 바람에 플라스틱 의자가 날아가 물살에 떠내려갔더구나. 등받이 부분이 바위에 끼었고 하얀 네 다리는 수면에서 빳빳하게 들쳐져 있었어. 날씨가 변덕스러워서 평소에는 그렇게 맑던 개울물이 낙엽 더미와 떨어진 잔가지로 지저분하게 막혀 있었어. 낙엽과 가지는 보통 때라면 내가 앉아서 그것들이 떠내려가는 걸 바라봤을 뒤집힌 의자 좌석부에 쌓여 있었고.

그날 밤 마지막 강연에서 고엔카는 짤막하게 죽음이라는 주제를 언급했어. 언뜻 보기엔 일생에서 가장 중대한 변화라고 할 수 있는 것이지. 그가 말하길 부처의 장례식을 묘사한 아주 유명한 그림이 있는데, 그림 속에서 부처의 시신이 나무 아래 안치되어 있고 추종자들과 제자들이 그 주위를 우글우글 에워싸고 있대. 그런데 이 군중 가운데 깨달음에 이른 사람을 구분하기가 꽤나 쉽다는 거야. “어떻게 알아볼까요?” 고엔카가 물었어. 답은 울지 않는 사람들이래. 가만 생각해보면 울 이유가 뭐가 있겠니? 부처의 육신은 늘 그랬듯, 그리고 만물이 그렇듯, 다음 생으로 갔을 텐데. 그 자리에는 다른 새로운 무언가가 태어날 테고. 그러니 슬퍼할 게 전혀 없지.

라투르도 숭고한 한마디로 강연을 맺었어. “상황을 비관적으로 보지 말아야 합니다.” 그는 투사된 이미지 밖으로 나오면서 이렇게 말했어. “물론 비극적이지요. 비극적인 상황인 건 맞습니다.” 그러나 르네상스 비슷한 상황일 수도 있다고 했어. 지금이야말로 우리가 임계 영역의 시민이 될 수 있는 기회, 그것이 유도하는 유의 주의집중을 실천할 기회, "옛 땅에서 새로운 방식으로 살아갈 방법을 발견할" 기회라고.

바로 여기에 흥분되는 가능성이 있는 것 같아. 다만 라투르가 이야기하는 르네상스는 브뤼헐의 르네상스와 다르리라는 점을 나 스스로에게 상기시켜야겠지. 분명 눈雪은 덜 보이겠지. 그것 말고도 다른 점은 또 있어. 왜냐하면, 그 옛날엔 풍경을 멀리서 그리는 것이, 마을 전체 또는 연못 전체를 화폭에 담는 것이 가능했으니까. 그 옛날엔 모두가 꽁꽁 언 연못에서 스케이트를 탈 수 있었으니까. 그만큼 표면이 두꺼웠거든.

* * *

이 정도면 우리에게 충분하기를 바랐어. 내가 그냥 '지금 이 순간'을, 혹은 피막을, 혹은 소용돌이를 찾아서 여기 양피지 표면에 옮기고 잉크 묻힌 도장을 쾅쾅 찍어 너에게 건네는 걸로 끝이었으면 했어. 명상 수련을 하러 간 목적이 그거였거든. 답을 찾으려고. 악순환을 끊을 방도를 찾으려고. 그래서 언젠가 너를 보며 "자, 여기 있어"라고 말할 수 있게. 자, 네가 '그 문제'와 함께 살아갈 방법이야. 자, 시간을 잃지 않는 방법이야. 슬퍼할 이유가 전혀 없고, 더불어 나는 네가 희망을 놓지 말아야 한다고 생각해.

하지만 결국 이런 종류의 초월에는 번역 불가능한 무언가가, 한 사람에게서 다른 사람에게로 쉽게 옮겨가기를 거부하는 무언가가 있다는 걸 알게 됐어. 고엔카의 평정이나 라투르의 탐구심, 톨레의 존재감, 키어스틴 던스트의 초연함은 누가 설명해줘서 전수받을 수 있는 게 아니야. 이는 비트겐슈타인이 『논리철학논고』의 첫 문장에 쓴 것과 똑같은 경고야. “이 책은 아마 여기에 표출된 생각들을 스스로도 떠올려본 사람만이 이해할 수 있을 것이다.” 어쩌면 ‘그 문제’도 그런지 몰라. 그것이 불러오는 감정을 직접 느껴본 사람들만 이해할 수 있는지도 몰라. 타인을 거쳐서는 경험할 수 없는, 반드시 각자의 사적인 오감을 통해 개별적으로 가꾸어가야 하는 감정들인 게지.

아마 넬슨이 관계 맺기의 어려움에 대해 한 말의 의미와도 일부 닿아 있을 거야. 어떤 답이 “옳다” 하더라도, 그 옳음이 어쨌든 보편적인 옳음으로 이해되더라도 편지 같은 세상 물정과 동떨어진 매체로는 결코 쉽게 전달되지 못하리라는 것.

그런데도 나는 여기서 이렇게 전달 양식을 찾느라 헤매고 있어. 어떤 해결책을 단순히 글로 너에게 조언해줄 수 있다는 환상, 이 편지가 어떻게든 실제로 너를 보호해줄 수 있다는 환상을 놓아보내려고 애쓰고 있어. 그러면서도 고집스럽게 또 어리석게 관계 맺기를 추구하고 있어. 그것이 점점 어려워지리라는 사실, 매년 나의 세대와 너의 세대 사이에 의구심은 더 많이 쌓이고 탄소는 수톤씩 더 배출되며 강우량은 수십 밀리미터씩 더 늘어서 불어난 물이 전선까지 차올라 우리의 통신선을 망쳐놓는 느낌이 드는데도 불구하고가 아니라 그런 사실 **때문에** 더더욱.

이런 사실들을 마주하면서 나는 더 마음을 굳혀갔어. 그래서 이제는 점점 벌어지는 간극을 사이에 두고 외쳐부르는 것을 그만두고 싶지도 않고 우리가 꼭 그걸 멈춰야 한다고 생각하지도 않아. 그래, 논리도 없고 무모한 데다 어쩌면 실패가 예정된 짓인지도 모르지. 하지만 '그 문제'가 시간적 간극을 벌려놓고 있는, 그것이 너와 나를 각기 다른 지질연대로 떼어놓고 있는 지금에도 나는 그냥 소통의 헛됨을 상정하느니 소통할 방법을 찾다가 빗나가는 편을 택하겠어.

* * *

내가 할 수 있는 최선의 예측은 이거야. 폭풍이 닥쳤을 때 판자로 고정해놓지 않은 것들은 죄다 날아가버릴 거라는 것. 비었던 것들은 채워질 것이고 연약한 것들은 부서질 거라는 것. 그리고 만약 네가 다른 데를 보고 있다면 언젠가는 기습공격을 당할 거야. 네 심근이 약해져 있다면 폭풍이 닥칠 때 바람에 찢어질지도 몰라.

그러니 내가 편지로 너를 안전으로 이끌 수 없다면, 최소한 이 편지의 한계만이라도 명확히 밝히게 해줘. 이 편지는 어떤 불도 끄지 못할 거야. 호우가 닥쳤을 때 너를 물 위로 띄워주거나 날게 해주거나 비를 막아주지도 못할 거야. 가장 절망적일 때 너 자신에게 속삭일, 의미심장한 위로 한마디를 들려주지도 못할 거야.

자기는 이미 '그 문제'의 답을 찾았노라고 주장하는 이들이 있어. 자기들이 내놓은 설명에는 한계가 없으니 이제 자기들은 싸움에서

철수할 수 있다고. 이런 확실성은 잘 보면 다양한 형태로 나타나고 하나같이 공허해. 오른쪽 진영에서는 아예 사실을 부정해. '그 문제'에 대한 답은 그것이 일어나지 않고 있다는 거야. 왼쪽 진영의 일부는 그 못지않게 냉소적인 반응을 보여. '그 문제'에 대한 답은 '우리는 이미 끝장났다'라는 거야. 하지만 비록 그러고 싶은 유혹이 여전히 남아 있더라도(억지로 만들어낸 확실성보다 더 마음을 달래주는 게 뭐가 있겠니?) 나는 너에게 이런 식의 쉽고 총체적인 입장은 내놓지 않을 거야. "우린 괜찮아"나 "우린 망했어"는 답이 아니야. 두려움의 표출이자 우리 스스로 '그 문제'를 직시하지 않기 위해 세운 벽일 뿐. 요는 이거야. 결국 언젠가는 너 스스로 그것을 직시해야 하며 '그 문제'와 너 나름의 관계를 정립해야 한다는 것. 결국에는 너도 뭐가 됐든 그것이 불러일으키는 감정을 고스란히 느껴야 할 거야. 어려운 일이 되겠지. 말인즉 심장이 뛸 만큼 열중해야 할 거라는 뜻이야. 직접 겪어야만 하는 과정, 처음부터 끝까지 생각만 하거나 글로 써서는 때울 수 없는 과정이라는 뜻이야. 하지만 이 일에 내가 너와 함께 한다는 것만은 알아줘. 나는 아직 이것이 답이다 하고 느끼지 못했다는 것을. 여기서 이렇게 답을 찾고 있다는 것을.

3차 운동

목사는 방벽을 등지고 서서 추도사를 읊고 있어. 구름 낀 날씨라 방벽이 그늘을 드리워주지도 않고, 햇빛을 받아 색이 변하지도 않아. 군중 위로 우뚝 솟은 채 무심하게 내려다볼 뿐.

이곳은 허리케인으로 물이 범람한 바로 그 지점이야. 그런데 그냥 봐서는 못 알아챌걸. 이 홍수 방벽은 언뜻 보면 뭔지 모르게 생겼거든. 이 구역 전체에 걸쳐 둘러쳐져 있는, 한칸의 너비가 양옆 칸과 동일한 콘크리트 띠로만 보여. 로어 나인스워드에 아직 남아 있는 어느 샷건하우스[°]보다 훨씬 높아서, 어느 거리에 서서 서쪽을 바라봐도 마치 하늘 배경에 오류라도 생긴 양 눈에 들어오는 건 회색 장벽뿐이야.

무엇보다 의외로 느껴지는 건 방벽의 단순함이야. 그냥 벽에 다가

° 방이 앞뒤로 길게 연결된 형태의 집.

갈 수 있고, 손바닥을 댈 수도 기댈 수도 있어. 표지판이나 울타리, 벽화도 없고 벽 밑을 따라 짧은 잔디만 숭숭 나 있어. 길 맞은편 나지막한 포치가 딸린 소형 재건주택들에 사람들이 살고 있어서 매일 아침에 그곳 주민들은, 그들이 원한다면, 포치의 데크 의자에 앉아 이 벽을 응시할 수 있어. 그 너머는 볼 수 없어. 물은 전혀 안 보여. 그저 방벽 표면만, 칙칙한 그 판만 보면서 그것이 만의 물이 넘치지 않게 가둬줄 것을 믿을 뿐이야.

목사가 고개를 숙이고 허리케인에 목숨을 잃은 이들의 이름을 읊기 시작해. 전부 외기까지 몇분이 걸려. 허리케인 카트리나가 뉴올리언스에 상륙한 지 딱 10년이 됐지만 우리가 와 있는 동네는 아직도 대부분이 공실이고, 텅 빈 주차장들에는 잡초가 무성히 자라 있고, 빈집 창들은 덧댄 합판으로 막혀 있어. 군데군데 홍수에서 살아남은 고목들이 서 있는데, 그나마 그중 몇그루는 이미 죽었는데도 그저 쓰러지지 않았기에 서 있는 거야. 그 전체를 후텁지근한 공기와 곤충의 왱왱 소리가 감싸고 있어. 열기가 풀 위에 그냥 고여 있는 거야. 그리고 흩어진 건물들 사이로 주민들이 살았던 공간들이 곳곳에 크게 휑하니 뚫려 있지.

돌아온 사람들도 있어. 가늠조차 안 될 엄청난 용기와 끈기에서 나온 행동이지. 그들이 사는 재건주택들은 무성하게 자란 잡초들 가운데 우뚝 선 작은 등대 같아. 깔끔하게 다듬은 뜰과 새로 칠한 페인트가 반항적일 만치 말짱해 보여.

추모식장까지 걸어가다가 딱 그런 건물에 들렀는데, 얼음장만큼

차가운 콜라를 판다고 써붙여놓은 구멍가게야. 바로 옆에는 다 뜯어내고 껍질만 남은 주택이 한채 서 있고 누가 벽돌 벽에 빨간 페인트로 "무단침입 금지"라고 갈겨써놓았어. 가게 주인이 들어오라고 손짓하기에 나는 입구에 걸어놓은 희뿌연 비닐 줄기를 젖히고 안으로 들어가. 내부는 허름하지만 갖출 상품은 다 갖추었고, 체크무늬 장판이 군데군데 벗겨진 게 눈에 들어와. 로어 나인스에서 유일한 상점이라고 주인이 금전등록기 뒤에서 자랑스럽게 얘기해. 「굿모닝 아메리카」와 「CNN」에 출연했고 『타임스 피키윤』에도 실렸대. 그 사진이며 기사를 죄다 복사기로 출력해 액자에 끼워 걸어놓은 자기 뒤 벽을 가리켜 보여. 사진들 속 그는 가게 바로 앞 인도에서 온 가족과 함께 활짝 웃으며 서 있어. 버려진 옆 건물은 사진 프레임에 담겨 있지 않아.

허리케인이 지나간 뒤 우리는 남은 돈을 긁어모아 가게를 다시 열었어요, 라고 그가 사정을 설명해. 주민들이 장 볼 데가 있어야 하지 않겠느냐고.

그의 아내가 나오더니 1달러를 받고 형광 파란색 빙수가 담긴 컵을 건네. 바깥은 모든 게 녹아내릴 듯 뜨거워서, 나는 고마워하며 받아들고 종이컵을 곧장 입에 대고 쭉 짜. 부인이 허허 웃으면서, 냉장고 옆에 걸려 있는 작은 거울을 들여다보래. 거울 안에서 내가 소다캔들을 배경으로, 치아와 혀가 온통 파랗게 물든 채 서 있어. 행복한 10주년 보내세요, 부인의 한마디야.

그때는 그 말에 어리둥절했지만 지금은 덜 그래. 그 믿기 어려운 근성을 기념하기에 일상적인 것보다 더 좋은 게 어디 있겠어?

2015년, 그러니까 내가 대학 졸업하고 2년이 지났고 NY리뉴스에 들어가기는 1년 전의 일이야. 3년 전 허리케인 샌디가 뉴욕과 뉴저지를 강타했을 때 살 곳을 잃은 이재민 대표단과 함께 뉴올리언스에 갔어. 샌디 때는 카트리나 때보다 사망자가 적긴 했지만, 끝나지 않는 사후 여파가 이곳 루이지애나의 비극을 떠올리게 해. 가뜩이나 포탄충격에 휩싸였는데 관료주의에도 목이 졸려야 했던 주민들, 너무 천천히 진행되는 잔해 처리 작업. '그 문제'는 이렇듯 기이한 반향을 만들어내. 무에서 새로운 연대를 세워올리고 사람들을 서로 이어붙여.

나는 내가 여전히 속해 있는 시에라클럽이 대준 경비로, 조직가 자격으로 뉴올리언스에 왔어. 뉴욕 가두시위가 성공한 이후 시에라클럽은 나를 여러건의 화력발전 반대 캠페인과 풍력발전 장려 캠페인에 투입했어. 하지만 이번 임무는 사뭇 달라. 주로 호텔 방을 예약하고 이동수단을 마련하는 등, 샌디 피해자 대표단을 보좌하는 데 필요한 일은 뭐든 해. 만남의 자리도 마련했는데, 허리케인 카트리나 생존자들과 함께하는 스토리 서클° 같은 거야. 기념일 추모식에 앞서 교회 지하 예배당이나 공원에서 모임을 주최해. 이런 모임은

° 1960년대 미국의 인권운동 단체인 학생 비폭력 조정위원회가 개발한, 돌아가며 자기 이야기를 하는 기법.

삼가는 분위기에서 이루어져. 공통의 트라우마에서 생긴 공감대지. 사람들은 고개를 끄덕이고 서로의 어깨를 다독여. 남의 사정에 목이 메고, 그렇지만 곧 울음을 삼키고 어떻게든 이야기를 이어나가. 양측 다 비극에서 배운 교훈을 이야기하려고 열심인데, 주로 또다른 형태의 카타르시스를 느끼기 위해서야. 왜냐하면 생존자들 대부분은 이미 기본적인 대처법을 다 배웠거든. 검은곰팡이 처치법이라든가 보험금 신청하는 법, 어떤 물건을 두고 어떤 물건을 내다 버릴지 결정하는 법 따위.

추모식 행사 당일, 허리케인 샌디 대표단은 다른 사람들과 섞여서 목사가 희생자를 호명하는 것을 잠자코 들어. 카트리나 희생자 대부분이 그랬듯 추모식에 모인 이들도 대부분이 흑인이야. 오랜 세월에 걸쳐 빨간 줄 긋기redlining°를 당해 가장 낮은 지대에 몰려 살게 된 뉴올리언스의 흑인 공동체들이 허리케인에 가장 큰 타격을 받았어. 물이 제방을 넘어 범람했을 때 제일 먼저 물살에 무너진 건 그들의 집이었고, 제일 먼저 물살에 휩쓸려 익사한 것도 그들이었어('그 문제'의 기본 법칙이 이거야. 어느 지역에 어떤 식으로 닥치든 현지의 불평등을 극대화한다는 것).

추모식에 모인 생존자는 수천명은 족히 돼. 모두 애도의 뜻으로,

° 주로 흑인이 사는 빈곤층 거주 지역에 금융서비스를 배제하는 행위. 지도에 빨간 선으로 표시한 데서 유래한 단어이다.

떠나간 자들을 아직도 찾는 듯 땅을 내려다보거나 하늘을 보느라 고개를 꺾고 있어. 나도 발을 내려다보고 있으려니 어렸을 적 기억이 갑자기 떠올라. 네 조부모님과 함께 통곡의 벽에 갔던 기억이야. 그 거대 돌기둥의 발치에서도 사람들이 고개를 푹 숙이고 기도를 올렸지. 시체 없는 빈 무덤으로 변한 또다른 비극의 잔해. 검은 모자를 쓴 남자들이 벽으로 다가가 그 구멍 뚫린 사암에 자신의 운명이 담겨 있는 양 아니면 그 벽 너머에 내세의 윤곽이 일렁이는 양 경건하게 쓰다듬던 모습이 생각나. 그들은 종이에 끼적인 기도가 실현되기를 염원하면서 돌 틈에 난 케이퍼 덤불 가지 사이에 쪽지를 끼워넣었어.

시멘트로 된 홍수 방벽을 물끄러미 보고 있으면 이 벽도 뭔가를 예고하는 것처럼 보여. 뭘 예고하는지는 모르고 알고 싶지도 않지만. 지금은 열기 속에 우리를 내려다보는 방벽이 보호장치인 동시에 감금장치로 느껴져. 어쩌면 그 둘 중 하나만 갖는 건 불가능한지도 모르지. 군중에서 몇 사람이 벽에 다가가 만지기도 하고 또 몇몇은 거기에 등을 댄 채 목사의 추도사를 들어. 하지만 이 벽에는 어디에도 갈라진 틈이, 쪽지를 물려놓을 공간이 없어. 모두가 버텨주기를 바라는 텅 빈 벽면뿐.

목사가 추도사를 마치자 군중 분위기가 달라져. 사람들이 어느 방향으론가 움직이기 시작하면서 굳었던 몸을 스트레칭 하고 슬슬 행진할 준비를 해. 취주 악대 몇 팀이 나타나 튜바와 트롬본을 모두의 머리 위로 치켜든 채 선두로 이동해. 사람들 사이로 그들이 보여. 높게 쳐든 호른의 덤불이 햇살 받아 반짝이는 덕분에. 이윽고 아무런 경고도 없이 밴드가 연주를 시작하고 사람들도 출렁대며 움직여. 앞으로, 양옆으로, 또 발 앞부분에 힘을 주고서 위로 아래로. 행진이라기보다 춤에 가까운 그 움직임이, 트럼펫과 드럼 소리에 맞춰 길을 메우며 나아가. 행렬이 지나가자 동네가 되살아나는 것 같아. 사람들이 창문을 열고, 포치로 나와. 버려진 공터로 쏟아져나오고 주차된 차들 위에 올라가 춤을 춰. 깃털 꽂은 머리장식을 쓴 사람, 옛날 학과 잠바를 걸친 사람, 소매를 잘라낸 데님 조끼를 입은 사람 모두 다 하나같이 이마에 송골송골 땀이 맺힌 채 몸을 흔들흔들해.

그 주 초에 우리가 주최한 스토리 서클에서 한 카트리나 생존자가 이 행사도 또다른 형태의 애도라고 설명해줬어. 그들이 계획한 행사는 퍼레이드가 아니라 세컨드라인°이라고, 관 없는 재즈 장례라고 나에게 말해줬어. 서구의 군대 행진과 노예가 된 사람들이 루이지애나에 가져온 서아프리카 춤이 결합해 수백년간 전해내려온 전통이래. 카트리나 이후 10주년을 맞는 오늘은, 집을 잃었거나 생을 잃은 모든 이를 기리는 행사가 될 거라고.

그런 연유로, 지금 내가 참여하는 이 행진은 세컨드라인의 기나긴 역사를 감안해도 뉴올리언스 역사상 가장 큰 규모가 됐어. 연주 템포가 빨라지자 나도 불어나는 군중에 휩쓸려 춤을 추기 시작해. 행렬은 나인스워드를 벗어나 고속도로들을 지나치고, 달러스토어들

° 브라스밴드 뒤에서 사람들이 춤을 추며 따라가면서 즐기는 뉴올리언스 전통.

이 늘어선 작은 길들을 따라 시내로 이동해. 음악이 너무 크고 흥겨워서 허리케인에 죽은 사람들마저 되살릴 것 같아. 물에서 소환해내 춤추게 할 것 같아. 정오쯤 되자 햇빛에 습기도 싹 증발했고, 이제는 눈물도 안 보여. 행진 참가자들의 뺨은 바싹 말랐고 웃음으로 활짝 피었어.

비통함을 희열로 만드는 이 연금술에는 지혜가 있어. 죽음을 보는 방식과 그것에 생을 불어넣는 방식에 지혜가 있어. 행복한 결말이 없는 곳에 행복한 결말을 만드는 걸 봐. 다 함께 어우러진 행진 참가자들은 몇시간은 족히 시내 곳곳을 누비며 춤을 춰. 땀에 셔츠가 절고 브라스밴드가 숨을 헐떡일 때까지 춰대고, 그러고도 우리의 몸을 찬양하며 또 우리 몸에 반항하며 계속 춰.

마침내 행진이 끝나자 우리는 고속도로 진입차선 사이의 드넓은 잔디밭에 다 같이 둘러서. 한쪽 끝에 무대가 있는데 이런저런 관계자들이 벌써 군중을 향해 뭐라고 말하고 있어. 그중 한명, 초록색 티셔츠를 입은 백인 남자는 시에라클럽 국장이야. 그가 '그 문제'를 정확한 명칭으로 거론하면서 마치 이날의 모든 행사가 그와 관련된 것처럼 몰아가려 하지만 아무도 듣고 있지 않아. 사람들은 부채질을 해대고, 자기 머리 위로 물을 붓고, 고가도로 밑 그늘로 피신해. 무리 뒤쪽에 있는 나는 바비큐 그릴에 이것저것 굽는 남자에게서 구운 칠면조 다리를 한덩어리 사서 사슬울타리에 기댄 채 먹어. 무대에서 발언하는 남자 때문에 내가 뭔지 모를 창피함을 느끼고 있음을 알아채. 그가 중요한 걸 놓치고 엉뚱한 얘기만 하고 있는 것 같아.

그때는 몰랐는데 지금 깨달은 것이 있어. 때로 '그 문제'의 명칭이 '그 문제' 자체를 지워버릴 수 있다는 것. '그 문제'를 한 단어나 한 구문에 담아서는 안 될 때가, 오히려 언어가 역효과를 내서 그것이 생기를 넣으려는 대상이 납작해지고 정지되고 동떨어진 것이 되고 말 때가 있다는 것. 나도 제목을 입에 올리는 것만으로 책의 내용 전체를 떠올리려는 것처럼 '그 문제'의 이름을 언급해 관련 경험을 소환하는 똑같은 실수를 몇년이나 저지른 끝에 이 점을 온전히 이해하게 됐어.

인류학자 캐슬린 스튜어트Kathleen Stewart는 "공적 감정", 즉 "넓은 순환 안에서 시작하고 끝나는" 정서에 대해 이야기해. 그것을 단 한 사람, 한 단어로 국한하려고 하면 의미가 소실된다는 거야. "그것은 엄밀히 말해 '의미들'을 통해서가 아니라 몸과 꿈과 생의 드라마 들을 드나들면서 더 빼곡해지고 질감이 풍성해지면서 작용한다." 이것이 '그 문제'가 작용하는 방식이고 '그 문제'의 **실체**라고 어느 순간부터 나는 생각하기 시작했어. '그 문제'는 여태껏 어느 한가지였던 적, 어떤 명칭 아래 고정되고 관념화된 적이 없었어. 초과물의 전체 윤곽을 하나의 이름에 담는다니, 어림없지. 그러기엔 그것이 야기하는 것이 너무 많고 그것이 원인이 되어 일어나는 것도 너무 많아. 그것은 정치·경제적 시스템들 전체, 광범위하게 퍼진 존재론적 규범과 인식론적 규범, 또 일상의 세세한 마찰들을 다 담고 있어. 짐작건대 바로 그렇기 때문에 그것이 불러일으키는 온전한 감정은 공적일 수밖에 없는 것 같아. 온갖 것들의 틈새와 힘줄에 자리하기에 서로 합쳐져 별자리를 이루어야만 겨우 인식될 수 있는 거지. 우리 중 누구라도 '가질' 수 있는 것이 아니며, 직감이나 때려맞히기로만 감이 잡히는 진실이야.

그날 '그 문제'는 무대 위에서도 나의 고용주가 쥔 마이크에서도 또는 그의 입에서 술술 나오는 의례적인 말 중 어느 한마디에서도 발견될 수 없었어. 그것은 다른 데 있었고 모든 곳에 있었어. 잔뜩 긴장한 어깨에, 땜질한 지붕에, 트럼펫을 부느라 쑥 내민 입술에 있었어. 사후처리 관련 서류와 배식 줄과 접이식 침대의 기억에 있었어. 자가용이 없는 사람들을 위한 대피 계획이 애초에 없었던 사실과 허리케인이 닥쳤을 때가 하필 월말이어서 생활 보조비를 받는 사람들은 전부 돈이 쪼들리고 있었던 당시 상황에, 그리고 바로 이튿날 홍수 방벽이 압력을 못 견디고 마침내 무너진 바로 그 순간 대통령이 TV에 나와 뉴올리언스가 "위기는 면했다"고 말했던 사실에 있었어.

내 고용주의 연설이 뭐가 문제였느냐면, 거기 모인 사람들은 이미 '그 문제'를 잘 알고 있으며 그 명칭이 침투할 수 있는 수준보다 훨씬 깊이 이해하고 있다는 거였어. 마침내 그가 연설을 끝내자 그늘로 피했던 사람들이 다시 나와 일종의 기도 행위처럼 잔디를 밟으면서, 온몸으로 그 기도가 이루어지기를 염원하면서 춤추기 시작했어.

이런 이유로, 너도 아마 알아챘겠지만, 나는 '그 문제'에 흔히 붙는 이름 중 하나를 부여하지 않기로 했어. 스튜어트의 말대로야. "그렇다고 이 시스템들이 명명하려는 힘들이 실재하지 않는다거나 말 그대로 긴급하지 않다는 얘기는 아니다. 오히려 나는 그것들이 순진한 세상에 부과된 무효한 영향력처럼 보이게 두느니 온 우주에 편재하는 힘을 포착한 장면으로 보이도록 가시화하려는 것이다." 우리가 행진으로 성취하려는 게 뭔지를 이 말이 더 잘 설명하는 것 같아. '그 문제'를 온 우주에 널리 존재하는 힘을 포착한 장면으로 보이게 가시화하고자 함이라고. 다만 몇시간 동안이라도, 글자 그대로 그것을 구현하기 위함이라고.

스튜어트가 내세운 도식에서 '그 문제'에 대한 대중의 감정은 그것이 퍼뜨리는 탄소와 같은 양상을 띠어. 널리 퍼져 있고 어디에나 있으며 산의 한면이 불타오르게(아니면 수천명이 춤추게) 하기 전까지는 철저히 비가시적이지. 그런데 '감정'이 여기서 적당한 단어인지는 모르겠다. 아마 '기분'이 더 적확할지도 모르겠네. 웃음이나 질병처럼 전염성이 있으니까.

감정과 다르게 기분은 모든 것이 한눈에 들어오는 어느 한 지점에서 전체를 포착할 수 없어. 이런 점에서 나는 코끼리 몸 가운데서 자신이 만질 수 있는 일부만 묘사하는 우화 속 시각장애인과 같아. 한데 초과물은 코나 꼬리 대신 무한한 팔다리가 있고 무제한으로 발현될 수 있다는 점이 다르지. 우리가 수만가지 명칭을 사용한들 과연 그것을 충분히 표현하거나 실체의 대부분을 포착할 수 있을지 의심스럽네. 하지만 똑같이 감을 못 잡고 헤매는 사람, 붙잡기엔 너무 광활한 어떤 것의 표면을 더듬으며 허둥대는 사람이 많다는 사실이 그나마 위안이 된다. 그건 이 편지가 상정하는 한가지 전제이기도 해. 네가 어느 위치에 서 있건 관계없이 자신의 기분을 남과 공유하는 일은 가치 있다는 것.

* * *

뉴올리언스에서 보내는 마지막 날, 샌디 피해자 대표단은 한 재건된 침례교회 일요예배에 초대를 받아. 교회는 바다에 살짝 발을 담근 새 발 모양 삼각주 동남쪽 면에 있는데, 시내에서 차로 한시간 거리야. 이곳의 육지는 그냥 침전 토사에 불과해. 미시시피 어귀에서 쓸려와 느슨한 부채 모양으로 침전됐는데, 가장 높은 땅도 해수에서 고작 몇 미터 위야.

렌트한 미니밴을 몰고 반도를 달리는데 9미터 첨탑들과 스포츠 낚시 이벤트를 홍보하는 대형 광고판들 위로 훌쩍 솟은 목장식 주택들이 휙휙 지나가. 새로 지은 축구장도 하나 보이고. 축구장은 이 지역에서 해안 침식 상태를 설명할 때 사용하는 측정 단위이기도 해. 듣자하니 한시간당 축구장 한개만큼의 면적이 침식되고 있대. 그래도 이 축구장은 나지막한 흙 둔덕으로 보강해놓았더라. 이런 변화는 해수면 상승만큼이나 근해 시추도 원인이 되고 있어. 석유 시추로 인해 육지가 침하하는 거야. 가혹하고 자멸적인 악순환이고, 미국 경제의 자식自食작용이지(이 와중에 석유 회사들은 자기 몫을 푸짐하게 챙겨 떠났어).

카트리나도 아직 여기에 있어. 폐허가 아닌 부재不在로 존재해. 이 지역 전체가 깨끗이 쓸려나간 것 같아. 나무며 마을 들이, 그리고 기반시설은 거의 전부가 사라졌어. 해가 쨍쨍한 날인데도 부잔교 위를 운전해가듯 왠지 자연에 노출된 느낌이 들어. 땅은 너무 납작하고 바다는 너무 가까워. 커브를 한차례 돌자 바로 앞, 핸들에서 불과 몇 미터 지점에 땅과 거의 같은 높이로 펼쳐진 바다가 나와. 솔직히 위압적이야. 얼마든지 나를 잡아먹을 수 있는데 지금은 배가 불러서 가만히 있는 괴물처럼.

두어시간 달려서 교회에 도착해. 밑기둥이 없는 아담한 새 건물이야. 벽에는 흰색 프리패브°식 벽널을 댔고 지붕 중앙에 소박한 첨탑이 솟아 있어. 목사가 밖으로 나와 우리를 맞이하며 차례로 악수한 뒤 안으로 안내해. 교회 내부도 온통 새하얗고 신도들은 조그만 브로치를 달거나 광을 낸 구두를 신는 등 주일 교회 참석용 옷을 말쑥하게 차려입었어. 우리는 신도석에 자리 잡고 앉아 무릎에 기도서를 올려놓고 있다가 곧 일어나서 찬송가를 따라 불러.

이날 목사는 설교에서 '그 문제'를 주어진 이름으로 부르지 않아. 그 대신 성서 속 등장인물을 소환하듯, 마치 삼각주를 황폐케 하라며 죽음의 두 천사를 소환하는 것처럼 허리케인 카트리나와 샌디를 언급해. 하지만 하나님의 은혜로 우리는 살아남았고 우리 교회는 부

° 조립식 가옥.

활했습니다, 라고 목사가 말해. 이제 우리는 다시금 여기 앉아 그분께 영광을 돌리고 있지 않습니까. 우리가 때가 되어 올라갈 때 우리를 기다리고 계실 그분이요.

나는 설교를 들으면서 홍수 지도를 떠올려. 우리가 지금 앉은 이곳이 한세기 이내로 완전히 잠길 것을, 만이라고 불리는 수역에 잠겨 지워질 것을 생각해. 그리고 그것이 다른 만 확장의 상징이 되리라는 것도. 여기와 거기 사이의 만, 과거와 현재 사이의 만. 그럼 이 둘은 고작 일련의 사건들이 아니라 글자 그대로 시기의 변화로 인해 서로 떨어지게 되는 거야. 육지와 바다만큼의 차이지. 그렇게 되면 신도들 모두가, 혹은 그들의 자식들 혹은 자식들의 자식들이 북쪽으로 올라갈 테고, 그들의 집이었던 건물들은 만의 수면 아래 사라져 갈 것이며, 수십년 뒤 보트를 타고 그 옆을 지나가면 그 집들의 지붕 꼭대기마저 진즉에 그들을 쫓아낸 잇따른 석유 유출로 혼탁해진 해수면 아래 까마득히 사라져 있을지 몰라. 그렇게 생각하자 마치 이 세계 뒤에 다른 세계가 차오르고 있는 듯 갑자기 모든 것이, 땅도 교회도 설교도 다 그 사라짐의 가능성으로 충만하게 느껴져서 나는 신도석 끄트머리를 그것이 꼭 떠내려갈 것처럼 꽉 붙들고, 이윽고 모두가 '아멘'을 복창해.

설교가 끝난 뒤 목사가 허리케인 샌디 대표단 전원을 연단 앞으로 불러내. 그러고는 차례로 한명 한명의 머리에 손을 얹고 속삭임에 가까운 인자하고 부드러운 음성으로 "하나님의 은총이 당신에게 임하시기를" 하고 축복해.

예배가 끝나자 사람들이 바깥 햇살로 하나둘 나가고 주차장에 흩어져서 두런두런 대화를 나누기 시작해. 넥타이를 느슨하게 풀고 하이힐을 벗어. 서로 포옹을 나누고, 그대로 몇초간 꼭 안아. 아기들은 유아차에서 들어올려지고 어린아이들은 어른들 다리 사이를 비집으며 뛰놀아. 아득히 먼 곳의 어느 화면에 픽셀화한 푸른색이 이 장면의 가장자리를 먹어들어가고 있지만, 어쨌든 지금은 이런 일시성이 일종의 환희로 느껴지고 아침은 서서히 긴 오후로 번져가. 우리가 마침내 손 흔들어 인사하고 렌트한 밴의 문을 탕 닫으며 그곳을 떠날 때쯤에는 은혜가 바로 여기에 임한 느낌이 들어. 다른 많은 것들과 함께, 이미 우리에게 임해 있다고.

사물의 세계

일곱살 때 동생이랑 집 근처 개울에서 도롱뇽을 한마리 잡았어. 우리 동네 외곽을 따라 눈에 안 띄게 흐르다가 오염된 강을 향해 거침없이 쏟아지는 개울이었어. 이 개울을 찾으려면 먼저 우리 집 블록의 끝까지 걸어가야 했어. 그 끝에 쌍방향 화살표와 함께 어느 쪽으로 가면 뭐가 나오는지 알려주는 노란 표지판이 세워져 있었거든. 그날 우리가 그런 것처럼 표지판을 무시하고 그 뒤 울타리 밑을 기어서 빠져나가면 골함석으로 된 하수관 어귀로 빠르게 쏟아져 들어가는 샛강 줄기가 나왔어.

동생과 나는 이 샛강에 분명 뭔가 살고 있다는 생각에 집착해서, 베이비시터를 졸라 같이 가서 조사해보기로 했어. 우리는 지하실에서 찾아낸 작은 어망과 양동이를 챙겨, 덤불을 헤치고 우리 집이 안 보이는 데까지 내려갔어. 베이비시터가 물에 어망을 담갔다 뺐다 했고 둑에 쪼그려 앉은 동생과 나는 기대에 부풀어 주먹을 꼭 쥐었어.

다리가 찌릿찌릿하고 쥐가 나려고 할 때쯤 베이비시터가 어망을 들어올렸는데 우리 셋 다 깜짝 놀랐어. 거기에 조그만 갈색 도롱뇽이 들어 있지 뭐야. 그 녀석은 어망 안에서 미친 듯이 꿈틀댔고, 우리는 신이 나서 겁에 질린 그놈의 광기 띤 춤을 흉내 냈어.

이윽고 샛강에서 물과 돌멩이를 떠 담았고, 집에 와서는 그것들과 함께 도롱뇽을 큼지막한 타파웨어 용기에 옮겨넣고 숨구멍을 여러 개 뚫은 뚜껑을 씌워줬어. 이 '서식지'를 현관 앞 탁자 위 샤보스[o] 촛대들 옆에 자랑스레 전시해놓았지. 그런데 도롱뇽이 사라진 거야. 타파웨어 옆면으로 아무리 안을 들여다봐도 움직임이 전혀 보이지 않았어. 돌멩이들 틈에 길쭉하게 흘러나온 진흙들 중 어느 거라도 그 녀석일 가능성이 있었어. 그렇게 며칠이 흘렀어. 동생과 나는 타파웨어를 틈날 때마다 확인하면서 우리가 잡아 온 게 분명한 그것이 거기에 있음을 확인시켜줄 어떤 사건이 일어나기만을 기다렸지. 도롱뇽 녀석은 우리에게 절대 그런 만족감을 허용하지 않았고, 꼬리 한번 펄럭이지 않으면서 우리가 포기하기만을 기다렸어. 내가 어머니에게 왜 도롱뇽이 움직이지 않느냐고 묻자 어머니는 우리가 녀석을 샤보스 초 옆에 둬서 녀석이 낮잠을 자나보다고, 내 생각엔 꽤 합리적인 대답을 했어. "매일이 안식일인 줄 아나봐." 어머니는 이렇게 덧붙였어. 금요일 밤이 되자 촛불들은 아무 움직임 없는 통 위로 양서류처럼 날름거리는 그림자를 드리웠어.

---

o '샤바스'라고도 하는 유대교 안식일.

결국 우리는 마음을 접고 타파웨어를 도로 샛강으로 가져갔어. 내가 통을 비스듬히 물을 향해 기울였고 동생이 뚜껑을 열었지. 안에 든 걸 다 비웠는데도 도롱뇽이 가버리는 건 못 봤어. 보이는 건 그냥 진흙탕과 원래 있던 샛강뿐.

나이가 들면서 나는 이것이 예외적 사건이 아님을 알게 됐어. 사라지는 건 야생동물들이 **늘 하는 일**이야. 내가 그들과 맺은 관계—아무튼 그런 관계가 존재하는 범위 내에서—는 그들이 덤불 속으로 후다닥 숨어들거나 울타리 너머로 도망가기 직전의 순간 포착들로 점철돼 있었지.

그 사실을 받아들이기 힘들었어. 어렸을 때는 특히 더. 디즈니 만화영화, 즉 동물이 내 조수 아니면 원수, 내 절친 아니면 옆에서 까부는 익살꾼인 세계를 보며 자랐기에 뉴저지 숲에 사는 동물들이 나를 기피하는 것에 충격을 받았어. 처음 그 숲으로 하이킹을 간 날 다람쥐와 사슴 들이 나를 피해 낮은 잡목 밑으로 후다닥 달아나는 걸 보고 왕따가 된 기분을 느꼈어. 그 녀석들은 항상 먼저 1초간 몸에 잔뜩 힘주고 눈알만 도르륵 굴리면서 얼어붙었다가 이내 갑작스레 도망쳤고, 남겨진 나는 눈을 가늘게 뜨고 나무들 틈을 노려보는 게 다였어. 그런 반응을 피할 유일한 방법은 내가 미동도 없이 서서 아무 소리도 내지 않는 것뿐임을 나중에 배웠어. 한마디로 거기 없는 척하는 거지.

중학교 들어갈 무렵에는 이런 반응에 더이상 충격받지 않게 됐어. 그때쯤에는 나도 저물어가는 20세기에 성년을 맞은 수많은 아이들에게 똑같이 닥쳤으리라 짐작되는, 빤한 순수함의 상실을 경험한 뒤였거든. 더 정확히 말하면 우리가 과학시간에 배웠던 그 모든 환상적인 동물들, 우리가 색칠공부 책에 그려넣었던 동물들, 판다며 재규어며 오랑우탄, 코끼리 등이 지구상에서 멸종되어가고 있다는 것을 알았거든. 그들이 사는 열대우림들이 불타고 있고 그들의 서식지인 대초원의 식물이 베어져나가고 있으며 그 절멸의 행위자가 바로 우리 인간이라는 것을.

이런 사실을 고려하면 대부분의 동물이—뉴저지에서 비교적 흔하게 마주치는 종들마저—무슨 짓을 해서든 우리를 피하려 드는 이유가 확실히 이해됐어. 이후로는 다람쥐나 참새 한마리라도 마주칠 때마다 애석했어. 그들이 잽싸게 도망치는 게 그저 본능적 반응만은 아닌 듯해서. 그런 행태가 사실은 매우 의식적인 냉대이며 인간이 이미 저지른 일에 대한 항의 겸 앞으로 저지를지 모를 일에 대한 두려움으로 동물의 왕국 전체에 퍼진 인간 기피 합의인 것 같아서.

한참 지나서 나는 우리가 저지른 말살의 범위를 정확히 알게 됐어. 인류가, 더 정확히는 생태계 전체를 수확하거나 싹 밀어버릴 '자원'으로 전환해버린 편협한 경제사상을 신봉하는 종족이 생물학적 생명체의 출현 이래 여섯번째 대멸종을 촉발했다는 것을 말이야. 이는 차원이 다른 멸종이었어. 일반적인 개체 격감의 수천배 규모로 이루어졌고 수십개의 종이—종 통째로!—매일 사라지면서, 내가 떠올리는 지구 이미지에 구멍을 숭숭 내고 있었어. 매일 잠자리에 들면서 존재하는 줄도 몰랐던 일군의 생물을 목격할 회복 불가한 기회를 오늘도 놓쳤음을, 내일도 모레도 그리고 같은 일이 끝없이 반복되리라는 것을 의식했어.

그런 생각을 하면 너무 슬펐지만 한편으로는 아무렇지 않게 넘길 수 있었어. 나에게 제공된 비인간 세계에 대한 학습 자료들, 즉 내셔널지오그래픽이나 애니멀플래닛 같은 방송 자료들은 항상 "마지막 남은 X"나 "극도로 희귀한 Y"에 초점을 뒀어. 이런 자료들은 보통 자연보존 의식을 고취하는 의도로 제작됐지만, 내가 얻은 메시지는 자바코뿔소나 비단시파카°에 너무 열 올리지 말아야 한다는 거였어. 어차피 평생 단 한번도 못 볼 테고 어쩌면 곧 한 개체도 안 남을지 모르니까.

이런 계산의 바탕에는 희소성의 방정식이 깔려 있었고, 나는 그것을 일찍이 내면화했어. 진기한 동물일수록 사라질 확률도 높다는 공식 말이야. 별로 놀랍지도 않았는데, 후기자본주의 사회에서 성장하면서 비슷한 교훈을 이미 삼투작용으로 흡수했기 때문일 거야. 희소성은 가치를 낳으며 그 반대 또한 성립한다는 교훈. 그래서 비록 슬프지만 자바코뿔소가 점차 사라지는 것도 이상하게 느껴지지 않았어. 계속 살아남기엔 너무 비범한 종인 데다, 이 현상은 '그 문제'보다

° 마다가스카르섬에 사는 영장류 인드리과의 포유류.

는 세상을 돌아가게 하는 원리에 따른 결과 같았거든.

지금 와서 멸종된 종의 어마어마한 숫자를 보면 세계종말의 전조로 보여. 이것이 정확히 '그 문제'가 작동하는 방식이라고 할 수는 없지만. '그 문제'는 '온 세계' 차원에서 작동하지 않아. '온 세계'는 어떤 단독의 사물로, 또는 절정을 맞으면서 한꺼번에 마무리되는 한편의 이야기로 치환될 수 없거든. 그 대신 보다 작은 세계들, 하위세계 sub-world들을 향해 작동해. 맹그로브를 둘러 흐르는 염분 띤 샛강들의 수계라든가 수목선 바로 아래에 옹송옹송 자란 무지개가문비나무들의 좁은 띠, 꿀벌 한마리의 탄생에서부터 오직 꿀벌만이 수분할 수 있는 조그만 빨간 꽃이 시들기까지의 황홀한 2주간 같은, 더 작은 세계들. 종종 우리가 의식하지 못한 사이 흘러가지만 몇천년 동안 우리와 지구를 공유하는 수많은 다른 종들이 주관적 경험을 하며 살아가는 절대적 외부 경계를 이루어온 세계들. 이것들이 바로 '그 문제'가 끝장내고 있는 세계들이야. 속도와 순서 다 뒤죽박죽으로 하나씩 꺼져가고 있는 세계들이지.

대부분의 사람들처럼 나도 이 꺼져가는 세계들에 익숙해졌고 이제는 멸종과 생물다양성 상실에 관한 통계 수치에 거의 무감각해졌어. 어렸을 땐 그렇게 충격적일 수가 없었는데, 더는 그 증가분을 가늠할 수도 없고 거기에 억지로 어떤 의미를 부여하지도 못하겠어. 그 대신 가끔씩 한가지 사례, 초소형 규모의 멸망을 간접체험해볼 수는 있지.

예를 들어 얼마 전 한때 알프스산을 덮었던 눈(브뤼헐의 그림 오른쪽 위 귀퉁이, 마을 저편의 산봉우리들을 장식하고 있는 눈이야)이 급격히, 심지어 겨울에도 녹기 시작했잖니. 그 산에 사는 고유의 산토끼 종이 있다고 어디에선가 읽은 적이 있어. 보호색으로 털이 하얗게 진화한 종이래. 브뤼헐이 1565년에 「눈 속의 사냥꾼들」을 그렸을 시절에는 그 산토끼 수십마리가 브뤼헐의 눈에 전혀 안 보이게 그 풍경을 가로질러 쫑쫑거리며 지나다녔을지도 몰라.

그 산토끼들이 민둥민둥한 경사면과 평지로 이루어진 환경을 가로지르고, 살짝 언 눈밭을 자분자분 밟고, 얼음을 뚫고 비쳐드는 차가운 햇빛에 사위가 밝혀진 어두컴컴한 터널들 속으로 비집고 들어가는 모습을 나는 상상해봐. 그들이 사는 세계는 반짝거리고 소리 죽은 세계, 빈 캔버스에 붓으로 그은 한줄 획처럼 모든 소리가 희미한 동시에 또렷한 세계야. 이곳에서는 모든 움직임이 위험하기에 그들은 꼼짝 않고 있으려고 해. 오직 숨쉬기로만 살아 있는 티가 나는, 궁둥이 털이 쫑긋 올라가고 사사삭거려야만 겨우 식별 가능한 부동 상태야. 그들은 얼마 있지도 않은 먹을거리를 눈더미 밑에서 캐내고 얼어붙은 풀을 아주 잘게 씹어서 목구멍으로 삼켜. 그렇게 몇세기가 흘러. 흰 배경에 흰 짐승이 고요하게, 살그머니 움직이면서.

그런데 온 세상이, 그들에게 그 보호색을 입힌 고지대의 새하얀 세상이 조각조각 부스러지기 시작해. 눈이 오기는 오는데 머물지는 않고, 초원에서부터 녹기 시작해 산골짜기와 도랑으로 흘러가버려. 한때 한덩어리의 거대한 위장僞裝이었던 환경이 갑자기 뚝뚝 단절된 일련의 섬들로 변하더니 그 섬 하나하나도 꾸준히 쪼그라들고, 그러자 황량한 땅바닥을 배경으로 산토끼들이 선명한 타깃으로 도드라져. 마치 한때 그들의 보호장치였던 산이 그들을 배신하고 비밀이었던 그들의 취약점을 온통 폭로한 것 같아. 더이상 존재하지 않는 세상에 맞춘 옷을 그대로 입고 있는 산토끼들은 요란하게 자갈밭을 짜각짜각 밟고 눈 녹은 웅덩이 물을 참방참방 튀겨가며 그나마 남아 있는 눈더미들 사이를 허겁지겁 내달려. 모든 게 질척거리고 거칠거칠하고 견딜 수 없이 시끄러워.

이 음陰주광성의 땅에서는 늑대들이 산토끼를 잡아먹어. 배가 불러 더 먹지도 못하는데도 광분해서는 진흙탕에서 토끼를 낚아채. 어쩌면 사냥이 충격적인 수준으로 쉬워져서 그런지도 모르지만, 그 포식동물들조차 뭔가가 잘못됐음을 알아채. 이 만찬이 지속할 수 없음을 알아. 산토끼들이 사라지기 시작하면 자기들도 사라지리라는 것을 감지해. 산토끼들을 천적에게서 보호해주던 눈이 그 천적들 또한 제 식욕으로부터 지금껏 보호해줬다는 단순한 이유에서지. 이 국지적 멸망에 이어 산토끼의 세계는 진정 생소한 것으로 변할 거야. 포근하고 텅 비고, 안전도 위험도 없는 세계가 될 거야. 브뤼헐의 시점에서는 별로 달라진 게 없겠지만. 경치 좋으면서 동떨어져 있고, 아마 약간은 더 갈색을 띠겠지.

이런 예는 무궁무진해. 코스타리카 운무림°들에서는 열기 때문에

° 습기가 많은 열대지역 삼림.

특정 종의 청개구리가 산 경사면을 타고 자꾸 올라가. 더 시원한 서식지를 찾아 점점 높이 올라가는 건데, 결국에는 더 올라갈 고지가 남지 않게 되고 기온만 계속 올라가지. 서식지인 산봉우리들에서 오도 가도 못한 채 가장 높은 나무의 가장 높은 가지에 앉아 있는 청개구리들이 머릿속에 선히 그려져. 피부가 서서히 말라 바스락거리는 껍데기로 변하고, 개구 호흡을 하며 눈을 휘둥그레 뜬 채 가고일로 골화骨化하겠지.

이번엔 관심을 다른 곳으로 돌려 버몬트의 솔숲들을 떠올려봐. 점점 따뜻해지는 겨울 때문에 새로운 땅이 드러나면서 벼룩이 북쪽으로 이동하고 있어(벼룩은 병원균을 옮기는 모기와 더불어 '그 문제'로 **이득을 본다**고 내가 어디선가 읽은 몇 안 되는 종 가운데 하나야. 이걸 보면 이 현상에 본질적으로 역병적인 면이 있다는 소름 돋는 깨달음이 들지. 단순히 연쇄적 물리법칙을 따르는 데서 그치지 않고, 거기에 더해 마치 성경에 나오는 역병처럼 고의적이고 인과응보적인 어떤 것에 의해 추동된다고). 점점 많은 벼룩이 키가 큰 풀을 타고 기어올라 무스들 몸에 들러붙어 가죽을 뚫고 들어가. 어디선가 읽었는데 죽은 무스 한마리의 사체에서 벼룩이 9,000마리나 발견된 적이 있대. 어떤 무스는 가려워서 나무에 제 몸을 미친 듯이 문대다가 살점이 떨어져나가기도 한대. 최근 몇년 사이 무스는 감염과 실혈로 죽어나가서 개체 수가 급감했어. 그래서 여전히 메이플 캔디 포장지에 인쇄되고 버몬트주 전역의 엽서에 찍혀 나오는 무스 그림은, 마치 그것이 찍혀 나온 기념품 하나하나가 작은 추모식인 양 갈수록 노스탤지어가 진하게 배어나고 있어.

이렇게 머릿속에 그려보면서도 이런 이야기들이 어떤 식으로 전달될지 염려돼. 일종의 통화로, 상실의 변제금으로 통용될까봐. 환경주의자들이 멸종 위기에 처한 카리스마적인 동물들을 주로 백인이며 중산층인 기부자 집단의 심금을 울리는 데 이용해온 긴 역사가 있고, 그런 내러티브의 매력이 '그 문제'로 인해 위기에 처한 가난한 **사람들** 수백만명의 목소리를 자기네 이야기에 은근슬쩍 포함하거나 아예 대체해버렸다는 걸 알아서 그래. 하지만 그런 이야기들을 완전히 일축할 수도 없어. 나에게 그 이야기들은 기금 모금보다, 나아가 슬픔보다도 더 깊은 의미가 있거든. 영화에서 지진이 일기 직전 비둘기 떼가 어디론가 날아가는 장면이나 거대한 홍수가 닥치기 전 박쥐들이 배수관으로 미친 듯이 날아드는 장면처럼, 나는 그것들이 근본적으로 두려움에 관한 이야기, 위험한 곳에 홀로 남겨지는 것에 대한 이야기라고 생각해. 한번에 삼키기 좋은 단편적 비극으로 안전하게 포장될 때가 많지만, 하나의 커다란 그림으로 봤을 때 그 이야기들은 오히려 초조함 어린, 집산화集産化한 불안감에 가까워 보이고 우리가 점점 비어가는 행성에 버려지고 있다는 어렴풋한 짐작처럼 느껴져.

어찌 보면 좋은 소식이야. 굶는 북극곰 사진을 벽걸이 달력에 그려넣고 그들의 운명이 우리의 운명과 아무 상관도 없는 양 마냥 불쌍히만 여길 때는 한참 지났으니까. 동물을 '보호'하자는 수사는 동물의 소모 가능성을 암시하는 작용만 할 뿐이야. 우리가 동물을 징후종으로, 동정심보다는 공황을 불러일으키는 대상으로 보지 않아도 되게끔 그들을 연약하고 탐미적으로 대상화한 보물로 그리는 행태를 얘기하는 거야. 그래서 나는 이제 멸종에 대한 글을 읽을 때 이런 생각을 고수하려고 해. 모든 애석한 소멸에는 편집증적 불안의 씨앗이 있다는 생각. 언젠가는 그들의 사라짐이 탈주로 느껴지기 시작하리라는 생각.

* * *

학부생 때 어쩌다보니 섬에 집착하게 됐어. 섬은 가장 가시적으로 위기에 처한 하위세계지. 타라와섬, 마주로섬, 콰잘레인 환초 등 해수면 아래로 사려져가고 있는 조그만 점 같은 땅들. 도서관의 지정 열람석에 앉아 아득히 먼 곳에 있는 환초들, 표면장력만으로 지탱되는 양 대양의 표면에 아슬아슬하게 균형 잡고 떠 있는 가느다란 도넛 모양 땅들의 항공사진을 하염없이 스크롤하곤 했어. 그 섬들의 정치 지도자들 발언 영상도 시청했는데, 그들은 유엔 회의에 연이어 참석해서는 절박함은 잘 숨긴 채 품위 있고 열정적인 연설로 북반구 국가들을 향해 '그 문제'가 자기들 나라를 지도에서 없애버리기 전에 부디 그것을 통제해줄 것을 촉구했어. 다른 누구도 보여준 적 없는 허심탄회한 태도로 자국의 상황을 전하면서, 초과물을 여태까지와는 다른 방향에서 무시무시하게 부각시켰어. 나는 특히 당시 마셜제도 대통령 보좌장관°이자 언제나 영웅적으로 진솔한 태도를 보여준 토니 드브럼Tony deBrum의 말에 끌렸어. "우리는 한 사람도 빠짐없이 모두, 정부와 시민들이 다 같이 이 전쟁에서 승리하기 위해 행동을 취할 것을 약속한다고 진심으로, 온 마음으로 선언해야 합니다. 이것은 다른 것도 아닌 인류의 미래가 달린 전쟁입니다. 그렇기에 우리 모두가 참여해야만 승리할 수 있습니다." 마셜제도 출신 시인 캐시 제트닐키지너Kathy Jetnil-Kijiner는 조금 더 당사자성이 가미된 언어로 표현했어. "그들에게 해수면이 육지와 나란히 올라오는 걸 보는 기분이 어떤지 말하세요/ 그들에게 우리는 겁이 난다고 말하세요/ 우리는 정치고 과학이고 모르지만 우리 뒷마당에 뭐가 있는지는 보인다고 말하세요/ 우리 가운데 나이 지긋한 어부들은 신께서 우리에게 하신 약속을 믿는다고 말하세요/ 또 우리 가운데 몇몇은 신의 언약을 다소 의심한다고도 얘기해주세요/ 하지만 무엇보다 우리는 떠나고 싶지 않다고 말하세요/ 우리는 떠나고 싶었던 적이 없어요."

지구 반바퀴 떨어진 도서관 열람석에서 그 연설을 듣고 있다는 데서 형언하지 못할 깊은 슬픔이 느껴졌고, 이런 슬픔에는 종종 어떤 예감이 동반됐어. 나에게 그 섬들은 전조적이고 소우주적으로 다가왔어. 지구에서 제거된다는 단순하면서도 그 의미가 가늠조차 안 되는 전망을 눈앞에 둔, 각각의 주체적인 현실세계들이잖아. 경계가 명

° 마셜제도에서 대통령이 임명하는 입법부 소속의 직위로, 부대통령 역할을 한다.

확히 있고 유일무이하며 온갖 의미로 꽉 찬, 그리고 수백세대에 걸친 복제 불가한 인간 경험의 현장이었던 세계들이고. 그 세계들은 앞으로 몇세기에 걸쳐, 어떤 형태로든, '그 문제'가 나머지 세상에 결국 던져줄지 모르는 최후통첩을 맛보기 삼아 보여주는 창 같았어.

이 모든 건 필연적으로 책상머리 불안감일 수밖에 없었고, 어쨌든 내가 저지대 섬에 찾아갈 방도도 없으니 최대한 정보를 모으는 것으로 그런 감정을 달래야 했어. 그곳들에 대해 내가 빠삭하게 알면 그곳들이 바닷물에 잠겨 소멸하는 걸 막을 수 있을 것처럼. 학부 2학년 때는 어느 교수가 해수면 상승으로 멸종 위기에 처한 종이 몇이나 되는지 알아본다고 해서 그 프로젝트에 지원했어. 우리가 택한 방법론은 저지대 섬들의 토종생물 종을 목록으로 만든 다음 그 섬들의 정확한 고도를 알아내 다양한 해수면 상승 추정값을 넣었을 때 어느 섬이 침수될지 계산하는 거였어.

우리는 무리 없이 수십종을 찾아냈어. 스타벅섬°에만 사는 아주 고운 데이지꽃도 있고, 벨리즈 근해 암초에 사는 긴코원숭이 아종도 있고, 심지어 어떤 섬에는 뒤쥐 비슷한 독특한 설치류도 서식하고 있었어. 하지만 정확한 고도에 대한 최신 정보는 입수하기가 몹시 어려웠어. 몇주 동안 이렇다 할 결실도 없이 인터넷 검색만 죽어라 하다가 어느 날에는 하버드 희귀 지도 보관서고 지하에서 온종일 제2차 세계대전 당시 일본군에게서 압수한 오래된 측량도들을 들여

° 태평양 중앙에 있는 키리바시의 환초.

다봤어.

지도의 명칭과 범례가 전부 한자로 표기되어 있었고, 섬들 자체도 어쩐지 모호한 글씨처럼 보였어. 그리드선이 표시된 대양에 다양한 악센트 표지를 단 I와 O 들이 북쪽에서 남쪽으로 길게 표기되어 있었어. 특정 해안선과 군도 위치를 구글 지도 이미지와 비교해보지 않고서는 내가 어느 섬을 보고 있는 건지 모를 때가 많았어. 그래도 거의 대부분의 지도는 5미터 단위로 지성선地成線이 표시되어 있었고, 덕분에 나는 몇시간에 걸쳐 보호용 장갑을 낀 손가락으로 그 지성선을 훑으며 아주 작게 찍힌 숫자들을 찾아내고 그걸 스프레드시트에 기록할 수 있었지. 마침내 도서관을 나섰을 땐 내가 결코 찾아갈 일 없는 작은 섬 수십개의 고도 데이터를 수집한 뒤였어.

이 자료를 제출하고 몇달간은 연구실로부터 별다른 연락이 없었어. 그러다 한참 뒤 그 프로젝트에 대해 거의 잊었을 때쯤 교수님이 이메일로 나를 연구실로 호출했어. 갔더니 교수님은 멋쩍은 얼굴로, 이 정도 데이터로는 안 된다고 했어. 5미터 간격은 너무 넓다고. 해수면 상승 예측치는 전부 1피트(약 30센티미터) 단위로 측정되는데, 각 해수면 상승 시나리오에 따라 어느 섬이 잠길지 신뢰가 가는 수준으로 판단하기 위해서는 더 입상粒狀의 표고標高 데이터가 필요하다는 거야. 정부에서 위성을 띄워 향후 몇년간 전세계 표고 조사를 진행한다는 얘기가 있는데, 그 측정 자료가 언제 공개될지는 아무런 언질이 없었어. 이 말은 곧 일부 섬들은 우리가 그 섬들이 한때 해수면 위로 얼마나 낮게 솟아 있었는지 알아냈을 때쯤에는 실제로 사라진 다음일 수도 있다는 뜻이었어.

나는 겁이 났어. '그 문제'가 이런 식으로 선수를 쳐 우리를 앞지를 수 있다는 걸 깨달았거든. '그 문제'가 그걸 제대로 이해하려는 우리의 노력, 심지어 잃은 것을 따져보려는 우리의 노력보다 빠른 속도로 진행될 수 있다는 것을 말이야. 꼭 휴거를 살아서 겪는 느낌이었어. 어떤 종들은 하늘로 들려 올라가는데 남은 우리는 여기 지구에서 허둥대면서 많은 것들이 사라진 이 상황을 어떻게든 이해해보려고 절박하게 애쓰는 기분이었어.

몇년이 지나서도 이 기분은 뉴욕까지 나를 따라왔어. 어느 빨래방 맞은편 조용한 아파트에서 친구 두명과 함께 살던 시절이야. 거기서 북쪽으로 20분만 가면 세계 최고의 동물원 중 하나라는 브롱크스 동물원이 있었어. 우리는 어느 수요일 오후에 한번 가보기로 했어. NY 리뉴스에서 일하던 때였지만 딱 몇시간만 병가로 반차를 쓰기로 (아주 드물게, 죄책감 어린) 결정을 내렸어. 늦가을이었고 날씨도 그렇게 우중충할 수가 없었어. 낮게 드리운 하늘이 빗방울을 뿌려대고 있었지. 북쪽으로 향하는 전철을 탄 우리는 우리 발밑으로 브롱크스 자치구가 벽돌과 아스팔트, 매듭처럼 보이는 고속도로들, 그리고 고철 처리장들로 둘러싸인, 진흙으로 막힌 배수 도랑 따위의 모습을 하고서 휙휙 지나가는 걸 물끄러미 바라봤어. 브롱크스 동물원은 뉴욕의 다른 수많은 공원처럼, 북적이는 도시에서 떨어져나온 분위기였어. 주위를 둘러싼 동네가 침범해 들어오지 못하게 막느라 아득바득 애쓰는 느낌이었지. 안으로 들어가자 아득하게 자동차 경적 소리가 들려왔고, 그 소리가 동물 축사들에서 나는 쉭쉭 소리와 지저귐과 기묘하게 섞여들었어. 그것만 아니면 동물원은 그날 비교적 조용했고 노인과 떠돌이, 애들 데리고 나온 베이비시터 등 평일에 늘 드나드는 부류를 제외하고 다른 방문객은 별로 없었어. 대부분은 보슬비를 피하느라 웃옷의 후드를 뒤집어쓰거나 우산을 쓰고 있었지. 산책로 가장자리에 줄지어 선 나무들이 하나같이 나뭇잎을 털어냈어. 도로에 우수수 떨어진 조그만 타원형의 노란 낙엽들이 빗물을 머금어 바닥에 찰싹 들러붙었고.

우리는 정처 없이 어슬렁대다가 '와일드 아시아 모노레일'이라는 것을 발견했어. 열차 사파리 코스라고 광고하고 있더라고. 내부는 지하철과 비슷했어. 우리는 각자 비닐 재질의 일인용 좌석에, 바깥 풍경을 내다보고 앉았어. 우리 말고 동승자는 가이드뿐이었는데 햇빛가리개와 헤드셋을 차고 자기 몸보다 몇 사이즈 큰 판초를 뒤집어쓴 젊은 여자였어. 열차가 서서히 움직이기 시작하더니 지상 6미터 높이의 구불구불한 레일을 따라 숲을 관통해 나아가기 시작했어. 시야를 탁하게 막는 유리가 없고 들리는 소리도 우웅 하는 조용한 레일 마찰음뿐이라 마치 우리는 가만히 앉아 있고 풍경이 영화 릴처럼 우리 앞을 지나가는 것 같더라. 가끔씩 아파트 블록 꼭대기가 나뭇잎들 위로 불쑥 나타나서, 빨래나 낡은 자전거 따위가 쌓인 아파트 화재대피로가 '와일드 아시아'의 허울을 깨곤 했어.

작은 동물 전용 축사로 보이는 곳 여러군데를 지나쳤는데 그 안에 누가 있든 우리에게 안 보이는 데로 숨어버린 터였어. 가이드가 우리가 보지 못하는 동물들에 관한 정보를, 비행기 승무원처럼 노래하는 어조로 마치 대본을 읊듯 헤드셋에 대고 줄줄 읊으면서 우리 여정에 해설을 더했어. "이제 위를 보시면 프시왈스키말°이 있는데요." 졸려 보이는 망아지 몇마리가 한구석에 모여 있는 울타리 구역을 지날 때 가이드가 말했어. "땅딸막한 몸집과 짧은 다리가 특징인 이 종은 야생에서 거의 멸종했답니다!" 기계적인 이중모음을 남발하는 가이드의 말투에서 뭔가가, 날씨나 동물들이 겪는 결핍 그리고 다가오는 멸종 위협에 유쾌할 정도로 영향받지 않는 투가 거슬려서 우리는 하하 웃으면서도 미간을 찌푸렸고, 가이드가 그런 우리 표정을 못 보게 후드를 더 깊이 내려써야 했어.

에밀리가 동물, 특히 동물원 동물의 지위에 대해 종종 지적한 것이 떠올랐어. 어린아이들이 지금도 안고 잠자리에 들라고 곰이나 사자 모양의 솜인형을 선물 받는 게 얼마나 비현실적으로 느껴지는지 모르겠다고. 우리가 알파벳을 가르칠 때 과일과 채소와 일상적 집기들 명칭과 함께 여전히 '코끼리'나 '하마' 같은 단어를, 태어나서 최초로 접하는 명사 꾸러미에 포함할 만큼 마치 그것들이 우리와 밀접한 관련이 있다는 듯 사용하는 게 너무 이상하다고. 사과나 농구공과 달리 코끼리나 하마는 요새 태어나는 아이들이 평생 마주칠 일이 거

° 몽고말이라고도 하며 현존하는 유일한 야생마.

의 없는데 말이야. 그 종들의 급감하는 야생 개체 수는 요람과 유치원 교실에 넘쳐나는 어린이 개체 수에 점점 압도되고 있으니.

그런데도 야생짐승들은 어떻게든 계속해서 생존하면서 우리 스포츠팀들의 상징이 되고 우리가 아침에 먹는 시리얼을 팔고 있었어. 원래의 지시 대상들과 이제는 멀어진 잔존하는 상징들이 우리 문화적 표상들 사이에서 부유하는 꼴이지. '곰'bear이라는 단어는 어원이 게르만 기어基語 **베로**bero인데 그냥 '갈색인 것'을 의미한다고 에밀리는 곧잘 얘기했어. 유럽 북부의 게르만 부족들이 사용한 완곡어였는데 그들이 곰을 너무 무서워한 나머지 진짜 명칭이 금기시됐고 극히 드물게만 불려서 결국 역사의 저편으로 사라졌다고 해. 이 '곰'이 다섯살짜리가 잘 때 꼭 끌어안는 상징 혹은 아이패드에서 「손가락 가족」 노래에 맞춰 춤추는 상징과 대체 어떤 상관관계가 있다는 거야? 그 단어가 대체 뭘 의미한다고 말할 수 있지?

잠시 후 우리를 실은 모노레일은 우리를 돌아보지도 않고 심지어 자기네 울타리축사 위를 지나가는 커다랗고 텅 빈 열차의 존재를 의식하지도 않는 말들을 지나쳐 나무들 사이로 길게 커브를 돌며 나아갔어. "저 앞에 위엄 넘치는 말레이호랑이가 보이실 겁니다." 우리가 버려진 듯 보이는 또 하나의 축사 위로 스르륵 들어가는데 가이드가 단조로운 음성으로 말했어. "주황색과 검은색이 섞인 독특한 줄무늬를 보세요!" 거기 있지도 않은 호랑이의 줄무늬를 찾아 두리번대다가 우리가 더이상 참지 못하고 키득거리기 시작했고 가이드도 햇빛가리개 챙 밑으로 멋쩍은 눈길을 보냈어. 그런 다음 우리는 트랙에

정차한 열차 안에 한동안 가만히 앉아 있었고 빗줄기는 점차 거세졌어. 나무들 사이로 한줄기 빨간 스포트라이트가 보였고, 동물원 폐장까지는 두시간이 남아 있었고, 야생에 말레이호랑이는 단 300마리만 남아 있었어. 축사 안에서는 강풍에 우수수 떨어지다가 울타리 철망에 걸리기도 하는 조그만 노란색 낙엽들 말고는 어떤 움직임도 포착되지 않았어.

그런데 열차가 막 떠나는 순간, 좌석 가로대 너머를 내다본 나는 뭔가를 포착했어. 등짝 끄트머리만 간신히 알아볼 수 있었는데, 녀석은 건강해 보였지만 내가 생각했던 것보다 더 여위어서 어깻죽지가 가죽 위로 고스란히 도드라졌어. 녀석은 우리에게 자기를 목격하는 만족감을 허하지 않고 모노레일 바로 밑, 정확히 우리 시야 밖에서 슬렁슬렁 지나가고 있었어.

* * *

내가 유년기를 보낸 뉴저지는 휴거가 이미 한바탕 덮쳐간 곳이었어. 토종생물 가운데 다수가 내가 태어나기 한참 전에 이미 사라졌거든. 그 대신 그곳에는 도로와 인도, 경계와 구역, 간극 들이 있었지. 상업용으로 지정된 구역들과 주거용으로 지정된 구역들이 있고 기분전환을 위해 따로 마련해놓은, 관리 안 된 작은 공원들이 있었어. 우리 주의, 아니면 적어도 뉴저지주의 한복판을 가로지르는 띠 모양의 단일 블록 교외 거주지인 우리 구역의 레이아웃은 너무나 단조로워서 상술보다는 요약이 그곳을 더 잘 설명해줄 것 같아.

아스팔트로 된 해자에서 덩그러니 헤엄치고 있는 체인 점포를 패스트푸드점이건 자동차 수리점이건 머릿속에 그려봐. 유리와 구부린 플라스틱 자재로 지은 그 건물은 햇빛에 오래 놔둔 애들 장난감처럼 번들번들하고 다 해졌어. 차가 더 드문드문 있는 점포 뒤편 주차장은 철책으로 막혔어. 그 그림 안에 대형 쓰레기통도 하나 넣어봐. 한쪽 뚜껑이 열려 있지만 안에 쓰레기는 없고 그냥 악취만 진동하는 철제 통이야. 그리고 변압기 케이스를 빙 둘러 울타리가 바닥부터 올라와 있는데, 변압기 케이스는 시선을 안 끄는 녹색으로 칠해졌고 케이스 문짝에는 손잡이가 안 달린 걸로 보여. 울타리 기저부에 잡초를 친 흔적이 있고 줄기 몇대만 남아 서로 뭉친 상태로 바싹 말라가는 중이야. 울타리 바로 뒤편에는 다른 데보다 약간 낮게 거친 자갈길이 한줄 깔려 있고 그 뒤는 수풀이야. 숲은 아니고 나무가 좀 많이 몰려 있는 구역. 빽빽하지만 깊이라고 할 것은 없고, 가시 있는 덤불과 새순 따위만 낮게 자라 있는 곳. 나무줄기들이 하나같이 두 손으로 감쌀 수 있는 굵기이고, 덤불은 갈색을 띠는데 임시로 심어놓은 것처럼 보여. 너저분하다는 단어가 떠오르지만, 그 상태를 정확히 담은 표현은 아닌 것 같아. 그냥 뭐랄까, 그 수풀은 아주 새것인 동시에 이미 오래된 것처럼 느껴져. 너무 이르게 나이 들어버린 것처럼. 땅바닥에는 찌그러진 캔과 도토리 따위가 나뒹굴고 찢어진 상품 라벨들이 하도 밟혀서 단단해진 흙에 한데 뭉개져 있어. 가시권 바로 바깥에서 흐르는 작은 개울 소리가 들려. 새들이 지저

귀고, 비둘기 한마리가 구슬피 울어.

보다시피 아주 형편없는 건 아니야. 오히려 평화롭다고 할 수 있지. 인간의 관심에 따르는 기대치에서 벗어난 모든 외면받는 장소들이 긴장이 풀려 본연의 모습을 내보이고 제 나름의 분위기를 형성한 것처럼. 내가 기억하는 뉴저지는 언제나 딱 이런 공간들로 이루어진 조각보였어. 사방으로 포위되어 있고 언제나 다른 무언가의 뒷마당에 숨겨진 곳들. 두 주거구역 사이에 있는 습지대, 농구장 뒤 그라피티가 잔뜩 그려진 소음 완충지, 모 가정용품 대형할인점 뒤의 거의 아무도 사용하지 않는 피크닉 테이블… 이 모든 것들이 서로 연결되어 거대한 사이질°을, 마음은 없이 몸만 있는 곳을, 유일하게 겹이진 주변부들을 이루었어. 나에게는 이런 곳들이 우리의 무지로 인한 공백을 채우기 위해 나타난 어떤 기이한 혼이 어린, 성스러운 장소로 느껴졌어. 이런 곳들이 합쳐져 이차림二次林 황야를 이루었지. 하나의 강에 있는 수많은 섬들처럼, 인류 관심의 후류°°에 둘러싸인 동시에 철저히 그 바깥에 존재하는 곳.

아무도 그것들, 우리의 코 밑에서 생겨나는 이런 작은 세계들에 대해 이야기하지 않았어. 우리의 주의는 늘 바깥으로, 경이롭도록 아름다운 아득히 먼 곳으로 쏠려 있었으니까. 학교에서는 『월든』 같은 작품을 필독도서로 읽혔는데, 나는 그 책을 싫어하게 됐어. 글에

° 결합 조직, 신경 조직, 혈관을 포함한 기관의 지지 조직.

°° 빨리 달리는 차량 뒤의 저압 기류.

어린 어조가 설교적이고 힐난조로 다가와서 싫기도 했지만 무엇보다 내용이 나와 아무 상관 없다고 느껴졌거든. 우리가 도망칠 수 있을 것처럼 이야기하는 그 산장이 어디에 있는데? 우리가 현실적으로 어떤 속박받지 않은 숲속 빈터에 은둔할 수 있는데? 그 모든 이야기가 조롱처럼 느껴졌어. 그것이 철저히 접근 불가한 세상(아셀라 열차 노선°이 이미 존재하던 21세기 초)에서 때 묻지 않은 시골을 향한 갈망만 불 지펴놓았을 뿐. 물론 존 크라카우어의 『야생 속으로』도 읽어봤고, 알래스카나 캄차카로 아니면 점점 축소되는 야생의 보루라는 신화를 아직 보유하고 있는 지도상의 어느 곳으로든 탈출하는 환상도 품어봤어. 하지만 어느 시점에는 그 또한 부질없고 정신을 갉아먹는 짓으로 느껴지기 시작하더라. 더는 우리가 놓친 경이로운 세계를 묘사한 이야기를 읽고 싶지 않아졌어. 내가 아는 세계, 내가 실제로 살아야 하는 세계에 대한 이야기를 원했지.

그런 책은 읽기 과제로 지정되지 않았지만, 그래도 덕분에 내가 추구하는 것이 뭔지 좀더 확실히 알게 됐어. 그 무렵엔 황폐화와 소실을 설명할 언어, 남은 것을 찬미하기 위해 그동안 쥐고 있던 순수성을 놓은 언어의 필요성을 벌써 절감하고 있었거든. 내가 절실하게, 또 어렴풋이 원한 것은 일종의 정돈되지 않은 미감이었어. 수많은 종말들 가운데 어떤 시작의 흔적을 분간할 수 있는 능력.

° 보스턴부터 워싱턴 D.C.에 이르는 암트랙(Amtrak) 북동부 노선.

* * *

그래서 학교 밖에서 그런 흔적들을 찾아다녔어. 그런 건 있으리라고 기대한 곳에서는 좀처럼 발견되지 않았지. 한번은 친구랑 뉴저지 북중부를 따라 길게 솟은, 경사가 까마득한 산마루 와청 리지Watchung Ridge로 자전거 하이킹을 간 적이 있어(와청 리지라는 이름은 원래 레니 레나페° 말 **'워취 엉크'**—"높은 언덕"이라는 뜻이야—에서 왔는데, 우리는 '와칭'에 가깝게 발음했어). 정상에서는 뉴저지를 아름답게 펼쳐놓은 풍광을 볼 수 있지 않을까 해서 올라간 거였어. 마치 아름다움이 멀리서만 드러나는 패턴인 것처럼. 그런데 안간힘을 써서 꼭대기까지 페달을 밟아 올라가 내다봤더니 거기에 펼쳐진 패턴은 아름답다기보다 숨이 막혔어. 만날 보는 공원과 광고판, 고속도로와 차로만 더 많이 보일 뿐. 폐동맥 같은 주택 단지들이 지류를 만들며 구불구불 퍼져나가고 그 지류들은 다시 더 큰 구역을 이루고 그 구역들은 또 더 먼 산등성이 비탈들에까지 퍼져 있고 그 산등성이들은 그것들에 가려진 서쪽 지평선을 향해 차차 희미하게 펼쳐져 있었어. 무엇보다 강한 인상을 준 건 마치 차원분열도형에서 줌아웃한 듯한 반복 패턴이었어. 이렇게 훤히 내다보이는 곳에서 봐도 딱히 새로운 것은 드러나지 않고 우리가 이미 아는 세계만 무한히 구상화되어 있다니. 심지어 구름마저 그런 바둑판무늬 효과를 만

° '델라웨어족'이라고도 하는 북아메리카 선주민.

들고 있더구나. 동일한 형태의 새하얀 구름 다발 수백개가 하늘 천장에 들러붙어서는 완벽한 잉여분 속으로 사라져가고 있었어. 보고 있자니 마치 그 조망이 우리가 스스로에게 던져놓은 덫인 양, 그 모든 게 폐소공포증을 자아냈어.

마음을 달래려고 우리는 산마루 아래에 있는 종합쇼핑센터의 이탈리안 아이스크림 가게에 갔어. 둘 다 작은 컵을 시킨 다음 주차장을 향해 배치된 피크닉 테이블에 자리 잡았어. 어떻게 시작된 건지 지금도 모르겠는데—어쩌면 깜짝 놀랄 정도로 아름다운 먼 곳을 찾는 데 신경을 쏟다가 지쳤는지도 모르고, 그러다가 좀더 가까이에 있는 것을 찾아 두리번거리게 됐는지도 모르지—하여간 어느 순간 주차장 섬들이 눈에 들어오기 시작했어.

달리 뭐라고 불러야 할지 모르겠는데, 갓돌로 경계를 두르고 풀도 잘 다듬어놓은, 주차장 내 구획용 환초 말이야. 하나는 L자 모양인데 그 알파벳 꺾인 지점에, 둥글린 돌멩이들로 다져놓은 자리에 묘목이 딱 한그루 자라고 있더라. 또 하나는 길고 좁은 형태로, 낮게 다듬은 초록색 생울타리가 자라고 있고 합성물질로 보이는 성분의 뿌리덮개가 덮여 있었어. 그냥 자갈만 있는 환초들, 다양한 아메바 형태의 생명력 없는 화단들도 있었는데, 거기서 원생동물의 위족 같은 것이 또 기다랗게 뻗어나와 차를 댈 구획들을 선으로 표시하고 있었지.

우리는 처음에는 장난으로, 그러다가 조금은 진심으로, 한 섬에서 다음 섬으로 건너가면서 세세한 부분들을 눈여겨보기 시작했어.

제일 마음에 든 건 절제가 돋보이는 섬들이었어. 한줄 흙에 직사각형으로 자라게 다듬은 바랭이°나 느슨한 돌로 이루어진 무슨 모양인지 모를 무더기 같은 섬들. 우리는 주차장 여기저기에 쭈그려앉아 각 섬이 갓돌 경계 안에 들어오게, 그리고 갓돌은 아스팔트를 캔버스 삼아 그 안에 들어오게 프레임을 잡아 핸드폰으로 근접사진을 찍어댔어. 줌아웃하는 대신 줌인해서 찍어 보니 참 신선하더라. 다른 어떤 곳, 산장이 있을 것 같은 차원분열도형 너머의 숲을 찾느라 애쓰는 대신 우리가 지금 있는 곳을 면밀히 관찰해보니 어찌나 새롭던지. 걸음을 멈추고 들여다보는 섬 하나하나가 아주 작은 하나의 세계, 나름의 구조와 내부 풍조가 있는, 철저히 경계가 쳐진 자기들만의 세계로 보였어. 게다가 어쩌면 그저 우리가 느끼는 형이상학적 절박함의 징후에 불과할지 모르지만 그것들의 평범성 자체, 즉 비록 사람 손에 만들어졌지만 지금은 힘들이지 않고도 모두의 이목을 피하고 있다는 사실 자체가 아마도 소로가 숲으로 들어갔을 때 찾으려 했던 것이었을 고요한 잊힘을 그것들에게 입혀주는 것 같았어.

내 친구는 우리가 찍은 사진들을 모아서, 섬 하나하나를 번질번질한 전면 사진으로 싣고 영감을 주는 설명문까지 달아 커피테이블북°°을 만들자고 농담했어. **그레이터 와청의 주차장 섬들**, 제목은 이렇게 짓자면서. 당연히 실물로 제작되지는 않았지만 그 책이 소중한

° 잡초의 일종.

°° 사진과 그림이 많은, 무거운 대형 서적.

가정 명제로, 『월든』에 대한 심미적 해독제로 내 마음에 오래도록 머무른 건 사실이야. 왜냐하면 이제야 깨닫건대 내가 『월든』을 읽으면서 가장 답답해했던 건 그 책이 단순히 '그 문제'에서 도망치려 했다는 거였거든. 당시에는 아무도 몰랐지만 '그 문제'는 당연히 소로가 집필할 무렵 이미 한창 진행 중이었어. 쉼 없는 일, 시간 부족, "조용한 절망의 나날", 그리고 더욱 피부에 와닿는 항목으로 "불구가 된 불완전한 자연"에만 익숙함을 느끼게 만든 급격한 산업화는 물론이고 그가 벗어나고 싶다고 묘사한 것들이 오늘날에는 '그 문제' 진행의 초기 징후들로 인식되니까.

우리가 상상으로 만들어본 그 책의 의의는 소로가 누렸던 자원이 우리에게는 닿지 않는 자원임을 알게 해줬다는 거였어. 우리가 아는 한 '그 문제'가 일어나고 있지 않은 투사된 미래나 잘 보존된 숲속 공터란 없었어. 바꿔 말하면 벗어나는 건 불가능하다는 뜻이었고, 게다가 더이상 벗어날 수 있다는 환상을 유지할 수도 없을 것 같았어. 그렇다면 남은 건 우리가 가진 세계에서 우리의 보금자리를 만드는 거였어. 아니, 그 안에서 새로운 세계들을 찾는 것, 우리가 접혔던 것을 펼쳐서 소중한 것으로 만들 수 있는 뜻밖의 구석들을 찾는 거였지.

나는 주차장 섬들 중 한곳 앞에 멈춰 서서 내가 아스팔트 바다 한가운데 발이 묶인 소인 거주자라고 상상해봤어. 내 세계를 이루는 몇 안 되는 물체들이 어떻게 각각 상응하는 비례로 중요성을 띨지 상상했어. 이를테면 서측 가장자리를 향해 뜬금없이 솟아 있는 모래언덕이라든가 동측에 구획된 뿌리덮개가 뿌려진 들판, 그리고 나의 새로운 존재론에 비추면 거의 형용할 수 없을 만큼 중대한 의미를 띠는 길쭉한 관목은 또 말할 것도 없겠고. 내가 그 섬을 속속들이, 흙의 그러데이션 하나하나, 아주 작은 나무껍질과 쓰레기 한조각까지 알아가는 상상을 해봤어. 그 지형이 눈감고도 디딜 수 있는 아주 사적인 내 머릿속의 지형, 그러니까 나의 온전한 일부가 될 때까지. 이렇게 말하면 이해가 될까 싶지만, 아예 거기서 살고 싶었어. 나의 지평선을 점점 수축시켜 끝내 내가 잉여분의 세계가 아닌 더할 나위 없는 고유함의 세계, 말하자면 의미를 가득 머금고 부유해서 절대로, 결코 물에 잠기지 않을 섬에 거주하게 되기를 바랐어.

* * *

어렸을 때 우리 집에는 화려한 국립공원 사진이 잔뜩 실린 커피테이블북이, 진짜 커피테이블북이 있었어. 아직 소로가 그려낸 판타지에 저항력이 없었던 나는 거실 소파에 앉아 몇시간이고 그 사진들을 들여다보곤 했어. 거기에 눈 번쩍 뜨일 아름다움을 간직한 머나먼 장소들, 법으로 경계 지어 신생지들 가운데 보존된 노생의 섬들이 있었어. 내 머릿속에서 그곳들은 내가 아는 뉴저지 안의 세계에 대해 텅 빈 알루미늄 용기 같은 역할을 해서, 비록 마음 한편에서는 그곳들의 매력에 의구심이 들었지만 동시에 직접 가보고 싶어 안달이 났어.

마침내 요세미티 국립공원에 방문한 건 고등학교 졸업 직후 부모님과 바캉스를 갔을 때였어. 샌프란시스코에서 출발한 우리는 메마른 낮은 산들과 농업용 관개 호스에서 나오는 물로 키운 아몬드나무가 늘어선 묘지 지구를 관통해 몇시간을 내리 달렸어. 한참을 그렇게 달리는데 풍경이 돋아났다가 푹 꺼지기를 반복하더니 어느새 우리는 새파란 호수들과 리기다소나무의 세상에 올라가 있었어. 첫째 날 밤에는 골짜기에서 야영했는데, 나는 캄캄한 어둠 속에 오래도록 홀로 앉아 하늘을 배경으로 까만 절벽들 선을 눈으로 더듬었어. 거기에 있는 게 말도 못하게 좋았지만 그 벅참에는 죄책감 비슷한 것이 깔려 있었어. 인간의 손을 탄 지역 안에서 순수성을 간직한 섬을 즐기고 있음을 의식하는 데서 오는 죄책감. 모든 섬이 그렇듯 이곳의 장엄함도 적어도 일부는 고립되고 희귀한 처지에서 나온 거였어. 그 때문에 내가 느끼는 경이로움이 마치 논쟁인 듯 느껴졌어. 그것이 예외성에서 오는 경이로움인 걸 알면서도, 어쨌든 방어해야만 하는 어떤 입장인 것처럼 느껴진 거야.

이튿날 아침 우리는 골짜기 바닥을 따라 구불구불 난 탐방로를 산책했어. 나는 해설 표지판을 일일이 읽다가, 해설마다 똑같은 기본 지문이 반복되는 것을 알아챘어. 먼저 자연적으로 일어나는 과정 또는 현상, 예를 들면 미국삼나무의 생애주기라든가 얼룩다람쥐의 겨울잠 전략 같은 걸 한두문장 설명하고는 단락 끝에 '그 문제' 때문에 방금 얘기한 현상이 변했거나 위태로워졌다고 짤막하게 부연해놓았더라고. 특정 야생화나 봄에 유독 생기를 띠는 특정 연못에 홀딱 빠지게 해놓고 그것의 미래에 커다란 물음표를 드리우는 것이, 꼭 다음편을 궁금해하며 안달하게 하는 연속극식 결말 같았어.

이 해설 표지판들의 문제점은 방문객이 그 설명을 액면 그대로 받아들이는 수밖에 없다는 거였어. 그것만 읽어서는 어느 연못이 어디로 흐르고 자주색 좁쌀풀이 정확히 언제 꽃을 피울지 알 수 없는데도 말이야. 어느 위치에 서서 무엇을 살펴야 할지 안내하는 플래카드가 없으니, 잘못된 게 하나도 없어 보일 수밖에. 요세미티를 찾는 대부분의 사람들, 도시든 교외든 집이라 부르는 곳에서 몇년에 한 번씩 찾아와 딱 일주일만 머무르는 관광객들("올해 휴가지는 여기로 하자." 이렇게 말했겠지)도 별반 다르지 않을 것 같았어. 휴가 기간이 짧으니 기선들이 움직이고 있음을, 생태의 리듬이 약간 빗나가 있음을—누가 말해주지 않아도—알아챌 만큼 깊은 수준으로 자연과 친숙해지지 못하는 거야. 요세미티를 아름답게 해주는 바로 그것, 그곳이 말 그대로 예외적이며 우리에게 익숙한 풍경과 뚜렷이 구분되는 생태섬이라는 사실이 우리로 하여금 그 기저에서 진행 중인 변화를 깨닫지 못하게 하는 거지.

탐방로를 걸으면서 나는 표지판에 언급된 구체적 생태교란의 흔적을 찾아보려고 눈을 크게 뜨고 살폈지만, 자꾸 나도 모르게 고개를 돌려 미국삼나무들 틈으로 보이는 유명한 절벽을 흘끔거리고 있었어. 그림이나 다큐멘터리에서, 안셀 애덤스°의 사진 작품에서 수

° 미국의 풍경 사진가(1902~84).

없이 많이 봤던 파노라마에 마음을 홀딱 뺏겼거든. 당연히 웅장하고 내가 상상했던 것보다 훨씬 멋졌지만, 그 와중에도 그 밑바닥에서 뭔가가 나를 잡아끄는 것을 느꼈어. 엽서용 경치들이 미묘한 방식으로 나와 실제 풍경 사이에 파고드는 것 같았고, 내가 숲을 보느라 나무를 못 보고 있는 것 같았어.

인류학자 애나 칭Anna Tsing은 우리가 인류세에서 계속 살아가려면 그가 "알아채기의 기술"이라 칭한 것을 되살려야 한다고 했어. 그건 가만히 서서 보기만 하는 능력, 아무것도 기대하지 않은 채 주의를 기울이는 능력, 당혹감과 놀라움을 받아들이는 능력을 말해. 바꿔 말하면, 나무를 보는 것 말이야. 아닌 게 아니라 칭은 특히 풀과 동물을 알아채는 능력의 중요성을 강조했어. "우리 삶에 핵심적 역할을 하는 다른 유기체들이 있는데 그것들이 항상 자원처럼 굴지는 않거든요." 칭은 이렇게 말했어.

이런 알아채기의 기술이 '그 문제'를 만들어낸 시스템 안에서 유독 위기에 처했다는 것이 칭의 주장이야. 알아채기 기술은 발췌적이지 않고 첨가적이며, 일반화보다 구체화를 선호하고, 따로 계획하지 않은 충분한 시간을 요구해. 알아채기 기술의 회복은 그러므로 현 상황을 재편성하는 하나의 수단이야. 그 기술을 회복하지 않으면 현 상황은 우리를, 인간이고 비인간이고 다 같이, 절멸로 이끌지도 몰라.

나도 그 논지가 마음에 들고 그것에 찬동하지만 여기에는 심히 불편한 함정이 있어. 『잃어버린 시간을 찾아서』(맞아, 상담사가 자꾸 눈치 줘서 결국 읽게 됐어)에서 화자가 분홍색 산사꽃 덤불에 마음을 홀랑 빼긴 장면이 떠오른다. 몇면에 걸쳐 화자는 그 앞에서 걸음을 멈춘 채 향과 빛을 자세히 묘사하고 그것을 딸기와 실크 보디스에, 캔디와 크림치즈와 교회 제단에 비유해. 활짝 핀 꽃만 시야에 들어오도록 손가락으로 프레임을 만들어 들여다보면서 "전혀 인위적이지 않고 인공적 기교로 만들어진 것이 전혀 아닌 덕에 이 꽃들에서 축제 분위기가 풍겼으며, 그것을 즉흥적으로 표현한 것은 바로 자연이었다"는 점에 놀라워해.

그런데 인류세에 들어서 알아채기의 기술은 변했고, 바로 여기에 함정이 있어. 요세미티 공원 표지판들이 가르쳐준 것처럼, 진정한 알아채기란 이제 풍성함뿐만 아니라 소실도 발굴해낼 거야. 때늦게 피는 좁쌀풀꽃 한송이마다 우리가 다닌 모든 비행기 여행, 우리가 선거에서 던진 모든 표, 정체된 도로에 갇혀 흘려보낸 모든 해의 흔적이 있어. 꽃들이 풍기는 축제 분위기, 여기에 더불어 최소한 그것을 표현하는 타이밍은 이제 적어도 일부는 인공적 기교를 통해 스스로를 드러낸다고 말할 수 있게 됐어. 말인즉, 우리가 그것을 가장 필요로 하는 그 순간에 알아채기의 본질적 즐거움은 애도와 반사경들로 인해 상처 입어 손상된 거지.

어쨌거나 우리 가족은 골짜기 바닥에서는 이틀만 보내고 이동했어. 오기 전에 미리 요세미티 오지 하이킹 허가를 받아둔 터라, 사흘

째 되는 날 배낭을 챙겨 메고 사람 많은 데를 탈출해(그러니까, 사람들의 일상 탈출에서 탈출해) 하이킹에 나섰거든. 첫 야영지는 화강암에 둘러싸인 맑은 호수 옆으로 정했어. 나는 저녁 먹기 전 혼자 산책에 나서서, 호수에서 멀리 떨어져 표석°들이 미궁처럼 한데 모여 있는 곳으로 들어가봤어. 오후의 공기는 차가웠고 바람은 없었지만 줄기가 휜 소나무들에서 최근 겪은 흉포함의 흔적을 볼 수 있었어. 아득히 들리는 폭포의 세찬 물소리를 제외하면 철저히 적막한 풍경이었지. 눈에 띄는 움직이는 물체는 나뿐이었어.

저만치에 조그만 융기가 보이기에 더 자세히 보려고 잽싸게 높은 곳으로 올라갔어. 산마루에 다 올라가서야 그것이 제대로 보였어. 커다란 불곰 한마리와 털이 새카만 새끼 한마리였어. 곰 모자는 죽어 있는 듯한 그 풍경에 있을 수 없을 법한 존재로 느껴졌고, 마치 두개의 거석이 생명을 얻어 10미터 전방에서 어기적대는 것 같았어. 천천히, 어미 곰이 커다란 머리를 스윽 돌려 나를 봤어. 내 머리 뒤 어딘가에 시선을 고정하는 것 같았지. 실제보다 길게 느껴진 몇초 동안 나는 사지가 얼어붙은 채 눈알만 도르륵 굴리면서 가만히 기다렸어. 곰은 내 쪽으로 터벅터벅 다가오다가 이내 방향을 틀었고 코로 새끼를 떠밀면서 제 육중한 몸집을 휘적대며 멀어져갔어. 그러더니 갑자기 어떤 결론에 도달한 듯, 저만치 가서 덤불을 마구 들쑤시기 시작했지.

° 빙하의 작용으로 운반됐다가 빙하가 녹은 뒤 그대로 남은 바윗돌.

이후 한시간 동안 나는 미동도 없이 앉아 거석 같은 곰들이 화강암 위를 누비는 모습을 관찰했어. 혈관 안에서 요동치던 피가 잠잠해지기까지 몇분이 걸렸지만 결국 아드레날린도 가라앉았고, 더 기이한 현상이 일어났어. 어떤 의미심장한 면에서, 내 앞에 있는 곰이 실제가 아닌 것 같은 느낌이 들기 시작한 거야. 어쨌거나 나는 비행기로 대륙을 횡단하고, 이어서 몇시간을 차로 이동하고, 그다음엔 특별 허가증을 구입하고, 그다음엔 몇 킬로미터를 하이킹해 법적으로 보존된 이 구세계의 유적에 들어와서야 비로소 여기서, 이 박물관 입체 모형 같은 배경에서 강과 산봉우리 한가운데 있는 이 녀석을 목격하게 된 거잖아. 이 조우가 너무나 희귀하고 지독하리만치 비전형적으로 느껴져서 내 안의 뭔가가 그것에 실제 사건의 무게를 입히려고 발버둥쳤어. 그런데도 실제 사건처럼 느껴지는 대신 플래시백처럼, 마치 그 곰이 과거의 편린인 것처럼 느껴졌어. 『잃어버린 시간을 찾아서』의 화자가 묘사한 느낌과 다르지 않았어. 책의 말미에 가서 화자는 산사꽃이 자신에게 비현실적인 존재가 됐으며 기억 깊은 곳에서 희미해져갔다고 시인해. "요즘에 사람들이 보여주는 꽃들이 내게는 전혀 진짜 꽃처럼 보이지 않는다"고 애석해하지.

한참 뒤, 나에게 진짜 곰처럼 보이지 않던 곰은 수풀 속으로 들어가 시야에서 사라졌어. 이튿날 발자국을 찾으러 가봤지만 화강암은 우리 둘 모두가 거기에 있었던 흔적을 전혀 내보이지 않았지.

요세미티 국립공원에서 곰을 목격한 뒤 또다른 곰이 떠올랐어. 죽은 지 오래고 평생을 뉴저지에서 산 곰이야. 어디쯤인지 아는 사람들은 금방 짐작할 텐데, 뉴저지주 동북부 끄트머리에 이 곰이 살았던 사파리 공원이 아직도 있어. 지금은 웬 지저분한 삼림 속에 방치된 채 점점 허물어져가고 있지. 고등학생 때 몇주 동안 주말마다 친구들이랑 거기 가서 탐험을 했어. 별로 눈길을 안 끄는 오크나무 수풀을 통과해 숨어들어가 오래된 아스팔트 산책길로 빠져나왔는데, 그 길도 닳고 닳아 그냥 까만 부스러기가 깔린 길이 되어 있었어. 동물원의 어떤 것도 보존되어 있지 않았어. 그걸 짓기 위해 밀어버린 숲들도, 일단 무너지기 시작하자 마냥 방치된 건물들도. 어디를 봐도 옛 축사들이 원한 품은 나뭇잎들에 다시 흡수되고 있었고, 담쟁이덩굴이 창문들을 뚫고 들어가고 지붕들은 빗물에 휘어 있었어. 매점들의 나무합판과 거대한 낡은 바구니처럼 보이는 철책으로 된 돔 형태의 조류 축사는 곰팡이로 온통 뒤덮여 있었어. 콘크리트로 된 계단식 반원형 극장으로 둘러싸인 옛 호랑이 축사도 있었는데, 거기로 우당탕 내려가서 나도 호랑이인 양 슬겅슬겅 기어다니고 섬유유리석에 비스듬히 늘어져 있을 수 있었어.

공원이 어쩌다 파산했는지, 우리 모두 소문으로 익히 알고 있었어. 너무나 갑작스럽게 쫄딱 망해서 축사 유지비가 한푼도 안 남았다고 들었고, 이후 몇년간 탈출한 동물들이 이차림에서 어슬렁거린다는 소문도 돌았어. 캥거루와 타조 그리고 심지어, 가장 소름 돋게도, 커다란 불곰 한마리도 돌아다닌댔어.

그날 요세미티에서 내가 떠올린 것이 바로 그 녀석이었어. 아직도 가끔 떠올려. 한밤중에 차원분열도형 안을 배회하면서 쓰레기통을 넘어뜨리고 주차장에서 어슬렁대는 녀석의 모습을. 나에게는 이쪽이 더 진짜 같은 곰이야. 내가 본 적 없는, 어쩌면 존재한 적 없었을지 모르는 곰. 내가 자란 마을 근처 어딘가, 실제 야생의 폐허에 지어진 모방된 야생의 폐허에서 탈출한 곰.

이 곰이 나에게 미래로 느껴지는 곰이고, 내가 개인적 전조前兆로 줄곧 마음에 간직해온 곰이야. 왜냐하면 내 머릿속에는 최고일 수도 최악일 수도 있는 어떤 시나리오가 있거든. 시간이 흘러 수백년 뒤 '그 문제'가 법적으로 경계를 친 구역과 콘크리트로 둘러친 구역 모두를 침식하는 시나리오. 모든 것이 탈출하고 모든 것이 범람해 들어와. 요세미티 공원도 새장처럼 벌컥 열리고. 그러다 마침내 우리도 그간 딛고 서 있던 받침돌을 내놓고 추방된 동료 종들에 합류해, 우리 월든의 최후가 이제 더는 완전히 야생도 완전히 길들여진 것도 아닌 땅에 재흡수되는 것을 목격할 때, 그때야 비로소 우리는 우리에게 필요했던 것을 깨달을 거라고 나는 생각해. 이후에 도래할 세계를 알아채는 능력을 말하는 거야. 달리 말하면, 그 세계에서 살아갈 능력.

* * *

아직 우리가 얘기하지 않은 세번째 부류, 인간도 비인간도 아닌 부류가 있어. 생을 완전히 피해가는, 소리 없는 대다수. 네가 이것도 기억했으면 해. 인간과 생물 외에 다른 것들로 이루어진 하나의 세상, 멸종하지 않고 자기 자신을 이루는 물질로 꽉 찬 채 적당한 때를 기다리는 사물로 가득한 우주가 있다는 것.

NY리뉴스에서 일을 하면서, 특히 사무실 책상 앞에 웅크리고 앉아 하루 열두시간씩 컴퓨터 화면을 들여다보는 날이면 우리 집 침실의 내가 놔둔 자리에 그대로 조용히 놓여 있을 물건들을 떠올리곤 했어. 램프와 화분과 러그… 닫힌 문 뒤에서 아무 생각 없이 그저 존재하고 있을 모든 것들. 앞날에 대한 두려움이 솟구치기 시작할 때, '그 문제'가 해결 불가능한 건 물론이고 사방에서 나를 죄어오는 것 같고 이미 기정사실처럼 느껴지는 순간이면 나는 그것이 닿을 수 없고 사실상 인간의 어떤 관심도 닿을 수 없는 이 세계, 내가 놔두고 떠나온 모든 방에 여전히 존재하고 있을 세계를 생각하며 위안을 얻었어. 평정을 되찾는 나만의 비법은 이따가 집에 돌아가 어느 책장 특정 귀퉁이라든가 퀼트 이불의 특정한 조각 등, 뭐든 그 순간 빈집에서 먼지가 쌓여가고 있을 물건과 다시 마주할 순간을 상상하는 거였어.

끝나지 않을 것 같은 하루가 드디어 끝나면 아까 떠올린 물건 앞으로 가 앉아 그것을 면밀히 관찰하는 거야. 책장의 맨 밑단을 골랐다면 엎드려서 턱을 두 손에 괸 채 공작용 점토로 제조된 인조 나뭇결을, 먼지를 입어 채도가 낮아진 그 갈색 소용돌이무늬를 손으로 쓸어봐. 특히 밑판이 옆판과 만나는 지점을 자세히 들여다봐. 각도가 오른쪽으로 약간 기울어서 두 판의 아귀가 정확히 맞지 않아 생긴 가느다란 음영의 틈이 있거든. 그 틈을 눈으로 훑은 다음 책 밑면들이 책장 바닥과 만나는, 성벽의 총안처럼 일정한 간격으로 푹푹 들어간 열을, 고개를 꺾고 다시 눈으로 훑어봐. 하드커버 책이 꽂힌 부분은 앞으로 툭 튀어나오고 소프트커버 책이 꽂힌 부분에서는 열이 푹 들어가. 한참을 그러다가 뒤로 물러나서 이번엔 조용히 고개를 젖히고 책장 전체를 살펴봐. 이런 식으로 대상을 관찰하고 그 영속성과 무심함의 기를 흡수하면서 30분은 족히 보낼 수 있었어.

지금 생각해보면 그건 '그 문제'에 내재하는 특유의 유아론에 휩쓸리지 않기 위한 평형추였던 것 같아. 온종일 모든 것의 종말을 무겁게 목에 건 채 돌아다니는 그 기분. 비록 무책임하지만, 세상과 자기自己의 익숙한 융합에 의지해 그 무게를 덜고픈 욕구가 들 법도 하지. 최소한 그러면 다른 사람은 가담하게 만들지 않을 수 있으니까. 여기서 이러고 있는 게 나뿐이라면, 내 정신세계뿐이라면 '그 문제'는 내 어깨에만 얹혀 있을 수 있으니까. 분명 감당하기 버거운 무게이지만 그래도 경계가 있고 철저히 개인적인 무게일 테니까. 내가 빈번히 느낀 유혹이야. 그것이 위협하는 세계의 현실을 별것 아닌 것처럼 깎아내려서 대재앙의 심각성을 축소하고픈 충동(프루잇들이 한 짓이 바로 이것 아니겠니? 자기들이 파괴하는 세계들의 **현실** 자체를 별 가치 없는 걸로 치부하는, 정치적이라기보다 존재론적 공격에 가까운 짓을 일삼았지). 내가 오래도록 그러지 못한 게 참 다행이지. 어떻게 그러겠니? 내 방의 사물들, 내가 닿지 않는 곳에 초연히 존재함으로써 마법 같은 힘을 얻는 그 사물들의 정지파가 멀리서도 느껴지는데.

그런 사물 중 하나로 오래된 나무책상이 있었어. 거기에 달린 제일 작은 서랍에 「사물의 세계」라는 엽서 모음 책자를 넣어뒀어. 일본화가 가미사카 세카神坂 雪佳[o]의 목판화 작품이 한장씩 인쇄된 엽서 모음이야. 세카는 목판화가 거장들 가운데 마지막 세대로 알려져 있는데, 그는 디테일을 강조하는 앞선 대가들의 스타일을 피하고 단순한 형상들이 뚜렷이 대조를 이루게 배치하는 기법을 썼어. 보고 있으면 내가 좋아하는 하이쿠[oo]가 떠올라서 그의 판화를 참 좋아했어. 사물에서 찰나의 시간을 포착하고자 하는 내용의 시야. 그 엽서들 중에는 기이한 모양의 부채 한쌍이 테이블에 나란히 놓인 그림도 있고, 갈색 잉크를 머금은 붓질 한번으로 줄기를 표현한 소나무들이 한데 모인 그림도 있었어. 그가 보여주는 사물의 세계에서는 모든 것이, 살아 있건 죽었건 인간이건 비인간이건 똑같은 잔잔한 파동으로 진동하는 것 같았어. 지금도 기억나는 엽서가 있는데, 소년이 황소에 기대앉아 피리를 부는 그림이야. 소년도 피리도 수소도 어느 하나 돋보이지 않고 전부 똑같이 정물답게 억제된 무게로 표현되어 있지.

---

o 1866~1942.

oo 일본의 전통 단시(短詩).

나는 「나그네」라는 그림을 제일 좋아했어. 두 산허리 사이 고갯길 위로 한 남자의 머리와 어깨가 빼꼼 나와 있는 그림이야. 남자는 오만상을 찌푸리고 있지만, 등에 진 어마어마하게 큰 봇짐은 마치 제 나름의 목적지가 있는데 무임승차로 얹혀 가는 양 음흉하게 만족해하는 기운을 풍겨. 고갯길 저 꼭대기에 한줌 붉은 꽃이 그들을 기다리고 있는데, 내게는 먼저 도착한 걸 내심 의기양양해하는 것처럼 보였어. 그림의 나머지는 별다른 것 없이 그냥 황갈색 허공과 짙은 회색 언덕이 다였어.

한동안 나는 감사 카드며 생일축하 카드를 전부 이 엽서들에 써 보내면서 친구들과 친지들에게 세카의 기묘한 나무며 눈에 갇힌 오두막 따위를 하나씩 전파했어. 내가 살던 아파트 말고 다른 데서 카드를 써 보낸 적은 한번도 없는데도 그것들이 진짜 엽서인 척, 내가 방문한 온갖 이국적 장소에서 현지 발신으로 보내는 엽서인 척하기를 좋아했지. 사물의 세계에서 보내는 인사입니다, 라고 그 엽서들이 말하는 것 같았어. 당신도 여기 있었으면 좋겠군요.

그 세계를 실제로 방문하는 건 결국 못했지만 그래도 세카의 엽서를 볼 때마다 내가 내 방 사물들 중 하나—입심 좋고 기동성도 좋을지 모르나 근본적으로는 램프나 의자와 같은 부류에 속하는—에 불과하다는, 아마도 불가능한 확신을 잠시나마 끌어내보려고 했어. 이 버릇은 영속성을 향한, 혹은 어쩌면 그냥 정적靜的을 향한 열망에서 비롯됐지만, 묘한 의무감에서 발동된 것이기도 했어.

인류세가 홀로세와 구분되는 점은 인류가 스스로에게 지질학적 영향력을 부여했다는 것이지. 사람들은 주체에서 객체로 변해 산이나 바다, 오존 등—최근의 우리 인류처럼, 강력하고 무자비하며 어디에나 존재하는 것 모두—이 속하는 존재론적 범주로 옮겨가고 있었어. 내가 보기에 우리에게는 이 새로운 지위에 저항할 의무가 있는 것 같았어. 작은 이해의 실마리라도 붙잡으면 우리가 더 책임감 있게 그 지위를 차지하도록 도와줄 것도 같았어. 그래서 나는 아무리 헛되어도 이 새로운 역할을 취해보려고, 사람이 아닌 **'그것'**이 되어 그 기분을 느껴보려고 해본 거야.

우리 가족은 거의 매해 여름 몇주간 메인주에 별장을 빌려 그곳에서 휴가를 보내곤 했어. 별장 근처 해변은 가장자리를 따라 온통 경질석이 널려 있었는데, 그 돌들은 파도가 한번 몰아쳤다 물러갈 때마다 휩쓸려서 서로 부딪혔어. 아버지는 나를 해변에 데려가 돌을 관찰하게 했어. 돌 하나하나의 줄무늬와 점이 얼마나 독특한지, 혹은 각기 다르게 달걀이나 조약돌 모양으로 둥글려져 있는지 보여주려고. 그중 하나를 집어 들어 손바닥에서 뒤집어 보고 그러다가 부서질세라 조심스레 나에게 건넸어. 대부분은 석영이 섞인 화강암이었는데 개중에 몇개는 적철색, 보라색, 심지어 초록색이 살짝 보이기도 했어. 아주아주 오래된 돌들이랬어. 수천만년 전에 생겨난, 인간 종보다 훨씬 오래된 돌, 심지어 그것들이 경계를 두른 저 바다보다도 오래된 돌이라고. 나는 경외심을 갖고 돌을 손에 쥐어봤어. 늘 생각보다 살짝 더 무거운 그 무게에서 돌이 간직한 시간이 느껴지는 것 같았지. 나는 그 돌들을 이렇게 불렀어. 우리 선조들이자 후손들. 우리의 왕이었고, 앞으로도 영원할 왕.

가끔씩 우리는 그 돌멩이들로 탑을 조심조심 쌓아놓고 다음 날 다시 와서 그것이 바다를 배경으로 여전히 잘 서 있는지 확인했어. 탑이 무너져서 돌들이 사방에 흩어진 때도 있었는데, 마치 무너져 떨어진 그 자리 말고 다른 위치에 놓였던 적은 한번도 없었다는 양 깨져나간 자국은 좀처럼 발견되지 않았어.

이십대의 어느 날, 그 돌 하나를 집으로 가져와 내가 매일 명상하는 자리 앞의 조그만 테이블에 올려뒀어. 매끈한 짙은 회색에 금빛 석영띠를 한줄 두른 유독 아름다운 돌이었지. 한동안은 거기 놓인 돌을 볼 때마다 기적을 보는 것 같았어. 그 돌이 그렇게, 놓인 상태 정확히 그대로 영원히 있을 수도 있다고 생각해봐. 영속의 작은 편린이 내 필멸의 집에 들어앉아 있는 셈이잖아.

‘그 문제’와 치열하게 싸우는 내용을 글로 옮긴 또 한명의 작가 제니 오필Jenny Offill이 소설 『최후까지 남아 있을 것들』*Last Things*에서 비슷한 정역학靜力學을 묘사했어. 이야기 중간에 여덟살 화자는 자기 집 정원에 있는 조경석들을 두고 이렇게 말해. “엄마는 돌이 최후의 사물이고 사람들이 전부 사라지고 한참 뒤까지 남아 있을 것들이라고 했다. 최후까지 남을 다른 것들로는 바다, 철, 까마귀도 있었다. 나는 새 목욕 물통을 바닷물로 채우고 거기에 동전 하나를 넣으면 세상의 마지막을 슬쩍 엿볼 수 있지 않을까 생각했다.”

내가 돌을 집에 들이면서 내심 바란 것도 그거였는지 몰라. 슬쩍 엿보게 해주지 않을까, 말하자면 미래를 향한 창이 되어주지 않을까 한 거지. 아마 그래서 명상용 방석 앞에 뒀나봐. 명상하다가 눈을 떴을 때 항상 처음 보게 되는 것이 최후까지 남을 것이었으면 해서. 결국 말 그대로 깨어나는 그 순간들에도 그 돌이 무언가를 향해 난 창으로 보인 적은 한번도 없었어. 태연자약한 모습이 흡사 오리 같은 인상을 주는, 그냥 뭔지 모를 화강암 덩어리였을 뿐.

그 돌멩이를 일종의 사절로 여기기 시작했어. 세상의 끝을 보게 해줄 뭔가가 아니라, 때가 왔을 때 나 대신 그것을 목격해주려고 거기에 있는 것으로(그러니까 "last"는 당연히 "최후의"라는 뜻의 형용사일 뿐 아니라, 내가 할 수 없는 그 결정적 행위°를 뜻하는 동사이기도 해). 매일 아침 15분간 명상할 때마다 좀더 돌처럼 되려고 시기심에 가까운 욕망을 불태우며 내가 애쓴다는 걸 알아챘어. 어깨를 열고 돌을 바라보고 앉아 돌의 냉정함을 흉내 내려고 애썼고 머릿속에 파고드는 모든 생각을 겁줘 쫓아냈어. 하지만 얼마 안 가 이 짓은 민망할 만치 나를 낮추는 행위로 느껴졌어. 마치 그 돌이 내가 제단에 모셔놓은 신이 된 것 같았지. 뭐, 나중에 보니 어떤 면에서 완전히 틀린 생각은 아니었지만.

이제는 더 큰 진실을 인정할 때가 된 것 같으니 말할게. 석탄 또

° 존속하는 것. last에는 '존속하다'라는 뜻도 있다.

한 최후까지 남아 있을 물질이라고. 탄소와 이류와 연소 처리될 때의 화염도. 그리고 내가 속으로 파괴하는 상상을 해본, 세상의 모든 파이프라인을 타고 흐르는 석유도. 우리가 사물의 세계에 속한 것이라 분류했던 모든 것, 우리가 죽은 것으로 넘겨짚은 모든 것이 이제는 소름 돋는 행위성을, 우리가 해온 어떤 상상도 뛰어넘는 고차원적 통제성을 가지고 있음이 드러나고 있어. 그들의 무생물 상태는 영리한 가면에 지나지 않았던 거야. 그들은 기본적으로 독재자이고, 협상이 불가능한 존재야. 지각地殼과 하늘, 개흙과 바다와 먼지. 실은 이들 모두가 진정한 주체이고 지금까지도 늘 주체였어. 이제 객체인 쪽, 그들의 거대한 격변의 매개물이 된 쪽은 바로 우리야. 우리가 그들을 땅에서 파 올리는 동안 그들은 우리를 파묻고 있어. 너무 서서히 파묻어서 우리가 거의 눈치를 못 챌 뿐.

인류세에서 객체의 역할을 어떻게 이해해야 할까? 제일 먼저 알아야 할 것은 우리가 그 객체라는 사실이야. 지질학적 행위자로서의 인류 출현으로 인간은 전에 없는 수준으로 겸허해지면서 동시에 현저히 지위가 승격되는 경험을 했어. 사물들은 이제 우리와 동류이고—아니, 우리가 그들과 동류라고 말하는 편이 맞지—이는 곧 우리 자신을 대수층이나 산맥과 똑같은 정도로 어마어마한 힘과 책임을 부여받은 존재, 지구 자체의 무기無機적 순환을 주무를 수 있는 존재로 이해해야 한다는 뜻이야.

하지만 우리와 동류가 된 와중에도 그들은 수세기에 걸친 배신에 대한 보복을 행함으로써 우리의 파괴자이기도 함을 드러냈어. 그래도 그들에게 어떤 인간적 의도도 덧씌우지 말아야 해. 그들에게 행위성이 있음을 인정하는 것으로 충분해. 그들이 우리에게 무감정하고 해명 의무가 따르지 않으며 반박 불가한 지배력을 행사할 수 있음을 인정해야 해. 이제 두려워해야 할 건 인간을 묻어버릴 최후의 장의사들이 사물의 세계에서 나타날 거라는 점이야. 바다와 불과 광자가 악의가 아닌 그보다 훨씬 달래기 어려운 물리법칙의 격노에 추동되어 우리의 무관심을 응징하러 올 것을 두려워해야 해.

하지만 사물에는 제3의 측면이 있다고 봐. 더 조용하고 덜 눈에 띄는 면이. 그것은 우리가 그들을 불가피한 상대가 아니라 그들 나름의 도피처로 볼 것을 요구하지. 왜냐하면 그들이 세상의 종말의 징조를 보여주고 있긴 하지만, 그들 각각이 자기 안에 또 하나의 세계를 품고 있거든. 신중하게 주의를 충분히 기울이면 어떤 가구 한점, 어떤 주차장 섬 하나에서라도 활짝 펼쳐질 수 있는 피난처를 품고 있어.

자꾸만 다시 찾게 되는 작가가 있어. 제럴드 머네인Gerald Murnane이라고, 호주를 떠난 적 없고 고향인 빅토리아주 바깥으로 나간 적도 별로 없는 사람이야. 그는 비행기를 타본 적이 한번도 없다고 하고, 컴퓨터를 사용한 적도 수영을 배운 적도 없으며 미술관에 가본 적도 없대. 그는 가뭄이 곧잘 드는 오지의 어느 마을에서 벙커 같은 집에 혼자 살면서 독수리 타법으로 타자기를 쳐서 이야기를 자아내.

이런 척박한 환경에서 탄생한 그의 문장은 끝없는 의미를 일궈내. 어느 언덕의 옴폭 팬 골에서, 엽서에 인쇄된 그림의 기억에서, 혹은 지역 경마 경기에서 기수들이 입은 비단 셔츠들의 서로 미묘하게 다른 갖가지 색상에서 우주를 뽑아내지. 『평야』The Plains라는 소설에 머네인이 묘사했듯, 그의 작품 속 거주자들은 "황량한 풍경에서 흘러가는 별일 없는 나날로부터 신화의 재료를 만들어내는 일생의 과제"를 실행해. 그들은 자신들의 단조로운 세상을 온갖 디테일과 가능성이 넘쳐나는 세상인 양 관찰해. 머네인의 프리즘을 통해 들여다본 세상이 딱 그래. 특히 그의 단편 작품들은 강박적인 면마저 있어. 머네인은 같은 소재를 몇번이고 다시 잘근잘근 밟으면서 울림과 연상의 새로운 겹들을 계속해서 찾아내가다가 끝내 기억해낸 물건 몇개라든가 어느 마당에 잔디가 깔려 있던 모양 등 거의 무에서 무한해 보이는 의미의 망, 자신의 정신세계 전체의 지도를 설계하고야 말아. 그 결과물은, 세포조직에서 매일같이 생겨나는 의식처럼, 평범하면서도 경이로워.

그러니까 내가 하려는 말은, 이것이 내게 주는 진짜배기 희망인 것 같아. 아니, 정확히 말해 희망은 아니라면, 적어도 슬쩍 비껴서 존재하는 가능성에 대한 감각. 사물을 가치 있게 만드는 거의 무한한 인간의 능력을 목격할 때마다 내가 느끼는 짜릿함. 어떤 사물이든, 주어지는 대로 그렇게 하잖아. 내가 보기엔 그것도 인간이 가진 힘이야. 우리의 기개의 원천이랄까. 가장 뜨겁게 달아올랐고 가장 황폐한 땅에서도 언제든 새로운 세계가 소환될 수 있다면, 세상이 어떻게 종말을 맞을 수 있겠니? 어떤 느낌이냐면, 이런 거야. 설사 '그 문제'가 모든 것을 팔팔 끓여버리고, 호수를 바싹 증발시켜 갈라진 진흙 바닥만 남기고, 머네인이 그린 호주의 내부 대륙괴만큼 텅 비고 특색 없는 곳으로 만들어버린다 해도, 그래도 말이야. 남은 것들만으로도 하나의 세계, 아니, 백만개의 세계를 이루기에 충분할 것 같은 느낌.

이게 다 또다른 형태의 물러나기라고 네가 생각한다 해도 할 말은 없어. 생명력을 띤 세계가 무너지고 있는데 나는 생명력 없는 세계에 기대 그 세계의 끈기에서 위안이나 얻고 있다고 해도 할 수 없어. 하지만 이런 유의 수동성은 막다른 벽과 마찬가지이고, 너에게 가장 남겨주고 싶지 않은 유산이야. 그러니 이 점을 분명히 해야겠구나. 사물의 세계로 숨어들어가 그것들의 운명론적 고찰 속에 남은 나날을 보내자는 얘기를 하는 게 아니라고. 사물의 영속성에서 위안을 찾으면서 취약한 사람들에 대한 책임을 회피하자는 얘기도 아니고. '그 문제'는 여전히 어마어마하고 정치화한, 비대칭적 폭력을 행사하는 힘이고 그것을 누그러뜨릴 힘이 여전히 우리에게 있어.

내가 여기서 제안하고 있는 게 뭐냐면 새로운 형태의 알아채기, 최후에 남을 것들과 소통하기야. 싸움을 멈출 핑계로서가 아니라, 정확히 우리가 계속 노력해나갈 방도로서 말이야. 언제나 남아 있는 것들에서 힘을 얻고, 그것들에 너무하다 싶을 정도로 의미를 부여하고, 우리보다 오래 살아남을 흙에서 투지를 그러잡자는 거야.

돌멩이들 속에 자신을 감추는 도롱뇽과 마찬가지로 이 역시 박탈의 한 형태가 결코 아니야. 꾀를 쓰는 행위, 상상력을 발휘하는 행위지. 여기저기 구멍 나고 불타오르는 세상에서 목숨을 부지하는 한 방편인 거야.

4차 운동

길을 나선 지 몇시간 만에 신발 밑창이 온갖 종류의 흙을 맛봐. 어떤 흙은 너무 곱고 건조해서 한보 디딜 때마다 발목까지 푹 빠져. 그런가 하면 표층이 딱딱하게 굳어서 발 디딜 때마다 땅 표면이 부빙처럼 쪼개져서 당장 손으로 집어 바스러뜨릴 수 있는 흙도 있어. 파도를 하도 맞아서 흙이 시멘트처럼 단단해진 곳들도 있는데, 그런 데를 지나가면 발바닥이 살짝 욱신거려. 또 어떤 곳들은 흙이 반쯤만 젖어 있어서 발에 실리는 체중에 그 습기가 바깥쪽으로 밀리면서, 마치 지나갈 때에 맞춰 바로 앞에 나타나는 포석처럼, 바싹 마른 칸을 하나씩 만들어내. 때로는 너무나 복잡하고 불가해한 침윤작용이 일어나서, 걸으면서 저만치 앞에 빛이 번쩍하는 게 보이기도 해. 내가 걸음을 내디딘 순간 모세관 작용으로 인해 흙 알갱이들 틈새로 물이 저 멀리까지 퍼진 거야.

아침의 흙은 차갑고 활석처럼 곱지만 정오쯤 되면 견딜 수 없이 뜨겁게 달아올라서, 우리는 정강이까지 쓸려왔다 물러나면서 우리의 궤적을 싹 없애주는 파도로 바다가 부채질을 해주는 최저 수위선 근처만 산책해. 해 질 녘이면 물 타래들이 다른 어디서도 본 적 없는 색을 반사하는 장관을 내다볼 수 있는 해변 고지대로 다시 물러나. 금속 빛깔이 살짝 섞인 주황색들, 자외선을 쪼인 붉은 색들. 그러다 해가 넘어갔지만 태양 빛은 하늘에서 완전히 가시지 않은 순간, 수평선 위 팔레트가 수평선 아래 팔레트를 정확히 모사하고 그 접선을 따라 맺힌 광휘가 밤과 땅의 어둠으로 퍼져나가는 순간에는, 연못 표면을 바라볼 때라든가 유독 생생한 꿈을 꿨을 때 들곤 하는 어디서 한번 느껴봤음 직한 감각을 맛볼 수 있어. 구체적으로는, 우리가 이 세상에 사는 게 아니라 세상의 한가지 버전에 살고 있으며 그 거울 뒤에 또다른 세상, 마찬가지로 들여다보기의 힘에 의해 똑같은 무게를 부여받은 세상이 있다는 감각.

밤에는 사구 뒤편의 잡목들 복판에 텐트를 쳐. 우리 그룹을 이루는 수십명 중 대부분은 굴라라불루족 일원이야. 몇 세대에 걸쳐 브룸이라는 호주 북서부 변방의 조그만 해안 마을 이북으로 뻗은 영토의 수호자 노릇을 해온 호주의 선주민이지. 아장거리는 꼬마들부터 십대 청소년들, 그들의 할머니 할아버지까지 네 세대가 관목들 사이에 텐트를 쳐왔고, 이번에도 다들 땅과 맺은 관계를 유지한다는 현재진행형의 책임을 다하기 위해 한마음으로 모였어. 나는 외부인 대표단의 일원으로 와 있어. 비非선주민이고 대부분이 백인인 대표단은 북단에 펼쳐진 땅을 밟는 굴라라불루족의 이 연중행사에 함께해 달라는 초대를 받았어.

부족장 중 한분 — 이름이 나와 똑같이 대니얼인 사십대 남자 — 이 우리 그룹의 인솔을 맡았어. 모닥불 주위에 둘러앉자 대니얼이 '꿈자취'the Dreaming라 불리는 또 한 세계의 이야기를 들려주기 시작해. 그가 펼치는 또다른 세계가 한겹의 천처럼 우리 세계를 뒤덮어. 꿈자취의 세계에서는 모든 것이 그 자체이면서 다른 무언가야. 나란히 뻗은 두개의 곶은 거대한 뱀의 송곳니이고 메마른 갯바닥은 그 뱀들이 꿈틀꿈틀 지나가면서 남긴 고랑이야. 우리가 아까 본 해안 한 구역을 따라 솟아 있는 거석들은 맷돌로 목초 종자를 까부르면서 생긴 겉껍질이고. 왠지 이질적으로 보이는 데다 다른 관목들과도 떨어져 서 있는 멜라루카(작은잎브러시나무) 세그루는 세 자매가 남기고 간 디깅스틱°이고, 그 자매들도 해변 저 멀리에 세개의 돌기둥이 되어 서 있지.

이 일대일 짝꿍 관계는 하늘에까지 적용돼서, 대니얼이 전갈자리와 남십자성 사이에 일종의 반反성좌처럼 짙은 부분을 가리켜 보이면서 어떻게 봐도 에뮤 모양이라며 손으로 윤곽을 쓸어 보여. 꿈자취의 우주관에 따르면 에뮤의 영혼이 세상을 창조하는 데 일조했대. 이곳저곳을 누비면서 노래로 세상을 지었다는 거야. 그러다 마침내 만족했을 때 돌아다니기를 멈추고 훌쩍 날아 하늘로 올라갔대. 설화

° 화전민이 사용하는 끝이 뾰족한 막대.

속에서 그는 오늘날에도 하늘에 머물면서 자신의 작품을 내려다보고 계절의 바뀜을 알린다고 해.

이야기인즉슨 이 세상 그 무엇도 행위성 없이 존재하지 않는다는 거야. 심지어 공허도, 별들 사이의 빈 공간마저도 어마어마한 영향력을, 하나의 생애를 품은 숨은 싹을 담을 수 있다는 거지.

매년 굴라라불루족은 이 땅을 두차례 밟으면서 곳곳을 돌보고 땅의 동반자 노릇을 해. 매년 같은 자리에 텐트를 치고, 같은 샘들을 찾아가고, 같은 멜라루카에서 당밀을 채취해. 순례길은 총 100킬로미터 정도에 달하지만 이들은 결코 서두르는 법이 없어. 여드레, 어쩔 땐 아흐레에 걸쳐 천천히 걷지. 만약 소로가 이 순례에 나섰다면 아무것도 모르는 상태에서 황무지만 발견했을 거야. 혼자 고독을 실컷 차지할 아름답고 대체로 텅 빈 곳이라고 생각했겠지.

아닌 게 아니라 이 반타원형 해안은 무척 아름다워. 새하얀 사구들이 피처럼 붉은색 절벽들과 맞닿아 있어. 눈 깜빡할 새 솟구쳐오르는 돌고래와 가오리도 있고 먹이를 찾아 수면 가까이를 스르륵 훑고 가는 상어도 있지. 사구들 뒤로는 아카시아와 유칼립투스 지대가 두텁게 한겹 감싸고 있고 덩굴식물이 늘어진 수풀도 내륙 방향으로 수 킬로미터 뻗어 있는데, 거기 내려앉은 침묵을 깨는 것은 아득한 파도의 맥동뿐이야. 주민은 몇 안 살지만 풍경이 텅 빈 건 아니야. 고개를 돌려 보이는 곳마다 거기에 얽힌 이야기의 타래가 있고 영혼이 어린 장소가 있거든. 이 땅은 결코 황무지가 아니고 오히려 특색과 줄거리, 위험과 안식처, 수천년에 걸쳐 적용된 법규와 법에 의한 인권 박탈 사연으로 빼곡히 차 있어.

이 모든 것을 연결해주는 것이 바로 그 풍경을 따라 밟아가는 물리적인 순례길이야. 문화탐방로heritage trail, 꿈자취, 송라인song line 등 여러 이름으로 불리지. 이 길을 밟는 건 땅에 줄거리를 더하는 행위, 내러티브를 입히는 행위야. 그래서 매년 굴라라불루족 숙모와 사촌, 아기 들이 전부 나와 시간을 들이고 관심을 쏟아가며 두 세계가 하나로 무너져내리는 걸 막는 거야.

몇년 전 석탄연료를 채굴하는 거대기업 우드사이드에너지가 이 해안 지역에 눈독을 들인 적이 있어. 이곳 근해의 시추 장치에서 끌어올린 기름을 가공해 다시 아시아 시장으로 보낼 유전 시설을 세울 계획이었지. 소문으로는 그 시설이 다른 데도 아니고 송라인 한복판, 모래가 붉고 회색 잡목림이 우거진 이 구역을 3평방킬로미터나 차지할 예정이었대. 이 개발 계획에 전혀 이의가 없었던 주지사는 후보지인 이곳을 "별 볼 일 없는 시골 땅"이라고 칭했고 TV 방송에 나와 적극 지지하는 뜻을 표명하기까지 했어. 그걸 본 굴라라불루족은 절멸이 눈앞에 닥쳤음을 알았어. 그들의 땅이 믿을 수 없게도 번호 붙은 구획지로 변할 위기에 처했다는 걸 말이야. 일단 시설이 들어서면 더는 땅에 얽힌 줄거리도 없을 테고, 대신 그 밑의 흙이 전혀 보이지 않을 정도로 두꺼운 파이프라인들만 남으리라는 것도.

그래서 그들은 싸웠어. 전국에서 동지들을 소환하고 후보지 바로 옆에 저항운동본부를 세워가면서. 그러자 지역 중소업체들이 식량과 물품을 보내기 시작했어. 숙련공들은 장비를 빌려줬고. 한 무리의 시민과학자들이 관측 플랫폼을 세워 바로 앞 근해의 혹등고래 이동 경로를 모니터링했고, 우드사이드가 내놓은 장밋빛 환경영향평가 보고서를 정면으로 반박하는 데이터를 수집했어. 대치 상태가 몇달간 이어졌고, 몇달은 몇년이 됐어. 오랜 기간에 걸쳐 저항운동 캠프에는 줄곧 100명이 넘는 사람이 머물렀는데, 기자와 학자 들, 잠깐 왔다 가는 사람들, 지역 주민들 그리고 멀리 시드니와 멜버른에서 온 활동가들이 교대로 머물다 간 덕분이야. 여기까지 찾아온 비非선주민은 대다수가 과거에 송라인 걷기에 참여한 적 있는 이들이었어. 저항운동을 지휘하는 굴라라불루 원로들 입장에서는 모든 게 계획대로 이루어진 셈이었어. 외부인을 꿈자취 걷기에 초대하는 것은 결코 관광상품이 아니었던 거야. 그 오랜 세월 그들은 지지자 집단을 형성해온 거지.

시간이 흘러 저항운동은 호주 녹색당과 야생지보존협회the Wilderness Society, 시셰퍼드the Sea Shepherd 등 비교적 큰 조직의 이목을 끌었어. 호주 전역에서 시위가 벌어졌지. 멜버른에서 5,000명이 모였고, 퍼스에서는 2만명이 모였어. 개발 지연이 장기화하자 우드사이드 경호인단은 한층 공격적으로 나왔어. 자기들 명찰은 테이프로 가린 채 한밤중에 저항본부에 들이닥쳐 텐트에 플래시 불빛을 비추고 사람들 얼굴에 촬영용 카메라를 들이댔어. 시위대도 이에 맞서 불도저와 굴착 장비에 자기들 몸을 사슬로 묶는다든가 하는 식으로 전술 강도를 점점 높여갔지. 그러다 마침내 2013년, 우드사이드가 백기를 들었어. 우드사이드 경영진은 유가 하락을 이유로 들었지만 합작 투자사들 가운데 다수가, 즉 셰브런이나 셸 같은 석탄연료 공룡기업들이 진즉에 발을 뺀 뒤였어. 그들은 있는 듯 없는 듯한 이 "별 볼 일 없는" 땅을 멋대로 전유할 수 있을 거라 생각했던 게지. 이 땅이 텅 비어 있을 거라고 기대한 거야.

그 일이 있고 몇년 뒤, 지인이 굴라라불루족의 승리를 다룬 기사를 나에게 보내왔어. 기사에서는 당시 석유 시추 반대운동의 실질적 리더로 부상했고 이후에도 몇년간 여기저기서 시위대를 이끈, 대니얼의 숙부 조지프의 발언을 인용했더라고. 그는 자손들이 땅과의 연결감을 물려받기를 바란다고 했어. 그러지 못한 선주민들이 불쌍하다고. "자기 안에 말하자면 죽은 느낌을 안고 살아가는 거예요, 그 사람들은."

이 고발의 일침이 오래도록 뇌리에 남았고, 이 편지를 쓰기 시작한 시점에도 내 머릿속에서 재생되고 있었어. 그래서 호주의 모 대학 연구 프로그램에 지원하기로 했어. 제안서에는 이 편지를 마무리하고 굴라라불루족과 함께 꿈자취를 걷는 것이 연구 목표라고 적었어. 이 두가지가 서로를 보완할 거라고. 절멸의 위협에 처한 일가가 자손에게 어떤 식으로 그들 문명의 의의를 전수하는지 이해하면 나도 그렇게 하는 법을 배울 수 있지 않겠느냐고. 몇달 뒤 연구비를 지원받게 됐다는 소식을 접했을 때, 감사하는 마음과 함께 은근한 죄책감이 들었어. 탄소를 내뿜으며 태평양을 횡단하는 비행을 두차례

나 해야 하며—어떻게 지원 당시에는 이 생각을 못했지?—그럼으로써 내가 해결하고자 하는 '그 문제'를 오히려 악화시키리라는 점은 두말할 필요도 없고. 여기에 더해 지원 동기가 검토위원회에 제출한 서류에 묘사한 것보다 훨씬 이기적이라는 것을 마음 깊이 알았다는 것도 한몫했어. 소로를 그렇게 비판하면서도 마음 한구석에서는 여전히 그 미답의 들판, 파이프라인을 피해 간 머나먼 곳을 찾고 있었나봐. 마치 그러는 것만으로 '그 문제'로부터 벗어나 있을 수 있는 양. 라투르의 가설이 말하는 '외부'로 나가는 게 가능한 양.

굴라라불루족의 승리에는 엄청난 피해도 동반됐어. 그 마을의 다른 선주민들 일부는 아직도 굴라라불루족과 말도 안 섞으려고 들어. 일자리 전망만 믿고 버틴 이들이지. 조지프도 석탄연료 대기업이 물러나기 10개월 전 스트레스로 인한 심장마비로 47세에 명을 달리했어. 호주 선주민 문화에서는 세상을 뜬 지 얼마 안 된 사람의 이름을 입에 올리는 게 터부라서, 나도 굴라라불루족 일원이 그의 이름을 말하는 걸 들은 적은 없고 대신 신문에 실린 부고를 보고 알았어. 그들은 저항운동의 긴 역사를 서술할 때도 조지프를 내러티브의 구멍처럼 비껴가면서, 에두르는 식으로만 언급해.

그럼에도 후회는 없어. 해안을 따라 조금 떨어진 버럽Burrup반도에서 어떤 일이 벌어졌는지 그들은 똑똑히 봤거든. 석유개발 회사가 거점을 마련하더니 다시는 그곳을 놓아주지 않은 거야. 나도 직접 가봤는데, 두곳의 대조가 소름 끼칠 정도야. 버럽반도 전체가 거대한 기계의 유압식 팔처럼 하나의 기반시설로 변했지 뭐야. 평지란 평지는 죄다 미로처럼 얽힌 파이프와 공업용 선창 들 그리고 주위를 둘러싼 낮은 산들만 한 크기의 돔형 저장고로 뒤덮였어. 그 산 중 하나에 올라가 아래를 보면 꼭 모르도르를 내려다보는 것 같아. 깡깡대는 소음이 가득 울려퍼지고 거대한 배출 가스 연소탑과 꺼지지 않는 화염까지 타오르는 거대 지하도시.

버럽반도의 거의 모든 구역은 현재 가시철조망과 경비 초소들을 경계로 사유지화해서 대중이 접근할 수 없지만, 그 한가운데 철조망들 사이에 아주 조그만 국립공원이 있어. 이 공원의 산등성이들을 따라 널린 붉은 거석들 표면에 암각화가 그려져 있는데, 해수면이 지금보다 낮았고 근해 섬들이 조금 먼 산에 불과했던 3만년 전의 기록으로 추정돼. 선들이 희미하지만 자세히 보면 에뮤 발자국이며 부메랑이며 팔이 길쭉하고 머리통이 동그란 유령 같은 사람 형체 따위를 알아볼 수 있어. 지금은 의미를 알 수 없는 상징들이 많지만, 내가 방문했을 때 발견한 몇몇 암각화는 감격스러울 만큼 진솔하고 친밀한 느낌을 줬어. 예를 들어 한 암석 밑면에서 유려한 선으로 표현된 돌고래 그림을 발견했는데 표의문자가 아니라 묘사화였어. 그린 이가 돌고래가 솟구쳐오른 순간을 포착했나봐. 게다가 이 반도에서 발견된 암각화 중에는 인간의 얼굴을 묘사한 가장 연대가 오래된 그림들도 있다고 해. 그중에 몇개나 시추 시설을 짓느라 불도저에 깔아뭉개졌을지 모르지만. 그러니 풍경이 훼손됐다 함은 전체 사정의 극히 일부에 지나지 않는 거지.

* * *

고고학자와 인류학자 들은 보통 호주 선주민 문화를 지구상에서 가장 오래 지속되고 있는 문화로 꼽아. 대개는 6만년쯤 됐을 거라고 추정해. 그게 얼마나 옛날인지 감을 잡고 싶다면, 불과 1만 5,000년 전 지금의 뉴욕 땅, 자랑스러운 고층 건물과 터널 들로 가득한 불야성의 도시가 1.6킬로미터에 달하는 빙하 밑 어둠 속에 묻혀 있었다는 걸 떠올려봐. 그러니 대니얼과 그 혈육들이 땅의 영험한 혼을 소환해 그곳을 허물어뜨리려는 기업들을 쫓아냈을 때, 그들은 그리스도 탄생이 최근 사건으로 느껴지게 할 만큼 긴 수명을 자랑하는 엄청난 우주의 힘에 의지한 거였어.

이렇게 선사시대사를 논하다보면 꿈자취가 아주 머나먼 과거, 이제는 신화와 같은 시기로 묶어도 큰 문제 없을 정도로 아득한 과거에 속하는 걸로 잘못 넘겨짚는 경우가 많아. 그런데 굴라라불루족에게 물어보면 꿈자취는 현재진행형이며 끝난 적이 없다고 대답할 거야. 사실 끝날 수도 없고 말이야. 왜냐하면 땅이 갑자기 생각을 끊는다면 그게 뭘 의미하겠니? 물과 바위와 뱀과 폭풍이 행위성을 다 포기한 순간이, 그들이 자기 이야기를 들려주기를 멈춘 순간이 정확히 언제였더라? 전제 자체가 말이 안 돼. 드릴로 마음껏 뚫어도 아무 반응 안 할 거라 기대할 정도로 우리가 이 세계의 탯줄 같은 베풂에 너무나 명백히 의존하고 있는 마당에, 우리 자신을 그 세계에서 그토록 분리된 존재로 여기다니. 굴라라불루족의 시각에서 보면 우리가 '환경 안에' 산다고 보는 것도 솔직히 심하게 순진해빠진 거야. 대니얼에게는 각자 영향력과 의도를 가지고 있으며 내밀하게 다른 이들의 꿈을 꾸는 행위자들로 이루어진 하나의 사회에 훨씬 더 가까워. 그런 그가 애초에 멈출 수 없다고 말하는 것, 우리보다 앞서지도 뒤처지지도 않는다고 말하는 것이 바로 이 꿈자취야. 인류학자 윌리엄 스태너는 꿈자취가 "언제든 항상"everywhen 일어난다고 얘기했어. 매우 유동적이고 수용력이 커서 일이 일어나는 순서가 전혀 중요하지 않게 되는 때, 순서란 그저 종합적 이해를 방해하는 사소한 요소로 전락하는 때를 의미해. 이 말은 곧 내가 그토록 찾아헤맨, 끊임없이 들고 나며 스쳐지나도록 덧없는 '지금 이 순간'보다 몇배 두터운 순간들이 존재한다는 얘기야.

서구세계에서는 시간을 학문적으로 분류하지. 홀로세에서 인류세를 분리하고 르네상스 시대에서 후기 근대를 분리해. 이렇게 해버릇하면 꼭 시작점과 끝점이 있다는 착각이 들고, 흐름만 있었던 지점에서 전환점을 떠올리게 돼. 이런 관행은 통제의 환상까지는 아니라도 최소한 가분성可分性이라는 환상을 부추겨. 특정 단계에 들어서는 것이 가능하며 또 어떤 단계는 남겨둘 수도 있다는 환상. 이런 망상에 제동을 거는 게 '언제든 항상'이라는 개념이야. 과거를 미래로 쓸어넣어버리고 그 반대로도 하거든. 그러면 '그 문제'에서 달아날 수 없게 되지만 대신 우리에게 어떤 하나의 결과를 배정하지도 않아. 그저 우리를 여기, 꿈자취에 체류시킬 뿐. 완전히 가담된 정도에서 결코 모자라지 않고, 부분적 통제권을 가진 정도보다 결코 더하지도 않은 상태로.

꿈자취 밟기 둘째날 나는 성큼성큼 걸음을 옮기는 대니얼을 붙잡고 꿈자취에 대해 이것저것 묻기 시작해. 대니얼은 야구모자와 고글 형태의 선글라스를 썼고 한걸음 디딜 때마다 찰싹거리는 플립플롭을 신었어. 내가 이 바위 또는 저 바위에 어떤 의미가 있는지, 이런저런 잡목을 어떤 용도로 쓰는지 물어보자 그는 내가 잠시 떠들게 내버려두다가 곧 정중히 저지해. 다들 걸으면서 수다를 떨고 싶어하는 걸 언젠가 알아챘대. 뭐, 수다는 시간 보내기에 딱 좋으니까. 하지만 때로는 침묵이 최선이라고 그가 넌지시 알려줘. 입을 다물면 자신이 밟는 땅을 조금 더 찬찬히 들여다볼 수 있고 또 이런 기회가 아니면 영 알아채지 못할 것들을 알아챌 수 있다고. 머쓱해진 나는 되도록 조용히 걸으려고 노력하면서 주의를 외부로 돌려 알아채기에 집중해. 열심히 이것저것 뚫어져라 보지만 제대로 주의가 가는 건 그중 몇개뿐이야. 한 예로, 아주 얇고 담배파이프 청소용 솔처럼 억세 보이는 노란 꽃이 핀 호주산 아카시아를 알아채. 실타래처럼 조금 더 두툼하고 더 보드라운 흰 꽃이 핀 다른 나무도 알아채. 우리의 그림자와 가끔씩 겹치는 어떤 그림자들이 서로 다른 두종의 맹금이 드리운 것임을 알아채고, 모래를 주의 깊게 살피면 수십종의 짐승 발자국을 발견할 수 있음을 알아채. 개중에는 소라게도 있는데, 그 녀석들이 남긴 발자국은 아주 작은 자전거 바퀴의 궤적처럼 보여. 꿀벌이 있음을 암시하는, 멜라루카 줄기에 난 미세한 구멍들은 알아차리지 못해. 숙모 한분이 일러주기 전까지는, 가끔 밀물이 피라미를 조그만 석호에 가둬서 미끼용으로 이런 잔챙이들을 쉽게 거둬들일 수 있다는 것도 알아차리지 못해.

그동안의 명상 수련, 서투르게 내면을 들여다보며 보낸 그 많은 시간들도 주변을 살피는 훈련을 제대로 시켜주지 못했어. 몇개나마 겨우 제대로 관찰하면, 그 아름다움을 분명히 기록해두려는 듯 꼭 남과 나누고 싶어서 입이 근질거려. 저 절벽들 좀 보세요, 하고 냉큼 말해. 저 새 좀 보세요. 해가 바닷물을 그물처럼 잡은 것 좀 보세요. 그러다보면 아름다운 것이 일일이 지적하기 벅찰 만큼 많아지고, 그러면 나도 비로소 입을 다물고 그것들이 차차 은유를 벗고서 내 머릿속에 내려앉게 내버려둬.

꿈자취 밟기 참가자 중에는 아이들도 많아. 굴라라불루족을 구성하는 손자 세대, 증손자 세대이고 대개는 신발을 안 신고 있어. 뜨거운 모래나 뾰족한 돌멩이를 디디며 서로 꽁무니를 쫓아 뛰어다니다가, 지치면 자기 생각의 껍질에 들어박힌 채 몇시간이고 조용히 걸어. 그런데 내가 유심히 봤더니 그애들은 단 한번도 바로 앞 땅바닥을 내려다보거나 어디를 디딜지 살피지 않더라. 일단 발바닥이 두껍고, 오직 전방과 주변만 보면서 혹은 아무것도 안 보면서 다니는 것 같아. 나는 걷다가 발바닥을 베는데. 벤 자리에 흙까지 엉겨붙고. 하지만 해변을 걸으며 바닷물이 상처 부위를 씻어내게 하는 건 어렵지 않지.

이튿날 우리는 넓은 둑이 감싸고 있고 유속이 느린, 염분기 머금은 작은 만에 닿아. 걸어서 건너기에는 수심이 다소 깊어서—그게 아니어도 몸집이 꽤 큰 악어들의 서식지이기도 해서—우리를 태워서 그 짧은 거리를 건네줄 작은 철제 거룻배를 기다려. 기다리는 동안 대니얼이 최근 조수 상태를 얘기해줘. 요 몇년 새 조수가 눈에 띄게 높아져서 만의 측면들을 범람하고 제방들을 침식하고 있다는 거야. 범람이 특히 심했던 어느 해에는 중요한 조상님들 매장지가 있는 모래톱을 쓸어가는 바람에 단 몇주 만에 유적지가 완전히 소실됐대. 나중에 백인 관광객 몇명이 해변 곳곳에 흩어져 있는, 인간의 것임이 분명한 유골들을 발견했대. 대니얼은 그 유골들이 수천년은 됐을 거라고 보는데, 유전자 분석을 하지 않아서 확인할 길은 없어. 그는 이런 일련의 사건들을 전하면서 '그 문제'를 길게 언급해. 나는 초과물이 심지어 이런 곳에도 존재한다는 것을 새삼 깨달아. 초과물은 어디에도 침투할 수 있고 어떤 과거도 파낼 수 있다는 것을. 인간이 탈출한 에덴동산을 내가 머릿속에 어떻게 그리고 있었건 그곳은 언제나 브룸보다는 월든을 닮은 곳, 인간의 주의를 거둠으로써만 유지될 수 있는 순수함의 환상이었다는 것을.

몇달 뒤에는 그 환상의 마지막 자취마저 쓸려가버려. 초과물이 너무나 거대하고 거센 산불의 형태로 터져서 영국 영토만 한 크기의 지역을 파괴해버리거든. 산불은 어느 한군데서 발화한 게 아니라 피부에 돋는 소름처럼 여기저기서 동시다발적으로 타오르기 시작해. 동해안 삼림지대에서 브룸 외곽의 관목지까지 퍼지지. 나는 강풍이 부는 어느 날 오후, 기온이 38도에 이른 와중에 부랴부랴 비행기로 호주를 떠나게 돼. 며칠 뒤에는 공항이 내려다보이는 낮은 산들에까지 불길이 번져.

나중에, 미국에 돌아와 있는데 친구가 전화해서 크리스마스 휴가를 맞아 시드니에서 애들레이드까지 차로 이동한 얘기를 해줘. 얼추 뉴욕에서 애틀랜타까지의 거리인데, 열다섯시간쯤 걸렸대. 내내 자욱한 연기에 둘러싸인 채 앞유리 너머에 시선을 고정하고 라디오로 불길의 이동 경로를 모니터링하면서 운전했대. 이동하는 내내 추격을 당하는 동시에 움직임을 선제 간파당하듯, 시종일관 전방과 후방 양쪽에 언제나 불길이 있었대. 정말로 누군가에게 쫓기는 것 같았다고 해. 간간이 흐릿해진 태양 아래 불길이 성난 화염을 날름대며 바로 옆 산등성이를 뒤에서부터 집어삼키는 게 보였대. 마침내 애들레이드에 도착했을 때는 인적 드문 해변과 오리너구리 서식으로 유명한 근처 섬으로 친구들과 함께 대피했는데, 얼마 후에는 심지어 그 안식처마저 뜨겁게 달궈지더니 이내 불이 붙어 주민 전체가 대피했다고 해.

'내부에' 산다는 건 바로 이런 느낌이었어. 몇시간을 차로 달려도 결코 빠져나오지 못하는 것, 초과물이 달리는 나와 함께 이동하는 것. 심지어 굴라라불루족도 석유 시추 시설이 들어서는 것을 저지했을 때 초과물의 손아귀를 벗어나지는 못했어. 그들의 땅은 '그 문제'에 일조하는 운명만 피했을 뿐, 여전히 '그 문제'에 좌우되는 처지였던 거지.

내가 굴라라불루족은 초과물의 비극을 피했을 거라고 넘겨짚은 것 자체가 보다 큰 문제의 징후야. 순수함의 환상이 이제는 땅만이 아니라 거기에 사는 사람들에게까지 확대 적용됐다는 얘기니까. 작고한 선주민 출신 경제학자 리 브루스 '트래커' 틸마우스Leigh Bruce 'Tracker' Tilmouth도 이러한 충동을 종종 지적했어. 일부 환경운동가들이 선주민 공동체를 영원히 변화 없고 때 묻지 않은 대상으로만 보려고 한다는 거야. 아닌 게 아니라 나도 나 자신을 포함해 꿈자취 밟기에 참가한 백인들이 굴라라불루족을 마치 성자나 구원자인 양, 불변의 지혜를 전달하러 과거에서 온 사절단인 양 말하는 것을 때때로 알아채. 굴라라불루족의 겸허한 태도와 깨어 있는 정신, 작살 낚시 같은 기술을 낮은 목소리로 칭송해. 그렇다고 그런 얘기에 거짓이 섞였다는 건 아니지만 이런 식의 낭만화는 그 자체로 선입견을 강화하는 일이고, 그게 아니어도 전체 그림을 가리는 부작용이 있지.

꿈자취를 밟을 때 굴라라불루족은 자신들에 대한 어떤 환상에도 스스로를 끼워 맞추지 않았어. 사발면을 먹고, 멘솔 담배를 피우고, 대형 픽업트럭을 몰아 해변을 달렸지. 아예 꿈자취를 직접 밟지 않는 일원들도 많았어. 그 대신 온종일 낚시나 하려고 트럭 짐칸에 끼어 타고서 한발 앞서 다음 캠프지에 가곤 했지. 나도 한번 어느 삼촌의 차를 얻어 타고 이동한 적이 있는데, 그는 코비 브라이언트 저지 차림에 머리는 멀렛 스타일이었고 그가 모는 지프는 창유리도 번호판도 없었어. 나는 맥주 담은 쿨러를 밀어놓고 타야 했는데, 발치의 쿨러 안에서 빈 맥주 깡통들이 달가닥거렸어. 삼촌은 살짝 취한 티가 났는데 만취한 건 아니었고, 다행히 길에 딱히 장애물도 없었어. 그래도 굵은 나뭇가지를 그대로 밟고 지나가다가 타이어에 펑크가 났을 때는 별로 놀라지 않았어. 트렁크에 스페어타이어도 없어서 우리는 그냥 구멍 난 타이어에 최대한 바람을 넣고 그대로 액셀을 밟아 캠프장까지 달렸어. 가는 내내 구멍에서 바람이 계속 피시식 샜고 차대 전체가 점점 더 왼쪽으로 기울었지. 무슨 얘기를 하는 거냐면, 두 세계 사이에 꿈자취 밟기가 영적 의식인 동시에 한 가족의 휴가일 수 있다는 것, 그리고 후자의 시끌벅적 공사다망함과 사소한 위안거리들이 전자의 진정성을, 땅과 함께 시간을 보내려는 진심에서 우러난 의지를 상쇄하지 않는다는 거야.

선주민 출신 작가 알렉시스 라이트Alexis Wright가 심포지엄에서 '인류세에 글쓰기'라는 주제로 발표하는 걸 들었어. '그 문제'와 관련한 문제들에 대해 라이트는 "선주민이 가진 지식에 대해 이야기하는 것, 그것을 그럴싸하게 꾸며 내놓는 것이 유행 비슷한 것이 됐다"고 했어. 물론 흔히들 선주민의 세계관이라 일컫는 것이 이 영역에서 우리에게 제공할 것이 많은 건 사실이라고 했어. 이를테면 상호의존이나 비선형적 시간, 비인간의 존엄성 같은 개념들, 지나간 세대들에게서 배우고 앞으로의 세대들을 책임질 수 있는 "장기 비전" 같은 것. 전부 한때 너무 이상주의적이라며 무시됐다가 이제, 홍수와 가뭄이 점점 심해지는 이때 가장 명철한 종류의 실용주의임이 밝혀진 개념들이지. 라이트는 '그 문제'가 선주민 부족들이 개념화하기 어렵지 않은 것 또한 사실이라고 했어. "선주민들은 앞으로 억압받고 재산을 몰수당하는 인구가 훨씬 많을 것을, 또 전례 없는 빈곤이 온 인류에 더 큰 분열을 초래할 것을 어렵지 않게 상상할 수 있어요. 선주민으로서 우리가 오래도록 고민해온 문제들이거든요."

그렇지만 문화란 결코 정지된 것이 아님을, 늘 시대에 적응해가는 것임을 기억해야 한다고 라이트는 경고했어. 바로 이런 이유로 라이트는 자신의 소설을 "생존 문학"이라고 칭하기 시작했어. 세계의 운명과 그 안에서 선주민들이 있을 자리를 그려보려는, 현재진행형이며 점점 긴박함을 더해가는 시도라고. "우리가 정신의 주체성을 유지하기 위해 어떤 노력까지 불사할지 (…) 우리 자신을 계속해서 믿기 위해 어떤 짓까지 불사할지 궁금했어요." 요는, 그 반대를 향한 어정쩡한 희망에도 불구하고 선주민 문화는 '그 문제'에 특효약 같은 해답을 가지고 있지 않다는 거야. 오히려 라이트는 "생존을 위한 우리의 투쟁이 현시대에 우리가 처한 대재앙적 현실과는 비교도 안 되게 치열해질 것임을 의심치 않는다"라고 말해. 그렇기에 그는 자신이 100퍼센트 성공을 보장하는, 조상의 지혜로 포장한 쉬운 위안을 제공한다는 인상을 피하고 싶다고 했어. 그러면서 다음을 분명히 했어. “제가 지금 여러분께 전달하고자 애쓰고 있는 얘기는 저조차 힘겹게 고민하고 있는 내용입니다.”

라이트의 강연을 듣고 있자니 이 아이러니가 세계사급의 규모로 다가왔어. 몇세기 동안 식민화와 착취를 계속해온 유럽인들이 이제 와서 자기들이 모든 것을 수탈한 이들의 정신세계에서 구원을 찾기 시작했다니. 선주민 문명이 ‘그 문제’를 야기하지 않고서 6만년을 이어온 건 반박하기 어려운 사실이야. 반면에 선주민 문명의 수호자들이 “서구 문명”이라 종종 일컫는 것은 놀랍게도 고작 몇천년 만에 ‘그 문제’를 초래했지. 선주민에게서 땅을 강탈하고 그 땅 밑의 연료를 빨아낸 것이 거기에 일조했고. 바로 여기에 위험이 있어. 우리 서구인들이 석탄연료를 얻기 위해 선주민들 땅을 채굴한 것과 똑같은 방식으로, 즉 선주민이 아니라 서구세계의 탐욕스러운 번영 추구에 가장 적합한 선주민의 사상만 취해 교류하는 식으로 그들의 문화를 채굴해 해결책을 찾으려 한다면, 거기서 발견하는 구원이란 모두 미봉책에 불과할 것이며 우리 스스로에게 치는 또 하나의 덫이 되리라는 거야. 우리는 우리의 질문을 외주 줄 수 없는 것과 같이 답을 다른 어디에서 추출할 수도 없어. 라이트는 자신의 글쓰기를 논할 때마다 자신도 “지금 배우고 있다”는 점을 틈만 나면 강조해. 그리고 여느 훌륭한 교사라면 다 이렇게 말할 테지만, 진짜 배움은 우리가 배울 것을 미리 상정하지 않았을 때만 일어나지.

이 점을 꿈자취를 걷는 내내 여러번 곱씹어. 내가 뭔가를 찾으려고 용쓸 때마다 오히려 그것을 알아채지 못하는 것 같다는 사실을. 진정한 알아채기에는 기습의 요소가 있어. 예상치 못한 것을 만날 때 우리는 취약한 처지에 놓일 수밖에 없는 거지. 거기에 테크놀로지를 결합하면 끝장인 거야. 이미 본 것만 보게 될 테니까.

그러니 나도 이 편지에서 너에게 선주민들 사이에 전해 내려오는, 전원시에서 뽑아낸 것 같은 엉터리 처방약을 건네지는 않을게. 그러는 건 거짓되고 안이한 짓일 테니까. 내가 알려줄 수 있는 건 큰 그림에 들어 있는 약간의 주름, 내가 일부러 찾지 않았는데 알아챈 것들 정도야. 예를 들면 이런 것. 선주민들은 그들이 사는 환경과 감정적으로 연결되어 있다고들 하는데, 실제로 대니얼도 정확히 그런 용어를 써가며 그 얘기를 해. 그런데 사람들은 여기서 언급되는 감정이 사랑, 존경, 조화 비슷한 감정이라고 넘겨짚곤 해. 적어도 나는 한때 그렇게 넘겨짚었어. 내가 만나본 굴라라불루들은 그들의 땅을 사랑해. 지켜보는 내가 경외감이 들 정도의 충성심으로, 온 마음과 열의를 다해 사랑하지. 하지만 동시에 땅을 두려워하고 그 땅과 경쟁하거나 땅에게 인내심을 잃기도 해. 밤에 캠프지에서 만난 숙모들은 내게 특정한 나무들 밑에서 야영하는 건 피하라고 경고했어. 그 나무들은 재수가 없어, 라고 했지. 액운만 불러올 거라고. 그런가 하면 꿈자취 중간중간에 남자가 혹은 여자가 들어가면 안 된다는, 아니면 모두가 접근을 꺼리는 숲의 특정 구역을 지나기도 해. 그곳에 어린 혼들이 너무 위험해서 그렇다는 거야. 우리는 귀담아들었지. 때때로 부족 일원들이 물고기가 미끼를 물지 않는다고 답답해하거나 햇살이 너무 강해 땀이 많이 난다고 짜증을 내는 걸, 혹은 너무 오래 걷는다며 지루함을 슬쩍 티 내는 걸 엄청 의외로 느껴서는 안 돼. 오히려 바로 그런 것들이 내가 알아챈 땅과의 관계였어. 낭만화한 투사가 아닌, 훨씬 심오한 어떤 것. 바로 한 가족의 일원으로 살아가는 것—일상적인 면들, 다사다난함, 그리고 말로 못다 할 세세한 부분들까지—에서 나오는 감정 일체야.

논란이 한창이었을 당시 주지사가 모 TV 프로그램 인터뷰에서 조지프에 대해 그리고 시추 시설에 대한 굴라라불루족 입장에 대해 질문을 받았어. 조지프가 그 지역에 감정적으로 연결되어 있는 건 이해하지만, 이라고 이해하지 못하는 투로 그가 운을 뗐어. 하지만 그것이 우리 경제에 필요한 것을 가로막게 내버려둬선 안 됩니다. 마치 누군가가 납치를 저지르다 말고 상대방에게 '유감스럽지만 댁의 가족의 시장가치 때문에 납치할 필요가 있어서 그럽니다'라고 고지하는 것 같았어.

다음 세기에 너희 GDP에 커다란 구멍을 낼 것이 틀림없는 산업에 투자하는 계획의 장기적인 경제적 무모함은 잠시 제쳐두자. 주지사의 생각해주는 척하는 태도가 가장 명백히 드러낸 건 근본적 차이였어. 땅에 대한 애정과 깔봄의 차이가 아니라 땅에 대해 감정을 품는 것과 아무 감정도 품지 않는 것의 차이. 땅과 감정적 결속을 맺고 살아가는 일족과 그것이 무엇을 의미하는지 생각조차 해보려 들지 않는 공무원의 차이.

엿새째에 우리는 마지막 캠프지에 도착하고 이레째에는 다 같이 쉬어. 그늘에 돗자리를 깔고 눕거나 잡목림을 둘러보러 각자 흩어져. 나는 부족의 어린 사촌들 몇명과 함께 해안과 가까운 암초로 나가. 거기서 온종일 낚시할 작정이야. 도착해보니 썰물 때라 암초가 모습을 드러냈어. 바다를 향해 100미터는 족히 뻗어나간 초록빛 바위로 된 플랫폼이라고 할까. 내 또래인 사촌 한명이 손낚싯대 사용법을 가르쳐주겠다고 해서, 그에게 30분간 싸구려 플라스틱 낚싯줄 감개 다루는 법, 줄이 안 걸리게 손목 스냅으로 던지는 법을 배워. 나는 처음엔 영 헤매다가 곧 감을 잡고 그럭저럭 괜찮은 거리에 바늘을 드리우는 데 성공해. 사촌은 그 정도에 만족하고 낚시하러 저만치 가버려. 나는 낡은 티셔츠를 머리통에 둘둘 감은 그가 바위 끄트머리까지 나가 바닷물을 내려다보는 걸 바라봐. 그는 한 손에 불붙인 담배를, 다른 손에는 나무 작살을 들고 있는데, 작살을 던지려고 몸을 뒤로 젖힐 때는 눈을 가늘게 뜨고 담배를 입술로 꽉 꼬나물어. 다른 사촌들도 암초에 흩어져서 낚싯줄을 매만지고, 그러자 줄이 이리저리 틀어지면서 파도에 반짝반짝 빛을 반사해. 두시간 만에 그들은 고등어와 버터피시°와 조기 등 물고기 열댓마리를 잡아 노련하

° 비늘이 미끌미끌한 물고기의 총칭.

게 바늘을 빼고 조수웅덩이에 던져넣어. 그럼 물고기들은 그 웅덩이에서 작은 원을 그리며 뱅글뱅글 돌아. 나는 줄무늬농어밖에 못 잡지만 별로 신경 안 써. 여기에 나와 있는 것만으로, 파도의 물거품을 맞으며 가만히 서 있는 것만으로 만족스러우니까. 오후가 흐르면서 내 피부에 자취를 남겨. 낚싯줄 모양대로 탄 자국, 해의 뜨끈뜨끈한 열기, 팔뚝에 허옇게 말라가는 소금기. 암초를 빙 둘러 침 고이게 하는 굴이 점점이 박혀 있고, 나는 간간이 낚시를 멈추고 하나를 까. 바위가 워낙 거칠어서 샌들을 신었는데도 한보 한보 조심히 디디며 천천히 움직여야 해.

그날 밤 캠프로 돌아가보니 부족 어르신이 바다거북 한마리를 잡아왔더라. 거북 껍질이 잉걸불 위에 커다란 방패처럼 걸려 있어. 거북이 고기가 몇점씩 도는 동안 그들은 거북이를 잡은 모험담을 신나게 들려줘. 듣자 하니 처음 거북이를 발견한 삼촌은 아내가 임신 중이라 작살로 사냥할 수 없어서 동생을 불렀고, 그 동생이 작살을 어찌나 세게 던졌는지 단번에 등껍질을 꿰뚫었대. 이렇게 누구는 사냥을 해선 안 되고 언제 사냥을 하면 안 된다는 등 별의별 복잡한 금기가 많아. 많은 부족민이 저마다 신성시하는 동물, 가까운 혈육으로 여기는 동물이 하나씩 있어서 그 특정 동물은 살육을 자제해. 이런 토템신앙이 지속 가능한 환경 관리의 한 방편으로 기능한다는 주장이 있어. 한 철에 한 부족이 사냥하는 동물의 개체 수를 제한하는 기능을 한다는 거야. 하지만 굴라라불루는 '관리'보다는 관계의 측면에 초점을 맞춰서 이야기해. 경쟁과 호혜 관계, 서로 주고받는 관계, 너무 단단히 엮여 있어서 풀기 어려운 관계. 이 땅이 무엇이든, 황무지가 아닌 건 확실해. 마냥 내버려두고 있는 그대로 보존할 땅은 아니야. 상호작용하고, 느끼고 또 작살로 뚫고 응시하고 노래로 생명을 불어넣어야 할 곳이야. 가끔 '그 문제'가 끼친 측정 불가한 폐해를 떠올릴 때마다 내가 인간이라는 사실에 너무 가책을 느껴서 나라는 존재를 완전히 사퇴시키고 싶은 충동, '사람들'과 '자연' 사이의 모호한 선을 더 강화한 다음 그 벽 뒤로 숨고 싶은 충동을 느껴. 하지만 그건 절멸주의자와 자원채굴주의자 들의 환상이야. 우리가 연결들을 완전히 끊을 수 있을 거라는 환상, 한 세계를 택하고 다른 세계는 버리는 게 가능할 거라는 환상. 대니얼도 종종 말하지만, "땅에게는 사람이 필요해". 내가 수행할 역할이 엄연히 있는데 마음대로 사퇴할 수는 없어.

그건 그렇지만, 만약 대기업 측이 이겼다면 사측은 모든 수단을 동원해 그 단단한 타래를 풀어버리려고 했을 거야. 그 작업은 단계적으로, 일련의 개념 추출abstraction을 통해 진행됐을 거야. 제일 먼저 이 지역 땅이 흙으로 추출됐을 테고, 그 흙은 경지들로 추출됐을 테고, 그 경지들은 또 부지로 추출됐을 테고, 다음엔 모든 초목이 물리적으로 추출된 상태에서 부지가 마침내 시추 시설로 추출됐을 거야. 그런 다음엔 그 시설이 화석에서 연료를 추출하는 작업에 착수했을 테고, 연료는 다시 시장으로 추출됐을 테고, 시장은 그 연료를 통화通貨로 추출해내는 제 역할을 해냈을 것이고, 그 통화는 이후 파생상품이나 선물로 추출됐을 수 있어. 그리하여 이 과정의 끝에 가서는 원래 땅의 마지막 흔적이라고는 자본가들의 핸드폰 액정에 뜬 조그만 상징들, 보이지 않게 대기에 누적되는 미세한 입자 형태로만 남았을 거야. 누군가는 꿈자취 또한 추출이라고 주장할지 몰라. 혼이며 토템 따위가 등장하는 그 이야기들도, 믿기 어렵지는 않을지언정 원본과 멀어져 심히 난해abstruse해지지 않았느냐고. 하지만 그게 사실이라면 프루잇들이 하는 이야기들, 타네히시 코츠가 '꿈'이라고 일컬은 무한 성장과 천부권리라는 미신 같은 우화들도 똑같아. 꿈자취가 땅에서 뽑아낸 재료로 이야기들을 짓는다면, '꿈'은 자기네 이야기들로 땅을 경작하지. 다른 이야기들은 전부 침묵시켜야 하는, 단 하나의 세계만 담을 수 있는 협소하며 조화롭지 못한 이야기들로.

그래서 우리는, 그 침묵을 거스르며, 해변을 걸어. 우리는 이 땅을 기억하기 위해 걸어. 이곳이 될 수도 있는 무언가가 아닌 이곳 그대로를, 이곳이 주는 느낌 그대로를 기억하기 위해 걸어. 알아채고 싶어서, 아니 어쩌면 누군가가 나를 알아채줬으면 해서 걸어. 우리의 귀와 눈과 코와 입과 피부를 땅바닥을 향해 기울이려고 걸어. 땅이 그 귀와 눈, 코, 입, 피부에게 마침내 내키는 대로 이야기할 수 있도록. 왜냐하면 내 발을 벤 돌멩이를 추출하는 건, 낚싯줄로 감아올려 구워 먹은 물고기를 추출하는 건 더 어렵거든. 물론 이중 어느 것도 해결책은 아니야. 우리는 걷기만으로 '그 문제'에서 빠져나올 수 없고, 굴라라불루족이 문제를 해결하면서 우리도 데려가주기를 기대해서도 안 돼. 하지만 너의 미래가 점점 무르익어갈수록 어쩌면 걷기가 하나의 유용한 사고 형식이, 경작해볼 가치가 있는 존재고찰적 습관이 될 수도 있을 것 같구나. 아무 의도 없이 그저 가볍게 땅을 밟는 것. 상징들을 헤치고 흙을 디디며 걷는 것 말이야.

꿈자취 밟기 마지막 날 우리는 시추 시설이 들어올 뻔했던 곳에 도착해. 이곳 절벽은 아찔하니 높고 진한 붉은색을 띠는데, 그 밑에 서서 깎아지른 절벽을 올려다보며 그것이 구조됐다는 사실을 되새기면 그렇게 기쁠 수가 없어. 그리고 이건 당연한 얘기지만, 별 볼 일 없다던 주지사의 말은 틀렸어. 이곳에는 수백만년 된 공룡 발자국, 다른 발자취들이 남긴 고대 화석들이 사방 천지에 널려 있거든. 가장 큰 발자국의 폭이 1.8미터가량 되는데, 육지에서 산 동물 중 몸집이 가장 큰 것으로 추정되는 용각류° 공룡의 발자국이래. 멀리서 보면 꼭 바위에 생긴 거대한 조수웅덩이 같은데, 우리가 도착하니 대니얼이 그 한복판에 씩 웃으며 서 있지 뭐야. 굴라라불루족은 이 자취에 대해 오래전부터 알고 있었고 최근 들어서는 고생물학자들과 연합해 그 다양성과 범위를 기록화하고 있어. 만약 대기업 시설이 여기 들어섰더라면 이 자취들은 깡그리 사라졌을 테고, 그런 운명은

° 쥐라기에서 백악기에 번성한, 목이 길고 몸집이 큰 초식 또는 잡식 공룡의 총칭.

피했더라도 여전히 점점 높아지는 조수에 완전히 잠겨버릴지 몰라. 하지만 일단 지금은 우리 바로 앞에 있고 그렇기에 우리는 그들의 발자취 안에 우리 발을 포개.

근처에는 더 작은, 세 발가락 자국들이 뚜렷이 나 있어. 고생물학자들 말로는 수각룡°의 발자취래. 대기업의 눈에는 연료의 자취이고. 이 두가지 진실 모두 참이지만, 동시에 이것도 잊지 마. 우리가 이곳에서 혼이 땅을 박차고 하늘로 올라갔다는, 에뮤의 발자취를 목격한다는 사실.

° 뒷다리로 보행하는 육식성 공룡.

열기

처음에는 그저 마비감만 있었어. 단단한 껍질 같은. 그 안에 '그 문제'가 있고 '그 문제' 안에 네가 있었지. 깨고 나가보려 했지만 벽들이 너무 단단했어. 몇년간 강화해왔으니 그럴 만해. 나 자신에 맞서 세운 벽은 특히 더.

그래서 한동안은 그 껍질, 차갑고 반질반질한 그 표면만으로 어찌어찌 버텨야 했어. 그건 물리학자들이 암흑물질을 연구할 때처럼 오직 추론을 통해서만 관찰할 수 있는 것이었어. 그것의 부재로만, 그것이 전체 그림에 남겨놓은 구멍으로만 탐지 가능했지. 하지만 모든 부재는 형태가 있고, 그래서 시간이 지나면서 나는 그 윤곽을 더듬어볼 수 있다는 걸 깨달았어. 그 껍질의 무게가 내 눈꺼풀 뒤를 짓누르고 내 창자의 주름으로 밀고 들어오는 것이 느껴졌어. 너무 무거워서 거기에 네가 들어 있을 수밖에 없음을 알았지만, 별것 아닌 것 같았어. 모종의 비통함이 있어야 할 자리를 대신 차지한 텅 빈 원을 묘사하는 수많은 묵언의 진실들 중 하나로밖에 느껴지지 않았어.

그러다 이 편지를 쓰기 시작했어. 그 마비감의 형체를 설명하고 싶었고 너에게 이해시키고 싶었거든. 그런데 그 표면을 묘사할수록 거기에 간 금들을 알아채기 시작한 거야. 낱말들 사이의 간극보다 작은, 미세한 감정의 균열들을. 그 틈새에 글을 쓰기 시작했고, 그러면서 그 틈을 벌려보려고 낑낑댔어. 뭔가가 탁 부서지기를, 거기서 다른 뭔가가 쏟아져나오기를 바란 것 같아.

* * *

한 10년 전, '그 문제'가 아직은 새로웠던 시절에 나는 열기라는 감각에 주의하기 시작했어. 그것이 징후 중 하나에 불과하다는 것, '그 문제'가 기온 문제보다 훨씬 크다는 것은 알았지만 당시에는 '그 문제'의 명백함을 마주할 가장 쉬운 방법이었어. 날마다 최고기온 기록을 경신하던 무렵에는, 그런 날이 점점 많아졌는데, 일부러 밖에 나가 돌아다니면서 태양이 내 머리를 폭격하고 어깨를 짓누르는 걸 느껴봤어. 기온을 두 눈으로 확인하기 위해, 그것이 내 걸음걸이를 늘어지게 하고 내 발꿈치를 거쳐 다른 데로 흡수되는 걸 똑똑히 느끼기 위해 몇 블록이고 걸었어.

바깥이 후끈하면 모든 것이 축축 늘어져. 행사는 느릿느릿 진행되고 소리도 끈적한 시럽을 통과하듯 불분명하게 들리지. 그런데 열은 사실 어떤 면에서 속력과 같아. 10의 42승개의 분자가 점점 빠르게 진동하면 온 세계가 더 높은 파동으로 진동하게 된다는 점에서. 나는 그것을 가라앉히는 법을 알아내지 못했어. 그래서 두꺼운 커튼 여러겹을 뚫고 나가듯 온기 속에서 그저 걷고 또 걸었지. 더이상 피부로 감지되지 않을 때까지 얼굴로 커튼을 차례로 밀어젖히며 나아가는 것 같았어. 이것도 마비감의 한 증세였지만 동시에 일종의 틈새이기도 했어.

이런 날에는 사람들이 좀처럼 밖으로 나오지 않아서 인도가, 뜨겁게 달궈지는 그 콘크리트 한줄 전체가 몽땅 내 차지일 때가 많았어. 그래도 가끔 저만치에서 누군가가 마주 오는 걸 발견하면 상대방과 교류해야 한다는 압박, 방 안의 코끼리를 가리키고 넘어가야 한다는 압박이 평소보다 더 강하게 들었어. 믿기지 않죠, 우리는 서로에게 이런 말을 하면서 땀 맺힌 고개를 절레절레 흔들었어. 믿음은 이미 오래전에 중요치 않은 것이 됐는데도.

사실 내가 이 편지를 쓰려고 그동안 쓴 메모를 정리하기 시작한 날도 숨이 턱턱 막히도록 더웠어. 나는 떠오르는 아이디어를 전부 작은 포스트잇에 적은 다음 거기에 모종의 구조를 부여하려고 벽에 여러 패턴으로 붙여봤어. 그런데 하나를 붙이자마자 열기 때문에 회반죽 벽에서 다른 하나가 스르륵 떨어졌고 그렇게 하나씩 포스트잇이 전부 떨어져 바닥에 수북이 쌓이더라. 그걸 다시 정리하는데 뭐가 어느 자리에 있었는지, 이 쪽지가 저 쪽지랑 어떻게 연결됐는지 통 기억이 안 나는 거야. 그래서 두배로 절망했지. 내가 쓴 어떤 글도 발치에 힘없이 쌓인 포스트잇 더미보다 더 현실적으로 '그 문제'를 소환해내지는 못할 거라는 생각이 들었거든.

퀴어이론가 이브 코소프스키 세지윅Eve Kosofsky Sedgwick은 말년이 되어서 앎과 깨달음의 차이에 대해 중요한 에세이를 썼어. "뭔가를 아는 것—나아가 뭔가가 진실임을 아는 것—과 그것을 깨닫는 것, 실제인 것으로 받아들이는 것의 차이"에 대한 글이야. 이 간극을 무시한 것이 서구식 사고의 치명적 결점 중 하나이며 우리는 자주 그런 식으로 진실을 현실로 혼동하곤 한다고 그는 지적했어. 그 두가지는 서로 매우 다른 것이라고. 진실은 머리에서 스위치가 번쩍 들어오듯 이원적이고, 지적이고, 즉각적인 철저히 인식론적인 작용이야. 반면에 깨달음은 과정이지. 훈련을 통해서만, 그것도 종종 긴 기간에 걸친 훈련으로만 이루어질 수 있어.

어떤 것을 몇달 또는 영겁의 시간 동안 알고 있으면서도 결코 깨닫지는 못하는 것도 가능해. 한 예로, 우리가 명상 수련을 시작하면 처음에 지도자가 한가지 진실을 말해줘. 만물의 일시성, 자기自己라는 착각에 대한 진실이야. 그런데 이 진실을 듣는 것은—나아가 그걸 '믿는 것'은—그걸 진짜인 것으로 받아들이는 능력과 거의 아무런 상관이 없어. 세지윅은 말하지. "불교 수행을 한다는 것은 결국, 수행 초반부터 대부분 익숙했던 명제적 진실들로 이루어진 일단의 이해 사항을 깨달으려고 노력하는 데 가능한 모든 시간을 들인다는 뜻이다.”

이 에세이를 집필하기 몇달 전 세지윅은 말기 유방암 진단을 받았어. 그가 이러한 결정적 간극에 최대한 접근할 수 있었던 것은 죽음이 목전에 닥쳤기 때문이었어. 세지윅은 죽음이 “정신적 왕복이 반복되는 가운데, 사람은 죽는다는 사실의 **앎**과 그것의 **깨달음** 사이의 거리를 불가피할 정도로 또렷해지게 한다”고 썼어.

그럼 인간이 지금껏 발명했던 것들 중 가장 포괄적 형태의 죽음인 ‘그 문제’에 대해서도 똑같이 말할 수 있지 않을까? 기후위기 부인론자들을 훈계할 때처럼 일반적인 얘기를 하는 게 아니야. “깨어나”서 ‘그 문제’의 진실을 직시하라는 둥 하는 얘기가 아니라고. 여기서 핵심은, 우리 대부분에게 ‘그 문제’가 진실에 **불과**하다는 거야. 우리가 그것을 명제적 형태 안에 포획하고 그래프들의 막대 뒤에 가뒀을 뿐이라고. 하지만 세상의 모든 그래프를 분석해도 결코 ‘그 문제’를 완전히 **깨달을** 수는 없어. 적어도 우리가 화재경보음이나 지진의 진동을 인식하는 것과 같은 식으로는 말이야. 이것은 앎과 무지 사이보다 더 큰 골이야. 비록 우리가 입에 덜 올린다 해도. 너무 빤해서일 수도 있고, 어쩌면 그 간극을 메우기가 더 힘들어서 그런지도 모르지. 그 대신 우리는 계속해서 ‘열기’라는 단어를 써. 그 단어를 사용하는 게 그 단어의 지시 대상이 종이를 축 늘어지게 하는 것을 느끼는 것과 결코 똑같을 수 없는데도.

세지워이 말하는 골 안에 들어가 있으려면 엄청난 마음의 불편이 따를 거야. 자기 자신이 너무나 명백하게 살아 있는 동시에 너무나 평범하게 죽음을 향해 가고 있음을 느껴야 하니까. 넘치는 경험—그 계속되는 기분과 색채의 향연—너머를 내다보고 이후에 오는 것이 무無임을, 심지어 암흑도 아니고 그저 빛의 부재에 불과함을 깨달아야 하는 거지. 그럼 어떻게든 이 불일치를 해소하려는 유혹이 들게 마련인데, 그러기 위해 많은 이들이 죽음이 다가온다는 사실을 그저 외면하면서, 삶의 덧없음과 싸우지 않으려고 삶 속으로 파고들곤 해. 하지만 여기서 취할 수 있는 또다른 행동이 있고, 나는 이편이 더 유혹적인 마비감을 안겨주는 것 같아. 책의 결말을 알려고 미리 후루룩 넘겨보듯, 죽음을 중심에 두고 삶은 부차적인 것 취급하는 거야.

나도 이런 마비감에 굴복한 적이 몇번 있었어. 죽음의 확실성이 '그 문제'의 어마어마함을 담을 최고의 그리고 어쩌면 유일한 껍질인 듯 보일 때가 있었거든. 대학 마지막 해에 『인류세에 죽는 법 배우기』*Learning to Die in the Anthropocene*라는 에세이를 읽은 기억이 나. 이라크전 참전 퇴역군인인 저자 로이 스크랜턴Roy Scranton은 침공 후 바그다드로 차를 몰고 들어가면서 "미래를 향해 달려가는 기분을 느꼈다"고 해. 바그다드가 "지옥의 환영처럼 사막 한가운데 우뚝 솟아올랐다. 정유공장 탑들 꼭대기에서 솟구친 불길이 멍든 하늘을 핥았고, 거인 같은 거대 건축물들이 여기저기 툭 튀어나와 지평선에 비스듬히 누워 있었으며, 부서진 고가도로들이 망가진 교외 주택가와

폭격 맞은 공장, 폭이 좁은 오래된 길 위로 훅 주저앉거나 무너져 있었다"고 묘사했어. 스크랜턴은 총 4년을 이라크에서 복무했어. 자신이 죽을 수도 있다는 매우 현실적인 가능성을 받아들이기 위해 그는 매일 아침, 마치 세지윅이 말한 간극을 의지력만으로 좁히려는 듯, 자기 죽음의 불가피성에 대해 명상했어. "내가 사제폭탄에 날아가는 상상, 장거리사수의 총탄에 맞는 상상, 불타 죽는 상상, 탱크에 깔리는 상상, 개들에게 갈기갈기 물어뜯기는 상상, 생포되어 참수되는 상상, 이질에 걸려 죽어가는 상상을 했다. 그렇게 한 다음 기지 정문을 통과해 시내로 나가기 전, 스스로에게 걱정할 필요 없다고 읊조렸다. 왜냐하면 나는 이미 죽었으니까."

스크랜턴이 복무를 마치고—살아서—귀향한 지 2년 된 해에 허리케인 카트리나가 뉴올리언스를 덮쳤고, 그가 속한 공수부대가 폭동 발발을 막기 위해 현지에 배치됐어. 꼭 이라크전이 눈앞에 재현되는 것 같았대. 그러면서 말하기를, "이번에 '충격과 공포'를 불러온 것은 기상 조건이었지만 바그다드에서 본 것과 똑같은 혼돈과 도시 붕괴, 똑같은 개발 계획의 실패와 똑같은 무정부 상태의 물결이 보였다"고 했어. 그는 '그 문제'의 손에 맡겨진 미래는 꼭 이런 모습일 거라고, 그저 기나긴 사후 여파, 사회적 불안과 제도 붕괴로의 불가피한 몰락일 거라고 주장했어. 그러니 환경운동은 시간 낭비이고 우리에게 남은 실제적 선택지는 애도하는 것뿐이라고. 그 어떤 기술적 타개도, 그 어떤 승산 희박한 사회 반란도 이제는 늦었다고. "이 문명은 이미 죽었다는 것을," 그리고 "우리가 스스로를 구하기 위해

할 수 있는 일은 아무것도 없다는 것을" 깨달아야 한다고 했어.

『인류세에서 죽는 법 배우기』는 2013년 에세이로 출간됐어. 공교롭게도 허리케인 샌디가 미국 동부 해안을 쑥대밭으로 만든 지 얼마 안 된 시점이라 스크랜턴의 미래 전망에 신뢰성을 실어줬지. 나는 그런 논지가 한편의 글로 발표된 것을 그때 처음 읽어봤어. 날것의 회의주의가 충격적으로 다가왔지. 스크랜턴이 말해서는 안 될 것을 말하고 있는 것 같았고 판도라의 상자를 열어버린 것 같았어. 노트북을 닫고 동네를 한바퀴 돈 기억이 나. 돌고 와서 다시 읽으면 그 내용이 어떻게든 알아서 삭제되어 있어서 내 기억에서도 그 결론을 씻어낼 수 있기를 바랐어.

대신 그 내용은 머리에 각인되어버렸어. 오래도록 스크랜턴의 글은 내가 '그 문제'에 대해 취할 수 있는 태도의 스펙트럼에서 한 극단을 상징하게 됐어. 그것은 절망의 순간을 맞을 때마다 내가 '뒤로돌아' 하는 지점이었어. 인구억제주의에 혹했던 순간이라든가 데이비드 버켈처럼 나도 자살할까 생각했던 순간, 멸망이 이미 일어난 일인 양 너무나 확실한 미래로 느껴졌던 순간이지. 이 마비감은 트럼프 당선과 함께 정점에 이르렀어. 트럼프가 대통령으로 취임한 후 몇달 동안 "이미 죽은 목숨인걸"이라는 구절이 머릿속에서 울리며 만트라처럼 되풀이됐어. 희망 없는 상황을 헤쳐나가는 한가지 방법이었지. 화상회의에 참석하면서 속으로 **"나는 이미 죽은 목숨인걸"** 하고 중얼거렸어. 또 한차례 주 의회를 상대로 지금이야말로 뉴욕이

'그 문제'와의 투쟁에서 앞장설 때라고, 나조차 100퍼센트 확신하지 못하는 투로 설명할 때도 **"나는 이미 죽은 목숨인걸"** 하고 속으로 중얼거렸어.

한동안은 정말로 효과가 있었어. 죽은 상태가 성패에 달린 무게를 줄여주고 걸림돌들을 덜 모나게 다듬어줬거든. 당장이라도 패닉에 빠질 것 같을 때마다 마치 무덤에서 세상을 돌아보며 인간의 어리석음에 고개를 젓는 것처럼 아쉽지만 어쩌겠느냐는 태도로 전환할 수 있었어. 몇달간 이런 기분에 빠져 멍하니 살았어. 지금 보니 그건 비통함의 변종이었던 것 같아. 당시에는 무중력 상태인 느낌에 더 가까웠지만. NY리뉴스 일을 계속하고 이메일 답신도 한번 빠트린 적 없지만, 유체이탈 상태로 살아가는 것 같았어. '그 문제'의 주변을 맴돌며 스토킹하는 유령, 이미 귀신 들린 집에 들러붙은 귀신이 된 것처럼 말이야.

이런 태도는 오래 유지하기가 불가능했어. 시간이 흘러, 필연적으로, 나는 잠시 떠났던 내 몸으로 돌아왔어. 그 몸은 여전히 살아 있었고, 내 정신이 엉뚱한 데서 헤매는 동안 조용히 자기를 먹이고 쉬게 하고 있었어. 나는 마음 놓고 다시 일에 파묻혔고, 내 등에 얹힌 성패의 무게를 은근히 느끼면서 그것이 나를 앞으로 떠밀게 내버려뒀어.

'그 문제'에 대한 스크랜턴의 기본적인 평가를 안 믿게 된 건 아니야. 그냥 시간이 지나면서 죽음을 인정하는 것과 죽음에 **굴복하는** 것의 차이를 느끼기 시작했을 뿐이지. 스크랜턴의 대응은 내가 느끼기에 너무 패배주의적인 면, 행위주체성을 포기한 듯한 면이 있었어. 내가 그걸 마침내 거부했을 때 그건 거의 자동적인 경험이었어. 잘못 삼킨 것을 기침으로 뱉어낸 것과 같았지.

왜냐하면 당연히 종말은 언제가 됐든, 어떤 형태로든 오겠지만 그것을 연기하는 게 지금 우리가 하는 일의 목적 아니니? 바로 이 마찰, 죽음이 온다는 사실과 살고자 하는 의지 사이의 마찰에서 생겨나는 인간 경험에 어떤 근원적인 불꽃, 본질적인 불꽃이 있었던 것 아니니? 프루잇들이 이 가장 중요한 긴장마저 빼앗아가게 내버려두지 않겠다고 나는 굳게 결심했어. 그들이 이미 해안과 계절 들, 범람한 물에 쓸려내려간 수많은 목숨들을 앗아갔지만 최소한 이것만큼은 그 망할 놈들이 절대 손대지 못하게 하겠다고. 나는 삶에 죽음을 계속해서 비벼대겠다고 각오했어. 그것들이 그러다가 함께 타오를 때까지, 하나로 융합될 때까지. 내가 뭐라고—그렇게 따지면 스크랜턴이 뭐라고—이 불꽃들이 꺼지게 하겠니? '그 문제'의 앙다문 턱 안에, 바싹 말라버리거나 다 타버리거나 물에 잠긴 땅에 죽음과 삶을 여전히 엮어둔 채 살아가는 사람들이 수백만명이나 있는 마당에. 이들은 이미 죽은 목숨이 아니었어. 아직 살아 있는, 눈에 불을 켜고 살아 있는 사람들이었고, 그들이 아직 포기하지 않았다면 우리도 포기할 수 없는 거야.

* * *

편지가 마무리되어가는 지금, 내가 왜 이런 식으로 줌아웃할 생각이 드는지, 왜 지금까지의 발자취를 되짚어봐야겠다고 느끼는지 모르겠다. 아마 너에게 마지막 조언을 한마디 남기고 싶었나봐. 이런 유의 편지가 으레 그러잖아. 아이를 수취인으로 하는 편지는 대부분 평생 쌓아온 교훈을 전달하고 싶어하는 사람이 쓰잖아. 나이 들고 지혜로운 부모라든가 은퇴한 스승 같은 사람. 딱 봐도 나는 둘 다 아니지. 하지만 '그 문제'가 모든 것을 가속하고 있기에 고작 이십대에 서둘러 너에게 편지를 써야겠다는 생각이 들었어. 나 자신도 아직 '그 문제' 주위를 빙빙 돌며 내가 어쩌면 끝을 볼 수 없을지도 모를 길을 더듬더듬 밟아가고 있는 주제에 말이야.

그렇지만 혹시라도 쓸모 있을 경우를 대비해, 길 찾는 과정에서 깨달은 조언 하나를 건넬게. 우리 미래의 전망을 그 끝에 불타는 도성이 기다리고 있는 한가닥 도로로 여기지 말 것. 왜냐하면 비록 많이 위태로워지긴 했지만 오히려 나에게는 미래가 여전히 한줌의 가능한 결말들 안에 쫙 펼쳐진 부채로 보이거든. 대부분은 아마 무서운 시나리오겠지만 그중 어느 것도 전적으로 예측 가능하지는 않아. 이 불확정성에 바로 잠재성이 있어. 아직 운동을 해나갈 여지가 있다는 얘기지. 그러니 이 시점에 스크랜턴의 수동성을 참고 받아들여야 한다는 의무감을 갖지는 마. 우리가 처한 위험들이 얼마나 심각한 지경에 이르렀건, 경고들이 얼마나 긴급한 수위에 이르렀건, 그것들은 결코 너의 미래를 숙명 따위의 편협한 것으로 깔아뭉개지 못할 거야.

그렇다 해도, 꼭 그렇게 될 것만 같은 나날이 분명 있을 테니 여기서 언급하고 넘어가야겠다. 그 절망적인 대선 다음 날 아침, 내 미래가 정말로 납작하게 뭉개진 것처럼 느껴졌던 순간이 떠올라.

출근할 의지는 없고 그렇다고 혼자 있기는 싫어서 브루클린에 사는 동생에게 전화를 걸었어. 역설적이게도 동생의 정신 기저에 깔린 불안이, 세상의 진실들이 작당해 불안할 만하다고 몰아갈 때마다 놀라운 차분함을 안겨주는 것 같더라고. 그날은 내 불안이 정말이지 미친 듯이 허둥대며 세상을 대안적 상황에 욱여넣으려는 것이 느껴졌어. 우리 집으로 와, 동생이 대뜸 말했어. 「멜랑콜리아」 마지막 장면의 키어스틴 던스트 캐릭터처럼, 마음을 달래주는 어조에 뭐든 거뜬히 해결할 수 있을 것 같은 투였어. 나는 동생에게 사랑한다고 말한 다음 브롱크스에서 지하철을 타고 당장 달려갔어.

그날 지하철에는 전에 없던 유의 침묵이 내려앉아 있었어. 어딘지 더 뾰족하고 더 얼어붙을 듯한 침묵이었지. 사람들은 한곳에 시선을 고정하고 미동도 하지 않았어. 구석 자리에서 한 여자가 울고 있었는데 아무도 반응하지 않더라. 우리 전부 마비가 된 것 같았지. 조금이라도 잘못 움직이면 모두 다 그대로 부서질 것 같았어.

도착해보니 동생은 조운이라는, 아는 사람의 아기를 봐주고 있었어. 나는 몇시간 동안 거실 카펫에서 뒹굴었고 조운은 그런 나를 넘어다니거나 이런저런 플라스틱 장난감을 제 입에 집어넣으며 내 옆에서 꼬물거렸어. 내 안에서 마비감이 닻처럼 묵직하게 나를 거실

바닥으로 끌어내려 고정했어. 좀 움직여볼까 했지만 어떻게 그럴지, 왜 그래야 하는지 모르겠더라. 그래서 그냥 죽은 기분으로, 죽지 않은 걸 알지만 차라리 죽었으면 하면서 대자로 누워 있었어.

시간은 흘러 오후가 됐고 우리는 기운을 쥐어짜내, 아기를 유아차에 태워 밖으로 나갔어. 그날은 부슬비가 내렸고, 동생은 우리를 몇 블록 떨어진 프로스펙트 공원으로 데려갔어. 우리는 버드나무가 가장자리를 두른 오리 연못 둘레를 계속 돌다가 몇달 뒤 데이비드 버켈이 목숨을 끊을, 미로처럼 구불구불 펼쳐진 인적 없는 산책로로 들어가 발길 가는 대로 걸었어. 아기 조운은 유아차 차양 아래에서 토실토실한 손가락으로 다람쥐나 쓰레기통 따위를 가리키며 그것들의 이름을 외쳐댔어. 그럴 때마다 내 동생은 미소 띤 얼굴로 허리를 숙이고 아기의 주의를 끈 것을 같이 손가락으로 가리켜 보이더구나. 상황이 상황인지라 나에게는 그런 활달함이 거의 영웅적인 위업으로 느껴졌지. 반면에 나는 조금도 쓸모가 없었어. 이미 나만의 세계에 빠져, 유아차가 산책로에서 벗어나지 않게 하는 데만 간신히 신경을 쏟았지.

우리는 남은 오후를 그렇게 정처도 없이 부슬비 속에 터벅터벅 걸으며 보냈어. 해가 구름 뒤에 숨었다 나오기를 반복했어. 아기 조운은 변하지 않은 것들을 하나씩 하나씩 짚었어. 벤치, 가로등 기둥, 풀에 맺힌 물기. 온전히 무심한 것들이면서 무심할 만치 온전한 것들 모두. 미래가 부르르 몸을 떨었지만, 그래도 무너지지는 않은 것 같았어.

* * *

그날 이후 몇달간 가두시위나 전체 공지 이메일, 황급히 인쇄한 저항운동 가이드라인 등에서 새로운 분위기가 묻어났어. 모두가 서로에게 일어나서 맞서 싸우라고, 화를 내고 행동하라고 격려하기 시작했어. "슬픔에 빠져 있지 말고 시위를 조직해!" 우리는 자신에게 또 서로에게 몇번이고 이렇게 말했어. 정확히 스크랜턴의 반대였지. 다 같이 그가 연 판도라의 상자를 도로 쾅 닫고 안 보이는 데에 치워버린 뒤 다시는 그 안을 안 들여다볼 기세였어. 그래서 입을 열 때마다 암묵적 규칙을 따르듯 문장 끝에 희망적 어조를 더했어. 나중에는 가장 진심 어린 낙관적 표현마저 금세 거의 무가치한 배려, 보통은 형식적으로 주고받는 싸구려 신념으로 과장될 지경이었어.

그런 충동이 이해가 갔고, 나 자신도 강하게 느꼈어. 당시 벌어지고 있는 일을 **현실**로 받아들이는 건 고사하고 진실로 받아들이는 게 그만큼 힘들었으니까. 하지만 마음 깊은 곳에서는 그런 식으로 오래 가지 못할 것을 알았어. 스크랜턴이 죽음의 가능성에 굴복했다면 우리는 그것을 그냥 외면하면서, 그 너머에 뭐가 있을지 생각해보기를 거부하면서 바리케이드를 향해 돌진하고 있었으니까. 그러는 데 들이는 기운은—분명 기운이 들었거든—부서지기 쉬운 종류, 언제든 무너질 것처럼 너무 바짝 힘이 들어간 종류로 느껴졌어. 우리가 저항하며 주먹을 치켜들 때 또는 구호를 외칠 때 우리가 맞서는 대상이 '그 문제'라고 언제나 확신할 수는 없었어. 어쩌면 그 무렵 비통함이 또다른 형태의 조수임을, 그것 역시 댐에 가두어질 수 있음을 이미 깨달았기 때문인지도 몰라.

그렇다면 두가지 선택지가 있었어. 애도하거나 운동 조직하기. 조용히 눈물 흘리거나 일하기. 우리가 실제로 마주한 '그 문제'의 절망적 진실을 속속들이 인정하거나, 즉 마음속에서조차 더는 달아날 곳이 없게 그것이 우리를 둘러싼 벽들을 무너뜨리고 포기 선언을 잠식시키게 하거나 아니면 앞으로 다시는 그것을 직시하지 않고 대신 여느 홍수 방벽처럼 그 뒤의 유수流水를 전혀 드러내지 않는, 우리가 직접 둘러친 껍질만 봐도 되도록 희망이나 용기, 결단 같은 이름표를 붙인 무언가 뒤에 댐을 둘러치기.

나는 몇년 동안, 다 포기하기엔 그래도 희망이 남아 있고 용감한 척하기엔 너무나 희망이 없어서 이 두 선택지 사이에서 갈팡질팡했어. 애도하면서 동시에 조직가로 활동도 하고 싶었지만 그 두가지가 서로를 방해한다는 생각에 사로잡혀 둘 다 제대로 할 수 없었어.

이제 선택 따위 치워버리라고 해. 나는 거부하겠어. 네가 그 덫에 걸려들지 않게 무슨 짓이든 할 거야. 그건 끔찍하고 답이 없는 이분법이야. 더 심한 건 그게 거짓이라는 거야. 나는 더는 애도와 저항이 상호배제적이라고 믿지 않아. 그뿐만 아니라 나는 전자가 후자에 **필수**라고 생각하고, 나아가 자신에게 솔직한 슬픔은 어쩌면 진짜 싸움을 가능케 하는 **유일한 동력**이라고 생각해. 싸우지 않고 애도하는 건 우리가 발을 들여야 할 바로 그 순간에 나가겠다고 신호하는 것이지만 애도 없이 싸우는 건 유령과 드잡이하는 것, 자신이 한번도 제대로 인식한 적 없는 상대를 저지하려 드는 것과 다름없어. 왜냐하면, 실제인 것으로 여기지 않는 '문제'를 어떻게 해결하겠니? 자기 안에 마침내 댐이 무너진 느낌, 그동안 제 몸처럼 여겼던 도시를 홍수가 집어삼키는 느낌이 들지 않는다면 어떻게 '그 문제'를 실제 문제로 여기겠니? 그것이 나의 모든 계획과 추정을 물에 잠기게 하고 더 이상 알아볼 수 없을 때까지, 그저 수면 위로 비죽 솟은 기이한 형체에 불과할 때까지 침수시키는 것을 보지 못한다면. 그런 뒤 모든 것을 물이 뚝뚝 흐르고 한바탕 물에 빠졌다 나온 상태로, 어째선지 완전 새것인 동시에 철저히 망가진 채로 남겨놓는 것을 보지 못한다면 어떻게 이 일을 해나가겠니.

온몸의 털이 쭈뼛 서는 전망이지만, 과연 다른 길이 있나 모르겠구나. '그 문제'와 진지하게 맞서 싸우려면 먼저 그것을 받아들이는 수밖에. 여기서 받아들인다 함은 그놈을 질질 끌어다 앉혀놓고 네가 눈 깜빡이지 않고 그것을 직시할 수 있을 때까지, 그놈의 무게가 너의 일부가 될 때까지 심란함과 고통과 좌절을 느끼는 지점들을 극복하면서 같이 앉아 있어야 한다는 뜻이야. 이렇게 보면 '어떤 것을 받아들인다'는 건 지나치게 수동적인 표현이지. 지금 내가 얘기하는 건 초과물을 부서뜨리지 않고서 네 마음에 들이는 일에 가까우니까.

이 형식적 조언에 뭔가 직관에 반하는 부분이 있다는 건 나도 알아. 비통함 자체를 무슨 시름을 없애주는 약처럼 들이켜라지 않나, 다가올 폭풍들에 대비해 마음 단단히 먹으라는 게 지배적인 금언인데 오히려 마음을 누그러뜨리라지 않나. 그런데 나는 아예 네가 마음을 단단히 먹지 않았으면 좋겠어. 단단히 무장하는 건 프루잇들이 하는 짓이거든. 엄연한 사실과 감정을 앞에 두고 무작정 이를 악무는 것 말이야. 앎과 깨달음 사이의 간극은 거대하고 그것을 좁히려면 엄청난 세월이 걸린다지만, 그래도 자신을 다정히 대하려고 노력해야 해. 이건 너에게만이 아니라 나에게도 하는 말이야. 불일치가 너무 싫은 나머지 그것을 호기심이 미치지 않는 곳으로 치워버리거나 쉽게 없애버리려 하지 않아야 해. 세지윅이 참 현명한 의견을 제시했지. "어쩌면 가장 큰 변화는 혐오가 존중으로, 앎과 깨달음 사이 불투명함의 지극한 평범성에 대한 존중으로 바뀔 때 일어날 수 있다"고.

최근에 정신과의 르네 러츠먼Renée Lertzman에 관한 기사를 읽었어. 러츠먼은 본인이 "환경 우울증"environmental melancholia이라고 명명한 분야의 전문가야. 러츠먼은 다음과 같은 조언을 했어. '그 문제'에 대해 진솔한 대화를 하려면 먼저 그 무게를 인정하고 마음의 댐을 조금 무너뜨리는 것이 도움 된다고. 시인하기와 동정하기 중간의 어디쯤에서 "젠장, 이거 정말 장난 아닌데" 같은 한마디로 말문을 트면 "많은 양의 에너지가 분출되면서 문제 해결 태세로 옮겨갈 수 있다"고.

슬기로운 조언이고, 내가 한동안 노력해온 것과도 대충 일치해. 정신적 취약함의 공통 기반을 마련하고 거기서부터 출발해 '그 문제'를—단순히 거슬리지 않게 대충 뭉갠 표현인—'시사 문제'로만이 아니라 실제 경험에 근접한 것으로서 논의해나가기 시작하는 것.

하지만 너무 빠르게 이런저런 것들을 도구화하는 것도 나는 경계돼. 비통함을 '그 문제'와 싸우는 도구로, 우리 일에 활용할 수 있는 뭔가로 변환하는 데 너무 열성적인 게 아닌가 하는 우려가 들어. 마치 두려움과 슬픔을 추출하고 태울 자원, 러츠먼의 표현대로 "많은 양의 에너지를" 내기 위해 소진할 또 하나의 자원으로 보는 것 같아서. 내가 이 얘기 했지. 허리케인 마리아가 덮친 직후, 그렇게 하면 할머니의 목숨을 앗아간 형태의 폭풍을 언젠가는 누그러뜨릴 수 있지 않을까 하는 마음에 들을 생각도 없는 주지사 앞에서 내 친구가 할머니의 죽음을 애가哀歌로 지어 읊는 모습을 지켜봤다고. 그리고 나 자신이 수없이 많은 날 노트북 앞에 웅크리고 밤샘 작업을 하면서 비통함을 일로 전환하고 다시 그것을 비통함으로 전환하는 것을 보기도 했어. 꼭 이렇게 할 필요는 없다는 걸 너에게 말해주고 싶어. 네가 느끼는 감정의 타당함은 운동에서의 유용함으로 환원 가능한 것이 아니라고. 두려움과 슬픔은 훌륭한 도구로 이용될 수 있지만 그 자체로 존재하는 것들이기도 해. 돌이나 동식물 껍데기, 흙덩이처럼 무게가 있으나 그 자체로 궁극의 목적은 아닌 것들이야. 그것들을 가지고 다른 뭔가를 만들지 않아도 돼. 그것들을 사용해 뭔가를 짓지 않아도 돼. 원한다면 그것들이 네가 훗날 읽을 수 있는 지질층으로 융합하게, 그대로—내면의 지질 상태로—내버려둬도 돼.

너에게 편지를 쓰다보면 가끔 바로 위 세대와도 소통하고픈 마음이 들어. 그래서 얼마 전부터 부모님에게 더 열린 태도로 다가가려고 노력하고 있어. 부모님이 전화했을 때 내가 느끼고 있던 감정이 비통함이라면, 러츠먼의 조언대로 처음부터 그렇게 말해. 사실 전화통화로는 고스란히 전해지지 않는 것 같아. 보통은 내가 실제로 느끼는 것보다 더 냉담하게, 그냥 사실을 전달하는 것처럼 들려.

그래도 두분은 늘 동정적으로 귀를 기울이고, 진심으로 공감하려고 애쓰셔. 자신을 벌해서는 안 된다고 하고, 나 혼자 오롯이 짊어져야 한다고 생각하지 말래. 우리가 어떻게 해야 네 기분이 나아질까, 늘 이렇게 묻지. 아버지는 조깅을 권하고, 어머니는 넷플릭스에서 재미난 영화를 보래. '그 문제'에서 신경을 돌릴 수 있다면 뭐든 하래. 내가 이렇게 비통해하는 걸 보기 힘들어서 그렇대. 이러는 게 생산적인 마음가짐은 아닌 것 같다고.

동의하지는 않지만 그 마음 이해해. 걱정돼서 그러는 거잖아. 내가 부정적 감정에 빠져 있는 걸 원치 않으시고. 두분의 애정표현 방식이야. 내가 '그 문제'에 대해 얘기하려고 할 때마다 두분은 결국 또 내 얘기만 하게 되는 거지.

너를 낳는 것에 의문을 품은 적이 있다는 것도 진즉에 털어놓았어. 두분이 입 밖에 내지는 않았지만 네가 태어나길 바란다는 걸, 언젠가는 너를 품에 안아보고 싶어한다는 걸 알아. 내가 깨달음에 너무 깊이 침잠하면 이 가능성이 완전히 사라질까봐 걱정하는 것도 같고. 두분이 모르는 건, 사실은 정반대라는 거야. 마비감을 그대로 방치하면 네가 거기에 영원히 갇혀 있게 되리라는 것. 만일 네가 태어난다면 그것은 반드시 어떤 틈을 통해, 거기서 봇물이 터지듯 나오는 모양새가 될 거야.

이런 불안은 부모님을 제외하고 다른 베이비붐 세대에게는 거의 털어놓지 않아. 그 세대는 '그 문제'를 의식하며 자라난 세대가 아니고 '그 문제'가 온통 전이될 때까지 살아 있지도 않을 테니까. 보통 나이 오십대 이상인 사람들은 아이를 낳을까 말까 고민하지 말라고 해. "'그 문제'를 해결하는 건 **그애들** 세대일 테니까!" 별게 다 고민이라는 듯 환히 웃으며 그들은 이렇게 말해.

이런 태도는 질색이야. 아무렇지 않게 책임을 전가하는 걸 봐. 자기 세대는 책임에서 빠져나가고 진정제 삼키듯 낙관주의를 삼키잖아. 이런 식으로 해서는 안 돼. 각 세대가 다음 세대를 갈수록 해결 불가능해 보이는 상황에 던져넣고, 행운을 빈다며 손 흔들고 돌아서는 식. 진정한 세대 간 정의는 우리에게 더 많은 것을 요구해. 가짓줄을 주렁주렁 연결하는 주낙 어업처럼 인류가 미래를 향해 제 몸을 남의 몸에 꿰어 점점 더 멀리 늘어뜨리는 것으로는 해결할 수 없어. 다음 세대에게 남길 유산은 얼마든지 다른 형태를 취해도 돼. 점점 퍼지는 나선형도 좋고, 아니면 뫼비우스 띠도 괜찮고. 나도 정확히 어떤 형태가 될지는 모르지만, 그 끝자락을 붙잡을 수는 있을 것 같아. 이제야 비로소 '그 문제'가 슬슬 그 끝자락들이 어떤 형태일지 짐작하게 해주는 느낌이야.

그 끝자락이 어떤 형태가 되건 나의 유산이 이 편지로 끝나게 할 수는 없어. 편지를 다 쓰면 나는 펜을 내려놓고 조직가로 돌아갈 거야. 내가 잠시 두고 온 세계가 곧 내가 돌아갈 세계이고, 그 세계가 와해되는 걸 막으려 노력하지 않으면 그 안에서 오래 머물 수 없어.

다행히 이 편지를 쓰는 지금, 운동은 계속해서 성장해나가고 있어. 수백만 수천만의 사람들이 포기하기를 거부하고 있고, 나도 그 중 한명이 될 작정이야. 너를 이 세상에 데려오려면, 그렇게 하는 게 특히 더 중요하겠지. 너한테 모든 일을 떠넘긴다면 얼마나 형편없는 아빠가 되겠니?

* * *

가끔은 내 또래들에게도 속마음을 털어놓지만, 이 일을 하는 우리도 애도를 다른 수법으로 대체하곤 해. 우리가 느끼는 분노에 대해 토로하는 일이 점점 늘고 있어. 탐욕이나 앙심 혹은 고집스러운 관성 때문에 결과야 어찌 되건 무조건 땅을 뚫고 보는 부유한 사람들을 향한 분노. 그들이 또 한번 승리를 맛보고 또 한대의 요트를 장만하기 위해, 그들 자신에게 해온 이야기들이 폭발할 날을 또 한차례 연기하기 위해 기어이 수백만명의 목숨을 희생시키고 말 거라는 분노.

나는 분노 자체에는 반감이 없어. 분노는 훌륭한 동력원이고 일이 되게 만들거든. 게다가 맙소사, 이 분노에 누가 감히 토를 달겠니. 하지만 길게 봤을 때 우리 운동의 주된 기반으로 삼을 수는 없어. 도덕적으로 이렇다 저렇다 하는 얘기가 아니라 정신적으로 봤을 때 그렇다는 거야. 분노는 오래 지속되기 어렵고 그러니 앞으로 수세기 동안 우리 일을 이끌어줄 수 없다는 거야. 우리가 분노하는 대상들부터가 그렇게 오래 살아남지 못할 거야. 프루잇들은 패할 거고, 이건 패하냐 마냐 여부의 문제가 아니라 언제 패하느냐의 문제야. 가장 진부하고 빤한 의미에서, 실패는 그야말로 그들의 계획들 안에 단단히 뭉쳐 들어 있으니까. 그들이 이루는 모든 잠정적 승리—그들이 짓는 모든 파이프라인, 그들이 규제를 완화하는 모든 산업, 그들이 채굴하려고 파헤치는 모든 야생—가 그들의 시스템을 붕괴 직전으로 조금씩 더 몰아가고 있어. 그럴 수밖에. 그들이 일군 사업 전체가 온갖 부조리의 조합을 토대로 서 있거든. 유한한 행성에서의 무한한 성장 가능성이라든가. 상호의존적 세계에서 집단성의 부인이라든가. 금전적 가치평가로 재단될 수 없는, 생의 아주 큰 부분을 차지하는 경험, 즉 우리 같은 사람들이 아름다움이나 기묘함, 즐거움이라 부를 법한 것 등을 '외부요인'의 지위로, 무시해도 좋은 것으로 격하하는 행태 따위 말이야.

그들이 이런 전제를 바탕으로 쌓아올린 경제가, 그들의 가장 위대한 승리이자 돈과 프로파간다를 죄다 동원해 눈에 불을 켜고 지키려

드는 것, 그들이 "대체재는 없다"고 우기는 바로 그것이 제 살을 갉아먹고 있어. 그런데 이런 자기소화 시스템 안에서는 모든 승리가 실패이고 모든 방벽이 곧 레킹볼°이야.

현실에 만족하자는 얘기는 아니야. 그들이 얼마나 이른 시일 내에 실패할지 우리는 아직 모르고, 그 허무주의적 죽음의 소용돌이에 얼마나 많은 사람을 끌어들일지도 알 수 없으니까. 하지만 어느 시점에 프루잇들이 나가떨어질 거라는 얘기는 맞고, 만약 우리가 가진 것이 분노뿐이라면 그때 가서는 우리에게 아무것도 남지 않을 거야. 어떻게 앞으로 나아가야 할지, 왜 그렇게 해야 할지 감도 못 잡게 되겠지. 그들보다 오래가려면 우리의 감정적 자양분이 그들의 행태에 좌우되는 것이어서는 안 돼.

더 오래갈 만한 것, 프루잇들의 점점 짧아지는 생애주기보다 훨씬 오래, 우리에게 아직 안 보이는 미래까지 우리가 살아남게 해줄 것이 필요해. 바로 그렇기에 내가 다음의 결론, 가장 빤하면서도 심히 공감되는 클리셰에 다다른 거야. 내가 잃을 수도 있는 것들을 사랑하는 게 그걸 빼앗으려는 자들을 증오하는 것보다 더 강력하다는.

그래서 이제 나는 내가 무엇을 사랑하는지 분명히 알고, 알 수밖에 없어.

너를 사랑해. 너를 모르는데도, 네가 여전히 하나의 선택지일 뿐

° 철거 대상인 건물을 부술 때 크레인에 매달아 흔드는 쇳덩이.

인데도 사랑해. 무슨 소리냐면, 너에 대해 생각하면 나 자신이 덜 중요하게 느껴지고 끊임없이 돌아가는 자기본위성이라는 엔진—내러티브를 엮는 나, 자기란 자기는 다 품고 있는 나—이 잠잠해져서 잠시나마 내가 그 굉음을 차단하고서 내 머릿속 너머의 그 멋진, 서서히 사라져가는 고요에, 관계가 정체성을 활짝 열어젖히고 그 틈으로 축복이 쏟아져나오는 그곳에 들어앉을 수 있다는 의미인 것 같아.

그렇지만 내가 사랑에 빠진 대상이 정확히 네가 아니라 너라는 관념이라는 걸 말해둬야 할 것 같다. 너라는 관념과 사랑에 빠지는 건 그냥 서막에 불과하다는 것도. 네가 태어났을 때, 혹은 네가 태어난다면 실제의 너는 결코 내가 제어하거나 예측하지 못할 방식으로 가상의 너를 깨부술 텐데, 이것이 나에게는 부모 됨의 가장 주된 매력이야.

그러니 이 편지 내용은 네가 원하는 대로 받아들이도록 해. 거부하든가, 뒤집어엎든가, 고쳐 쓰든가, 확장하든가, 무시해도 돼. 이것이 부모가 제멋대로 상상한 아이의 이미지가 실제 아이를 숨 막히게 하는 그런 경우로 끝나지 않았으면 좋겠다. 가끔 어떤 부모들은 이런 말을 하잖아. “너에게서 내가 보여.” 이 표현이 늘 거슬렸어. 너에게서는 그냥 네가 보였으면 해. 내가 상상해볼 수는 있지만 결코 섣불리 정의하지는 않을 사람이.

왜냐하면 상상이란 게 가상의 대상을 떠올리는 것, 오감 바깥으로부터 뽑아낸 한줄의 주의注意가 아니면 뭐겠니? 게다가 나만의, 가상의 자식인 너를 떠올리는 건 훨씬 큰 상상 작업의 아주 작은 단계에 불과해. 인류세에 산다는 건 개인적 상황의 경계를 한참 벗어난 지점까지, 나에게 완전히 생소하면서 내가 불가분 엮여 있는 다른 사람들, 다른 종들, 다른 사물들, 다른 시대들을 아우르는 선까지 주의가 확장되어야 함을 깨닫는 거야. 이를테면 산에 사는 토끼들이라든가 절벽의 화석들이라든가. 또는 파로커웨이나 호주에 사는 사람들, 미래에 사는, 그리고 '지금 이 순간'에 사는 사람들까지. 이렇게 하는 연습은 버겁지만 황홀하고, 일상적이면서 끝이 없어. 이런 점에서 종교와 비슷하지. 철학자 시몬 베유의 말이 맞아. "주의는 가장 고차원적 수준까지 닿으면 기도와 다르지 않다. 믿음과 사랑을 전제로 한다."

이런 유의 주의에 관해 내가 알아챈 아이러니가 하나 있어. 너를 상상하기는 나에게 '그 문제'를 가장 **현실적**인 것으로 만들어주는 것, '그 문제'에 얼마나 큰 운명이 달렸는지 퍼뜩 알아차리게 하는 것 중 하나임에도 그 엄청난 무게를 느낄 때만 너를 과연 낳아야 할지 의심하게 됐다는 거야. 이걸 어떻게 받아들일지, 너라는 관념에 근거와 논박이 둘 다 담겨 있는 걸 어떻게 받아들일지 늘 알지는 못한다는 것을 순순히 인정할게.

그래도 내가 앎에서 깨달음으로 가려고 노력하는 과정에서 상당한 수준의 도움을 받았다는 건 알아. 수차례의 폭풍과 집회, 승리와 패배, 영화의 특정 장면이나 음악의 어떤 악장, 내가 야외에서 혼자 보낸 시간들. 이 모든 것이 세지윅이 말하는 간극을 좁히는 데 시시때때로 도움을 줬어. 그렇지만 분명 너의 어떤 점이 '그 문제'의 무게를, 마치 뇌에서 뼈로 옮겨다놓은 듯 뚜렷이 느껴지게 해.

그게 뭐든, 고맙다고 말하고 싶어. 너에게 편지를 쓰면서 현실에 살게 됐고 눈을 깜빡이거나 고개를 돌리지 않고도 '그 문제'를 바라볼 수 있게 됐단다. 바로 여기에 두번째 아이러니가 있어. 너를 이 세계에 데려오는 얘기를 실컷 했지만, 궁극적으로는 나를 나의 세계에 데려온 것이 너라는 것.

* * *

이제는 너를 상상하면 네가 하나의 긴 선이나 다음 단계인 듯 떠오르지 않아. 순교자도 구원자도 사절도 아니야. 그 대신 언뜻 보이는 더 큰 무언가의 일부, 이제 막 모습을 드러내기 시작한 어떤 패턴으로 보여. 그건 바로 산 것들과 죽은 것들 그리고 아직 살아 있지 않은 것들까지 다 합친 우리 모두이고, 우리 모두가 시간을 거스르거나 시간의 흐름을 타고서, 또한 테크놀로지의 도움 없이, 심지어 방향도 없이 서로를 온전히 완성해가는 것, 탄생은 그저 하나의 지나가는 단계일 뿐임을 집단적으로 깨닫는 점진적 과정이야. 이 과정에서 긴긴 수명의 벽을 지나쳐 책임뿐 아니라 우리의 정체성까지 봇물 터지듯 모두 쏟아져나가지. 아주아주 멀리, 기억과 전망의 바다들이 서로 합쳐지는 곳까지, 우리 모두가 바닥 모를 심연 위 그저 평평한 표면에 불과한 곳으로. 거기서 우리는 위로, 언제나 위로 떠오를 거야.

* * *

이 지평선 너머까지 우리가 내다볼 수 있을지는 모르겠어. '그 문제'가 계속해서 숨겨둘 법한 것들, 아직은 보여주지 않으려는 결말들이 있으니까. 하지만 이건 우리가 알지. 언젠가 우리 모두 사라질 것이며 실제인 것과 우리가 깨달은 것 간에 어떤 간극도 없으리라는 것. 인간의 의식이라는 놀이동산 거울의 집 같은 그 녀석이 더는 중간에서 가로막지 않을 테니까. 모든 것이 마침내, 애쓰지 않고도 있는 그대로 존재하게 될 거야. 어떤 부차적 의미도 따르지 않을 거야.

그리고 만약 하늘이 우리의 인풋을 거부한 뒤라면, 그리고 바다가 우리의 실책을 다 재흡수하고 지표는 우리가 문장을 쓸 까만 잉크를 뽑은 탄소를 다 묻어버린 뒤라면 그때야 비로소 계절들이 돌아올지 몰라. 아마 서서히 돌아오겠지. 잡목과 바위 가득한 평야에 예의 분위기를 내려놓으면서. 최후까지 남은 것들은 알아채지 못할 거야. 그것들은 아무것도 하지 않을 거야.

어느 갈퀴에도 나뭇잎은 떨어지지 않을 거야. 바람은 어느 깃발도 흔들지 않을 거고. 비는 어느 도랑도 타고 흐르지 않을 거야. 그리고 다시금 눈이, 그것을 꽉 붙들고 있던 사냥꾼들에게서 놓여나 전경에 모습을 드러낼 거야. 아무도 눈멀게 하지 않고 어떤 것도 뒤덮지 않는, 목격자 없는 순백. 눈발은 차곡차곡 쌓이다 얼어붙을 테고 그걸 물들일 이도 없을 거야. 그냥 차곡차곡 쌓여만 갈 테고, 한때 여기저기 뾰족했던 세상을 부드럽게 해주는 윤곽을 만들어낼 거야.

그리될 때까지, 살아갈 생애들이 있어. 어쩌면 많은 생애가, 또 어쩌면 너의 생애도. 그리될 때까지 여전히 수많은 일족들이 있고, 누군가의 첫 생일들이 있고, 거대한 층운들이 있어. 그 층운들 아래서 새들이 숨을 곳을 찾을 거고, 신호가 갑자기 멎을 것이고, 비행기들은 날지 못할 정도로 뜨겁게 달궈질 거야.

내가 품을 수 없는 건 어떻게 해도 내가 품을 수 없다는 게 사실이지만, '그 문제'에 비추어 봐도 나는 신기루처럼 흐릿할지언정 다가올 세계에 부유하고 있는 네가 여전히 보여. 그러니, 처음엔 네가 어디에서 왔는지 알려주려고 이 편지를 쓰기 시작했다면 이제는 어쩌면 네가 어디로 갈지 조심스레 짚어볼 수 있을 것 같아.

너는 겨울에 대비해 재킷을 계속 보관할 거야. 너는 더이상 폭풍들에 이름을 붙이지 않을 거야. 라투르의 소용돌이가 무너지는 것을 볼 테고, 지질학적 변화가 역사를 통과해 누군가의 일대기로 압축되는 것을 지켜보겠지. 그리고 그렇게 될 때, 시간이 마침내 비늘옷을 벗을 때 그것의 융합된 흐름 속에 너는, 시간으로부터 태어났고 시간에 의해 태어난 너는 어쩌면 태어나서 처음으로 살아 있음을 느낄

지도 몰라.

곧 지구의 속도는 너의 속도에 가까워질 테고, 얼마 후 그 둘은 구분이 안 될 거야. 강들은 기슭으로 흐를 것이고, 산들은 제 등성이를 타고 흘러내릴 것이며, 유치가 흔들흔들 빠질 테고, 불은 고리에서 펄떡펄떡 튈 테고, 고리들은 손가락에 딱 맞게 끼워질 거고, 연기가 사진을 망칠 테고, 빙하들은 협곡들을 메울 테고, 비디오는 빨리감기로 재생될 것이며, 고양이는 카펫 위에 뒹굴 거고, 대양은 무릎을 펴고 일어설 거고, 너는 기진맥진한 상태로 빗소리를 들으며 잠에서 깰 테지.

그러면 너는, 아무 소리도 안 들리자, 비로소 이 편지를 꺼내 작정하고 읽기 시작하겠지. 빠져들지는 않을 거야. 한장씩 훌렁훌렁 대충 넘겨보겠지. 그 한장 한장은 연약한 댐이고, 종이처럼 얇디얇게 썰린 '지금 이 순간'들이야. 그러다 어느 순간 그 편지 낱장들이 우수수 흩어져 침투할 테고 너는 편지의 마지막 몇마디를 지나 미래라 불리는, 혹은 있을 법한 일이라고 불리는, 그도 아니면 종말이라 불리는 그 텅 빈 만으로 쏟아져나갈 거야.

거기는 내가 너를 두고 떠나는 지점이 아니야. 우리가 만나는 지점이야.

감사의 말

아드냐마사나족, 거나족, 이안스케탐보그족 그리고 아무에게도 내준 적 없는 오랜 터전에서 내가 이 원고를 집필하게 허락해준 코스트미웍족에게 감사드립니다.

놀라운 수완과 솔직담백함 그리고 무서울 정도의 근면함으로 1년간 엄청난 고난을 뚫고 이 원고를 출간해준 나의 담당 에이전트 베로니카 골드스틴에게 감사의 마음을 전합니다.

펭귄북스의 편집팀 모두에게도 고마움을 전합니다. 루이즈 브레이버먼, 베스 캐스파, 케이지 페더, 브리타 갈라니스, 브리짓 길러런, 브리아나 하든, 대니얼 라긴, 랜디 마룰로, 패트릭 놀런, 린지 프레베트, 케이트 스타크, 메리 스톤, 브라이언 타트 그리고 누구도 흉내 낼 수 없는 매력을 가진 나의 담당 에디터 앨리 머롤라도 빼놓을 수 없겠지요. 당신이 원고 한면 한면에 호기심과 진중함을 쏟아준 덕에 더 나은 결과물을 만들 수 있었어요. 우리 집 옥상 접이식 의자에 앉아 도리토스를 먹으며 회의했던 건 제게 출판 과정의 하이라이트였답니다.

제게 소설을 쥐여주거나 글을 써보라고 한번이라도 권해준 모든 선생님들께. 선생님들은 지금보다 보수를 몇배는 더 받으셔야 해요.

마침내 화석연료 산업 투자 지분을 매각한 브라운대학에게, 그리고 아직도 매각하지 않은 모든 문화·교육·정치·금융 기관에게. 뭘 더 기다리는 거죠?

나보다 훨씬 먼저 이 책의 가능성을 믿어주고 책을 쓰도록 내 등을 떠밀어준 커트 오스트로에게. 단 한번도 빼놓지 않고 전화를 받아주고, 세세한 부분까지 함께 머리를 굴려주고, 북클럽을 지나치리만치 많이 운영하고, 내 '굿리즈' 서평에 참여해주고, 간식 사 오는 것을 절대로 잊지 않고, 거리낌 없이 감사를 표하고, 지칠 줄 모르고 급진적이며 인망 두터운 교육노조 소속 교사가 되어줘서 고마워. 너는 나의 절친한 친구이고, 어쩌면 평생 가장 가까운 친구로 남을지 모를 사람이야. 너를 사랑하고, 너를 알게 된 걸 행운으로 생각한다.

이 책이 의도한 바를 간파하고 초고에 가차 없이 피드백을 해준 에밀리 커클랜드에게. 우리가 함께 웃고 울고 또 함께 미치 매코널을 실컷 욕하지 않았더라면 '그 문제'는 감당할 수 없을 만큼 심각하게 느껴졌을 거야. 너와 통화하고 나면 혼자 버둥대는 느낌이 덜어지곤 했어.

나에게 기후행동 운동의 세계를 소개해주고 이 운동에서 내 정치적 태도를 정리하는 데 지대한 영향을 준 베카 래스트와 마야 시캔드, 그리고 내가 선택한 가족의 나머지 일원인 킬리 시슬릭, 에밀리 오글즈비, 게이브 슈워츠, 루크 테일러. 당신들 덕분에 현실감을 찾고 활기를 얻어요.

뉴저지에서 살던 시절을 견딜 수 있게 해준 조던 브레슬라우어와 스콧 샙시스에게 고마움을 전합니다.

내가 여전히 도달하려고 노력 중인 수준의 성실함을 가르쳐준 메건 하우프트먼에게 감사를 표합니다.

끈기라는 게 뭔지 보여준 시머론 포브스에게도 감사의 마음을 전합니다.

원고를 읽고 피드백을 해주고 집필하는 내내 응원해준 친구들과 멘토들 모두에게 감사의 마음을 전합니다. 샘 애들러벨, 그레이엄 애크허스트, 커밀라 버스토스, 타이리스 콜먼, 윌리엄 디닌, 코리 허거스, 티머시 허버트, 캐서린 임브리글리오, 피터 켄트로스, 마일스 레넌, 세르히오 로페스, 킴 마후드, 조바나 슐터 누네스, 제니 오필, 레이철 슈라기스, 알렉시스 라이트.

나의 호주 친구들 리스 키네인, 클레어 보먼, 레이철 발라, 라나 코키너, 조시 볼드윈, 콜린 버틴, 벤저민 메든, 캣 비즐리, 로런 쉴즈. 언제 기회 되면 행사장에서 만나요.

부모처럼 나를 품어준 스티븐 뮤케와 프루던스 블랙에게 감사를 전합니다.

글이 안 써질 때 무작정 걷곤 했던 애들레이드힐스에도 고마운 마음을 품고 있습니다.

오스트레일리안-아메리칸 풀브라이트 재단, 메사 레퓨지 레지던시, 그리고 J. M. 쿳시 창작훈련센터. 고민이 필요할 때 고민할 장소와 시간을 제공해주셔서 무한히 감사드립니다.

대니얼과 에롤, 테리, 재니스, 리처드, 로 부족과 헌터 부족의 다른 일원들, 굴라라불루족 전원에게. 나를 당신들의 땅으로 초대해 그 땅의 목소리를 듣게 해주셔서 감사합니다.

위기의 최전선에서 희망과 유머, 근성을 몸소 보여준 로시아나 라기 박사님과 사우스퍼시픽대학 투발루 캠퍼스의 모든 관계자분들께 감사드립니다.

기후행동 운동에 몸담은 모든 조직가, 아티스트, 전략가, 전문가, 교육가, 입법운동가, 원로와 청년 들에게. 모두가 날개를 펼칠 수 있는 세상을 만들기 위해 밤낮으로 죽어라 애쓰시는 여러분께 깊은 감사를 표합니다. 여러분의 용기와 연민에 매번 감동했고, 여러분 같은 사람들로 이루어진 사회를 꿈꿨습니다. NY리뉴스와 시에라클럽, 사우스브롱크스 유나이트, 브라운대학 화석연료 자산 매각 운동본부의 관계자 모두에게 특히 심심한 감사를 표합니다. 그리고 내가 한발 물러설 때마다 대신 한발 나서주고, '기후 리더십 및 공동체 보호법'이 결승선을 넘는 데 크나큰 기여를 한 다니엘라 라피두스에게 고마움을 전합니다.

미시파차(유대인 가족)를 지탱해주는 바비와 모리에게 감사합니다.

어머니와 아버지. 두분이 보내주신 사랑과 지지가 없었더라면 이 책은 세상에 나오지 못했을 거예요. 두분은 제게 질문하는 법을 가르쳐주셨고 스스로 탐구할 기회를 주셨지요. 저만의 가치관에 따라 사는 법도 가르쳐주셨고요.

내 동생 이즈에게, 너는 처음부터 나의 롤모델이었지. 언제나 무슨 말을 해야 할지 정확히 아는 네가 늘 놀라워.

그리고 늘 사랑으로 현실세계를 보게 해주는 나의 파트너 멩기에게도 고마움을 전합니다.

기후행동 운동은 인류의 미래를 위해 싸우고 있으며,

여러분의 도움이 필요합니다.

그 도움이 시간이든 돈이든,

첫발을 딛기에 좋은 두곳을 소개합니다.

www.sunrisemovement.org

www.climatejusticealliance.org

뜨거운 미래에 보내는 편지

소멸하는 지구에서 살아간다는 것

초판 1쇄 발행/2022년 8월 10일

지은이/대니얼 셰럴
옮긴이/허형은
펴낸이/강일우
책임편집/곽주현 김정희
조판/신혜원
펴낸곳/(주)창비
등록/1986년 8월 5일 제85호
주소/10881 경기도 파주시 회동길 184
전화/031-955-3333
팩시밀리/영업 031-955-3399 편집 031-955-3400
홈페이지/www.changbi.com
전자우편/human@changbi.com

ISBN 978-89-364-8683-9 03300

* 이 책은 친환경 콩기름 잉크로 인쇄했습니다.

* 책값은 뒤표지에 표시되어 있습니다.